한국의 술수과학과 문명

"이 저서는 2010년도 대한민국 교육부와 한국학중앙연구원(한국학진흥사업단)을 통해
한국학 특정분야 기획연구(한국과학문명사) 사업의 지원을 받아 수행된 연구임."(AKS-2010-AMZ-2101)

한국의 술수과학과 문명

ⓒ 전북대학교 한국과학문명학연구소 2022

초판 1쇄   2022년 9월 20일

지은이   박권수

출판책임   박성규
편집주간   선우미정
편집   이동하·이수연·김혜민
디자인   한채린·고유단
마케팅   전병우
경영지원   김은주·나수정
제작관리   구법모
물류관리   엄철용

펴낸이   이정원
펴낸곳   도서출판 들녘
등록일자   1987년 12월 12일
등록번호   10-156
주소   경기도 파주시 회동길 198
전화   031-955-7374 (대표)
           031-955-7376 (편집)
팩스   031-955-7393
이메일   dulnyouk@dulnyouk.co.kr

ISBN   979-11-5925-930-2 (94910)
           979-11-5925-113-9 (세트)

한국의 과학과 문명 030

한국의 술수과학과 문명

박권수 지음

들녘

지은이 **박권수** 朴權壽

서울대학교 약학대학 제약학과를 졸업한 후 동대학원 과학사 및 과학철학 협동과정에서 박사학위를 취득하였다. 학위논문 제목은 "조선 후기 상수학의 발전과 변동"이다. 조선시대를 중심으로 과학과 상수학, 술수학, 주역, 점복, 풍수, 비기 등에 대해 관심을 갖고 연구하고 있다. 최근 들어서는 조선시대의 과학기관이자 술수기관인 관상감과 관상감 소속 중인, 그리고 역서에 관한 논문들을 제출하였으며 관련 사료들을 번역하는 작업을 진행하고 있다. 현재 충북대학교에서 교수로 재직 중이다.

〈한국의 과학과 문명〉 총서

기획편집위원회

연구책임자_ 신동원

전근대팀장_ 전용훈

근현대팀장_ 김근배

전 임 교 수_ 문만용

　　　　　　 김태호

　　　　　　 전종욱

전임연구원_ 신미영

일러두기

- 명사의 붙여쓰기는 이 책의 키워드를 이루는 단어는 붙여쓰기를 원칙으로 했지만, 경우에 따라서는 가독성을 위해 띄어쓰기를 했다.

- 주석은 각 장별로 미주로 한다.

- 인용 도판은 최대한 소장처와 출처를 밝히고 저작권자의 허락을 얻었으나 일부 저작권자를 찾지 못하여 게재 허가를 받지 못한 도판에 대해서는 확인되는 대로 통상 기준에 따른 허가 절차를 밟기로 한다.

〈한국의 과학과 문명〉 총서를 펴내며

우리나라는 현재 세계 최고 수준의 메모리 반도체, 스마트폰, 디스플레이, 철강, 선박, 자동차 생산국으로서 과학기술 분야의 경이적인 발전으로 세계의 주목을 받고 있다. 그것을 가능케 한 요인의 하나가 한국이 오랜 기간 견지해온 우수한 과학기술 문화와 역사 속에 있다고 우리는 생각한다.

문명이 시작된 이래 한국은 항상 높은 수준을 굳건히 지켜온 동아시아 문명권의 일원으로서 그 위치를 잃은 적이 없었다. 우리는 한국이 이룩한 과학기술 문화와 역사의 총체를 '한국의 과학문명'이라 부르려 한다. 금속활자·고려청자 등으로 대표되는 한국 과학문명의 창조성은 천문학·기상학·수학·지리학·의학·양생술·농학·박물학 등 과학 분야를 비롯하여 금속제련·방직·염색·도자·활자·인쇄·종이·기계·화약·선박·건축 등 기술 분야에서도 다양하게 분명히 드러난다.

우리는 이런 내용을 종합하는 〈한국의 과학과 문명〉 총서를 발간하고자 한다. 이 총서의 제목은 중국의 과학문명에 대한 새로운 인식의 지평을 연 조지프 니덤(Joseph Needham)의 『중국의 과학과 문명』을 염두에 두고 만들었다. 그러나 니덤이 전근대에 국한한 반면 우리는 전근대와 근현대를 망라하여 한국 과학문명의 총체적 가치와 의미를 온전히 담은 총서의 발간을 목표로 한다. 나아가 한국의 과학과 문명이 지닌 보편적 가치를 세계에 발신하고자 한다. 지금까지 한국은 세계 과학문명의 일원으로 정당한 가치를 인정받지 못한 채, 중국의 아류로 인식되어왔다. 이 총서에서는 한국 과학문명이 지닌 보편성과 독자성을 함께 추적하여 그것이 독자적인 과학문명이자 세계 과학문명의 당당한 일원임을 입증하고자 한다. 우리는 이 총서에서 근현대 한국 과학기술 발전의 역사와 구조를 밝힐 것이며, 이로써 인류의 과학기술 발전사를 새로이 해명하는 데에 기여할 것이다.

이 총서에서는 한국의 과학문명이 역사적으로 독자적인 가치와 의미를 상실하지 않았던 생명력에 주목한다. 이를 위해 전근대 시기에는 중국 중심의 세계 질서 아래서도 한국의 과학문명이 독자성을 유지하면서 발전을 지속한 동력을 탐구한다. 근현대 시기에는 강대국 중심 세계체제의 강력한 흡인력 아래서도 한국의 과학기술이 놀라운 발전과 성장을 이룩한 요인을 탐구한다.

우리는 이 총서에서 국수적인 민족주의나 근대 지상주의를 동시에 경계하며, 과거와 현재가 대화하고 내부와 외부가 부단히 교류하는 가운데 형성되고 발전되어온 열린 과학문명사를 기술하고자 한다. 이 총서를 계기로 한국 과학문명에 대한 관심과 이해가 더욱 깊어지기를 기대한다.

마지막으로 〈한국의 과학과 문명〉 총서의 발간은 교육부와 한국학중앙연구원 한국학진흥사업단의 지원에 크게 힘입었음을 밝히며 이에 감사를 표한다.

〈한국의 과학과 문명〉 총서 기획편집위원회

'술수과학(術數科學)'이라는 말은 과연 가능한가? 한국의 '술수과학' 대신에 한국의 '술수문화', 혹은 '한국의 술수와 과학'이라는 표현도 가능할 텐데, 왜 '술수과학'이라는 말을 사용하는가? '술수과학'이라는 용어는 어떻게 보면 그 자체로 모순적인 말처럼 생각될 수도 있는데, 왜냐하면 '술수'와 관련된 지식들은 통상적으로 비과학적인 것으로 취급되기 때문이다. 따라서 '술수과학'이란 말은 비과학적인 것으로 생각되는 술수를 마치 과학의 일종인 것처럼 억지 설정하고 있다는 느낌을 독자들에게 불러일으킬지 모른다. 하지만 정확히 말하자면, 술수의 지식들은 일종의 과학적 지식이기도 하면서 동시에 비과학적 지식이기도 하다. 술수의 지식들은 과학적 지식들의 기원에 해당하는 것으로서 원시시대 이래 한국과 동아시아 사회에서 줄곧 존재해왔으며, 삼국과 고려, 조선시대에 이르기까지 국가와 왕실, 민중들의 일상과 의례 속에서 중요한 역할을 수행해왔다. 이런 사실은 앞으로 이 책의 내용을 통해서 필자가 설명하고 드러내고자 하는 바이지만, 그에 앞서 필자는 우선 '술수과학'이라는 용어를 사용함으로써 근대 이후 확고하게 받아들여지고 있는 '과학'과 '비과학'의 이분법적 구분을 해소하고자 한다. 이런 점에서 '술수과학'은 과학과 술수, 혹은 과학과 비과학의 경계를 거부하고 이분법적 구분에 도전하는 용어이다.

술수와 과학, 혹은 과학과 비과학의 뚜렷한 이분법적 구분을 해소하고자 하는 이유는, 바로 그러한 구분이 근대 이전의 한국과 동아시아 사회의 역사를 올바로 이해하는 데에 중요한 걸림돌로서 작용하기 때문이다. 사실 전근대 한국과 동아시아 사회에서는 '과학(Science)'이라는 용어 자체가 존재하지 않았으며, 수학이나 천문학, 지리학 등과 같은 자연세계에 대한 학문들이 '과학'이라는 이름으로 하나로 묶여서 별도로 지칭되지도 않았다. 물론 이것이 전근대 한국과 동아시아 사회에서 오늘날의 '과학'과 비슷한 자연철학, 혹은 자연세계에 대한 지식들이 존재하지 않았음을 의미하는 것은 아니다. 근대 이전 한국과 동아시아인들에게는 과학적인 것과 비과학적인 것에 대한 구분이 존재하지 않았으며, 이 둘은 여러 지식 분야에서 하나의 형태로 융합되어 존재하였던 것이다. 이것이 바로 술수, 혹은 술수과학이라고 말할 수 있다. 따라서 전근대 시대의 한국과 동아시아 사회를 연구할 때에 오늘날의 '과학', 특히 '근대과학'과 유사한 지식들에만 주목하고 부각하는 것은, 현재의 상황을 과거에 투영시켜 바라보는 오류에 빠지는 일이 되기 마련이다. 또한 그렇게 과학에만 주목하고 부각하다 보면 과학과 구분되지 않은 채로 존재해왔던 여러 술수적인 지식들과 문화들을 역사 서술에서 배제하는 결과를 낳게 된다. 그러므로 이 책에서 필자는 '술수과학'이라는 용어를 사용하여 한국 '술수'의 역사를 정리함으로써 전근대 시기 한국과 동아시아 사회에 존재하였던 자연세계와 관련된 다양한 지식 활동들을 올바로 바라보고 이해하게 만드는 하나의 토대를 제공하고자 하는 것이다. 그리고 이를 통해 한국사와 동아시아사와 관련된 수많은 문헌들에 남아 있는 술수문화의 풍부한 흔적들을 역사의 장 속으로 불러들이고 포함시키는 새로운 역사 서술의 전망을 제시하고자 한다.

이 책을 처음 기획하고 시작할 때에 가졌던 목표는 이처럼 술수, 혹은 술수과학에 대한 역사적 정리를 통해서 한국 과학사, 혹은 한국 과학문명사 연구에서 새로운 시각과 서술의 전범을 제시해보고자 하는 것이었다. 하지만 필자의 역량이 부족한 탓에 이 책에 실린 결과물은 애초 내세웠던 학문적 목표를 만족시키기에는 턱없이 부족한 것들이라고 할 수 있다. 이러한 부족함은 일차적으로 한국과 동아시아의 술수과학과 술수문화에 대한 연구가 아직 충분히 이루어져 있지 않은 상황에 기인할 것이겠지만, 그럼에도 불구하고 연구를 진행한 필자가 지극히 과문하고 노력 또한 매우 부족하였던 것이 보다 큰 이유일 것이다. 하지만 이러한 부족한 결과물임에도 하나의 매듭으로 엮어 학계에 제시해봄으로써 한국사와 동아시아사 연구, 특히 과학사 연구에서 하나의 자그마한 학문적 진동을 불러일으키기를 기대할 뿐이다.

이 책은 전북대학교 한국과학문명학연구소에 계신 여러 동료 연구자분들의 노고가 없었다면 온전히 간행되기 어려웠을 것이다. 특히 전종욱 선생님과 신미영 선생님에게는 이 자리를 빌려 감사의 마음과 더불어 고생시킨 점에 대한 미안한 마음을 표한다. 아울러 석사학위논문을 작성하는 과정에서부터 번뜩이는 영감과 학문적 원숙함으로 필자의 설익은 아이디어를 다듬고 발전하게 해주었으며 이 책의 집필 과정에서도 끊임없이 복돋아주고 조언해주신 신동원 선배에게 진심으로 감사의 말씀을 드린다. 이 책에 아직 남아 있는 여러 부족한 부분과 잘못된 오류들은 순전히 본인의 소치이니 아낌없는 지적과 조언을 기대하며, 향후 수정하거나 개정할 기회가 있다면 충분히 반영하고자 한다.

2022년 8월 박권수 씀

2부 관상감: 조선시대 술수과학의 중심

3부 조선후기 술수와 민간 문화

1부

한국의
술수문화의
기원과 전개

1장

한국의 술수와 과학문명

1절 술수와 한국의 과학문명

삼한(三韓)의 운수(運數)가 각각 도출되지 않는 것은 그것이 태을선기(太乙旋紀)의 시초(始初)에 [감추어져] 있기 때문이다. [하지만] 술사(術士)들은 [그것을] 알 수 있다.[1]

술수(術數), 또는 술수학(術數學)이란 무엇인가? 술수란 일종의 지식체계이자 문화적 활동이기도 한데, 그 의미를 현대인이 쉽게 이해할 수 있도록 설명하기는 참으로 쉽지가 않다. '술수'라는 단어는 현대 한국인들의 언어생활 속에서 자주 등장하지도 않는 말이다. 술수라는 단어가 간혹 사용되더라도 흔히들 '권모술수(權謀術數)'라는 단어의 형태로 사용되는 경우가 많으며, 이때 '권모술수'라는 말에 부정적인 의미가 내포되어 있듯이 '술수'라는 단어에도 무언가 부정적인 의미가 묻어나게 된다. 단적으로 "어디 술수를 쓰고 있는가!"라거나 "술수 쓰지 말라."는 문장들 속에서 우리는 '술수'의 부정적인 점을 확인할 수 있다. '술수'라는 단어는 '일반적으로 사용되는 방법'이나 '표면적으로 드러나는 방법'이 아닌 '일반적이지 않은 방법'이나 혹은 '드러내지 않으면서 이면에서 사용되는 방법'이라는 의미를 지니고 있기도 한데, 이런 경우 술수는 암수(暗數)라는 단어와도 비슷한 의미를 지니고 있다고 할 수 있다. 결국 술수는 뭔가 올바르지 못한 숨겨진 방법, 심하게 말하면 정도(正道)가 아닌 사도(邪道)를 의미하는 말로 사용되고 있는 셈이다.

술수는 드러나지 않는 어떤 것을 의미하기에, 거기에는 자연스레 '비밀스러움'의 의미가 함께 내포되게 되며 이 비밀스러움은 다시 '드러나지 않거나 밝혀지지 않은 심오한 원리'라는 의미를 함께 동반하게 된다. 이러한 심오한 원리라는 의미는 술수 단어를 구성하는 술(術)과 수(數)라는 글자들과도 관련이 된다. 결국 술수는 수(數)와 관련된 지식이면서도 천지(天地) 자연의 비밀을 담고 있는 지식(術)으로서 비밀스럽게 숨겨지면서 전해지는 것으로 생각되는 것이다. 따라서 술수를 담고 있는 지식, 혹은 술수에 포괄할 수 있는 점복(占卜)과 점성(占星), 풍수(風水), 무속(巫俗), 방술(方術), 참위(讖緯)의 지식들은 많은 경우 '숨겨진 서적'이나 '비밀스럽게 전해진 서적'인 비기(祕記)들 속에 남겨져 전해진 것으로 여겨진다. 술수에 대한 이런 식의 관념은 과거로 거슬러 올라갈수록, 즉 근대로부터 조선시대와 고려시대, 삼국시대로 거슬러 올라갈수록 역사서와 문헌들에서 더욱 강하게 드러나고 확인할 수 있다.

'술수'라는 말은 고대로부터 근대에 이르기까지도 단일한 의미로 사용되지 않았으며, 특히 오늘날과 같은 식으로 부정적인 의미로만 사용되지는 않았다. 개념사의 관점에서 보면, 이 '술수'라는 말에는 다양한 의미들이 담겨 있었으며 또한 그 의미들은 시대에 따라 복잡하게 뒤섞이면서 변화하였을 것인데, 오늘날에 이르러 과거의 풍부한 의미들이 제거되고 단지 부정적인 의미를 지닌 말로만 사용하게 된 것이다. 이렇게 현대에 들어서 술수라는 단어에 부정적인 의미들만이 남겨지게 된 데에는 분명 역사적으로 흥미롭게 읽어낼 수 있는 요인들이 작용하였을 것이다. 비록 부족한 연구들을 토대로 짐작하더라도, 술수에 대한 부정적인 의미는 후대로 내려올수록 차츰 강화되었으며, 특히 유교적 정치사상과 제도가 사회적 주류로서 자리잡고서 먼 과거로부터 내려오던 불교와 도교, 무교(巫敎)와 토속적 관념들이 주변으로 밀려나면서부터 본격화되었다고 말할 수 있다. 여기에 더해 19세기 말과 20세기 초에 근대과학이 전래된 후로 '과학적 합리성'에 대한 믿음이 차츰 강화되면서, 학문과 사상, 문화의 영역에서 '술수'라는 단어로 지칭되거나 포괄되었던 다양한 지식과 문화적 활동들, 즉 점복(占卜)과 점성(占星), 풍수(風水), 무속(巫俗), 방술(方術), 참위(讖緯) 등과 관련된 다양한 지식과 활동들은 광범위한 차원에서 '미신적인 것'이거나 '비과학적인 것'으로 치부되면서 비판을 받았다. 그 결과 술수와 관련된 지식과 문화가 사회로부터 배제되고 심지어 그 존재가 부정되는 역사적 과정이 지속되었고 오늘날까지도 계속되고 있는 것이다.

하지만 한국의 역사, 특히 과학문명의 역사에서 '술수'의 지식들과 술수문화들을 결코 제거할 수는 없다. 왜냐하면 수많은 역사 사료들 속에는 술수와 관련된 내용들이 광범위하게 남아서 전해지고 있기 때문이다. 한국사 연구에 가장 기초가 되는 관찬 역사서들인 『삼국사기(三國史記)』와 『삼국유사(三國遺事)』, 『고려사(高麗史)』, 『조선왕조실록(朝鮮王朝實錄)』, 『승정원일기(承政院日記)』 등을 살펴보면, 술수와 관련된 학문과 지식, 문화에 관한 기록들이 얼마나 넓고 깊게 편재되어 수록되어 있는지 확인할 수 있다. 게다가 술수와 관련된 사료들은 대부분 근대 이전 시기에 생산된 것들이지만, 근대 초기에 생산된 자료들도 상당히 많이 남아 전하고 있다. 결국 한국의 역사, 그중에서도 근대 이전 시대에 대한 역사 연구와 과학기술문명에 대한 연구를 진행하면 할수록, 과학 지식을 포함한 문화의 전반이 술수적 지식들과 얼마나 광범위하게 그리고 깊이 연관되어 있었는지 확인하게 된다.

술수에 관한 지식과 문화들은 단순히 역사적 사료들 속에서 광범위하게 편재되어 등장하는 것만은 아니다. 역사적 사료들에 대한 이해를 확대해나갈수록, 과학기술이나 자연철학과 관련된 지식들이 술수(術數), 혹은 비기(秘記) 류의 지식들과 밀접히 맞닿아 있거나 중첩되어 있음을 확인할 수 있다. 만약 고대로부터 현대에 이르기까지 한반도에 '과학문명'이라 할 만한 것이 존재하며 발전하고 있었다면, 그와 같은 한국 과학문명의 기원은 어쩌면 술수적 지식들과 술수문화에 뿌리박고 있었다고 말할 수 있을 것이다. 천문학과 관련된 몇 가지 사실을 예를 들어보자. 조선 세종 시대에 『칠정산내외편(七政算內外篇)』을 편찬하고 『제가역상집(諸家曆象集)』을 지은 이순지(李純之, ?-1465)는 택일(擇日) 서적인 『선택요략(選擇要略)』의 저자이기도 하다.[2] 조선에서 20세기 초까지 간행된 역서(曆書)에는 길흉의 시간을 말하는 택일에 관한 사항이 역주(曆註) 속의 주요한 내용으로 계속 포함되었으며, 길흉신의 방위를 밝히는 '연신방위도(年神方位圖)'는 일제시대인 1935년 무렵에서야 역서의 맨 앞 장에서 사라지게 된다. 천문학뿐만 아니라 의학 지식 속에서도 각종의 술수적 지식이 혼합되어 있었으며 무속적, 비기적 의료 행위는 현대의 시기에까지 지속적으로 행해졌다. 풍수지리와 관련해서는 특히 고려시대에 국도풍수(國都風水)와 관련된 참위적(讖緯的) 관념이 광범위하게 유포되어 있었고 고려의 정치와 사상에 깊은 영향을 끼쳤음은 익히들 알고 있는 사실이다.[3]

술수 지식이 과학 지식과 중첩되어 있었으며, 나아가 술수 지식이 과학 지식의 원천이 되었다는 사실은 중국의 역사에서도 확인할 수 있다. 예를 들어, 당나라 시대에 인덕력(麟德曆)을 편찬하고 『진서(晉書)』 「천문지

(天文志)」를 지은 이순풍(李淳風, 602-670)은 『을사점(乙巳占)』이라는 점서(占書)를 지었으며 『관상완점(觀象玩占)』이라는 점성술서를 편집한 학자로도 알려져 있다.[4] 유학의 기본 경전들 중 하나인 『주역(周易)』은 고대 이래로 점복과 역학(易學)의 기본적 경전이면서 상수학(象數學)의 형태로 과학 지식의 발전을 추동하였던 서적이기도 하였다.

술수와 과학의 관련성, 과학 지식의 기원이 술수 지식에 있었음은 동아시아 사회에서만 특별한 것이 아니라 인류의 과학문명사에서 보편적인 사실이었다고 말할 수 있다. 왜냐하면, 서양의 근대과학의 경우에도 16~17세기의 과학혁명기는 물론이고 19세기 말까지, 심지어 최근에 이르기까지도 상당 부분 연금술이나 혹은 술수적 지식들과 겹쳐진 채로 발전한 지식체계이기 때문이다. 예를 들어, 케플러의 경우에도 천체운동에 대한 연구에서 신비주의적 관점과 생각이 강하게 작용하였으며, 심지어 뉴튼의 만유인력 이론이 지닌 '신비주의적인 성격'과는 별도로 뉴튼 자신이 일생을 연금술에 몰두하고 있었음은 주지의 사실이다. 하지만 근대과학의 확립과 산업혁명 이후 과학기술문명이 발전함에 따라서 서구에서도 동아시아에서와 마찬가지로 술수적 지식과 문화들, 즉 점성(占星), 점복, 연금술에 대한 비판이 진행되었으며, 그 결과 역사 연구와 과학사 서술에서 이들 술수 지식에 대한 배제와 분리가 암묵적으로 진행되었다.

그러므로 동아시아 사회에서 서세동점(西勢東漸)의 시대를 거치고 '서구식 근대과학'의 승리가 '확인된' 듯한 시점부터 한국과 동아시아 사회에서 술수문화는 다분히 '비과학적'이고 '비합리적'이며 '역사적 퇴보의 원인'으로서 취급을 받으면서 강력한 비판에 놓이게 되었으며, 그 결과 사회의 다양한 분야에서 술수문화가 퇴조하고 배제되기 시작하였으며, 역사학의 연구의 본격적인 대상이 되지도 못하였던 것이다.

하지만 최근 들어서 중국과 일본 그리고 한국, 심지어 서양의 몇몇 학자들에 의해 이와 같은 술수문화에 대한 이해가 동아시아 과학문명의 실체를 이해하는 데에 중요한 지점임을 인식하고 주장하는 학자들이 늘어나기 시작하였다. 한국에서도 2007년 무렵부터 술수학 관련 연구자들과 술수 관련 종사자들이 모여서 소위 '술수학연구회'를 조직하여 공부하고 교류하는 모임을 가져왔으며, 2011년 이후에는 술수학 관련 국제학술심포지움이 국내에서 최초로 개최되었다.[5] 이를 토대로 동아시아 술수학 관련 국제 공동학술대회 등이 추가적으로 기획되어 개최되었으며, 그 속에서 한국과 일본의 술수학 연구자들의 논문 발표와 학술적 교류가 진행되기도 하였다.[6] 이러한 새로운 인식과 기초적 연구, 나아가 공동학술발표를 거치면서 관련 연구자들은 술수문화에 대한 이해가 없이는 한국의 과학문명, 나아가 동아시아 전통문화의 몸통을 전체적으로 파악하고 제대로 이해할 수가 없음을 확인하게 되었다.

2절 술수의 의미와 술수문화의 범위

그렇다면 다시 묻건대, '술수'란 무엇인가? 다시 말해, 한국과 동아시아 전근대사회를 이해하기 위해서 술수와 술수문화를 어떻게 정의하고 어떠한 범위를 지니는 것으로 설정해야 할까? 일본의 술수학 연구자 미우라 구니오(三浦國雄)는 "술수라는 것은 '점(占)'과 '수(數)'가 일체화된 '지(知)'"라고 말하면서 그 정의를 『한서(漢書)』「예문지(藝文志)」의 분류에 기대어서 가져온다.[7] 이에 대해 미조구치 유지(溝口雄三)는 술수를 "넓은 의미의 수(數)에 대해서 그 추상적인 구조를 연구하는 학문"으로 정의하고 있다.[8] 이 두 연구자들의 정의에서는 모두 '술수'를 '수(數)'와 관련된 지식체계로서 바라보고 있음을 알 수 있다. 한편 이동철의 경우에는 "陰陽五行을 기초로 인간과 세계를 해석하는 術數의 체계"라고 언급하는 것을 보건대,[9] 그는 음양오행(陰陽五行)을 술수학의 기본적 토대로서 설정하고 있는 듯하다. 이에 비해 다케다 도키마사(武田時昌)는 술수학(術數學)을 "'자연과학의 제(諸) 분야'와 '역(易)'을 중핵으로 하는 점술'이 복합한 학문영역"으로서 정의하면서, 술수학의 중심에 자연에 대한 탐구와 점복적 예언적 지식과 활동이 자리잡고 있는 것으로 설정하고 있다.[10] 다케다의 이러한 관점은 미우라가 "술수라는 것"을 '占'과 '數'가 일체화된 '知'로서 파악하고자 하는 것과 유사하지만 조금 차이가 있다. 왜냐하면, 미우라가 '점복과 수(數)'라는 두 가지의 지식 영역을 병렬적으로 설정하고 이 두 영역의 지식이 일체화된 것으로 술수를 규정하는 데에 비해, 다케다는 점술(占術)과 자연과학을 복합한 학문영역이라고 보기 때문이다. 즉, 미우라가 수(數)로써 표현한 지식 영역을 다케다는 자연과학이나 자연에 대한 탐구로 설정하고 있는 것이다.

필자는 다케다와 미우라의 술수학에 대한 정의에 전체적으로 동의하면서도 '자연과학의 제 분야'라는 표현이나 '수(數)'로 지칭되는 지식 활동을 '상수학(象數學)과 관련된 지식 분야'라는 용어로 서술하는 것이 보다 적절하지 않을까 생각한다. 왜냐하면 동아시아 사회에서는 '자연과학의 제 분야'라는 것 자체가 근대 이전까지 하나의 분야로 묶여서 존재하였거나 또한 그렇게 인식된 적이 없었기 때문이다. 엄밀히 말하자면, 과학이나 자연과학이라는 용어는 동아시아 사회에서 근대 이전까지 사용되지도 않은 개념이었으며, 오늘날 우리가 보기에 과학적이라고 생각되는 지식들은 비과학적으로 생각되는 지식들과 혼합되어서 존재하였다. 동아시아에서 '자연과학'과 유사한 지식과 학문 분야는 한(漢)대 이후 역(易)과 음양오행(陰陽五行)의 개념들을 토대로 발전하였으므로 '자연과학'이라는 말로 그러한 지식 활동을 표상하기보다는 역수(易數)나 상수(象數)의 학문으로 표상하는 것이 더 적절해 보이기 때문이다. 물론 이때 상수는 단순히 역학의 분파인 상수역학(象數易學)을 의미하는 말은 아니며, 상(象)과 수(數)의 개념을 이용한 자연에 대한 지적인 탐구를 지칭한다.[11] 다시 말해, 고대 중국에서는 자연과학과 관련된 지식들이 역과 음양오행, 기(氣)의 개념들과 결합하여 상수나 술수이라는 말로 지칭되면서 논의되었던 것이다.

또한 술수와 상수의 기본적 개념들인 수(數)와 상(象)의 개념 체계는 역(易)에서 파생된 것이라고 볼 수도 있지만, 한편으로는 역이라는 것 자체가 점복과 신탁(神託, divination)의 활동에서 유래되었음을 인식할 필요가 있다. 다시 말해, 술수학의 지적, 개념적 기원은 결국 근본적으로 점복과 신탁 활동에 있다는 것이다. 술수학은 개념적 차원에서뿐만 아니라 다양한 실행적 차원에서도 신탁이나 점복적 행위들과 지속적으로 관련성을 맺으면서 발전하였다고 할 수 있다. 따라서 역(易)은 이러한 점복의 실천적 행위의 결과물들을 지식의 차원으로 변환시켜 학문적 담론의 영역으로 떠오르게 만드는 일종의 매개체로서 기능과 역할을 수행하는 것으로 봐야 한다.

사실 '술수(術數)'와 '상수(象數)', 술과 수, 상과 수, 역(易)과 괘(卦) 등의 개념들은 일종의 표상적 체계를 구성하는 요소들이다. 이들 표상적 체계들은 과거 중국과 한국, 일본 등의 동아시아에서 자연세계의 근원적 원리를 파악하고자 하는 도구로서 고안되었고 발전된 것으로서, 그 기원은 고대의 점복(占卜)의 행위나 무속(巫俗)적 행위들에 뿌리를 두고 있다.[12] 그런데 이 표상적 체계를 구성하는 기호들 사이에서 어떤 것이 보다 근원적이며 일차적인 것인지, 혹은 무엇이 보다 부차적이며 이차적인 것인지를 논의하는 것은 원칙적으로 '무한 기표들의 연쇄' 속에 빠지는 일이 된다. 왜냐하면 표상으로서의 특정 개념(기표)들은 다른 하나, 혹은 두 개의 개념으로써 온전히 정의되거나 지시될 수가 없기 때문이다.[13] 따라서 술수와 역, 상, 수, 상수(象數), 음양오행 등의 개념들과 관련해서도 이들 중에서 무엇이 보다 우선적이거나 근본적이며 무엇이 보다 포괄적인 것이라고 엄밀하게 말하기란 불가능하다. 술수와 상수의 지식과 개념들은 상호적 참조가 지속적으로 이루어지면서 이들 여러 개념의 혼합과 조합으로서 구성되는 하나의 체계인 것이며, 다른 한편으로는 이들 지식체계는 다양한 실천적 활동들 속에서 끊임없이 변화하고 재구성되는 것이라고 봐야 한다.

이때 표상적 체계인 개념(기표)들은 사실 사물이나 실재와 어떤 필연적인 연관성을 갖고서 성립된 것들이 아니다. 이는 술수와 상, 수, 역, 괘, 음양, 오행, 기기(氣)와 명(命), 신(神), 신명(神明) 등의 개념들과 관련해서도 마찬가지이다. 개념들은 사물과 실재를 파악하기 위해 고안된 것이지만 사물과 실재는 개념들로서 온전히 가두어질 수 있는 것이 아니며, 따라서 여기에서부터 표상으로서의 개념과 실재와의 끊임없는 술래잡기가 시작된다. 또한 이들 표상으로서의 개념들이 만들어내는 의미들은 각각의 개념들 자체에서 발생하면서 더해지는 것이 아니고 여러 개념들의 관계들, 혹은 네트워크 자체에서 생겨날 뿐이다.[14]

그러므로 표상의 체계들인 술수와 상수, 역과 신, 신명, 기 등의 개념들과 그것들을 이용한 이론을 가지고서 우주의 근본적 원리나 천지자연의 궁극적 도(道)에 이르고 통달하려고 하지만, 그와 같은 도통(道通)의 경지는 애초부터 도달할 수가 없는 목표라고 할 수 있다. 왜냐하면 술수와 상수, 역의 여러 개념들 자체가 애초부터 실재에 뿌리를 박고서 만들어진 것이 아니기 때문이다.[15] 하지만 그럼에도 표상적 체계로서의 술수와 상수의 지식과 이론들은 그것이 포괄하거나 관련된 여러 개념들의 혼합과 조합으로서 구성되면서 다양한 형태의 철학적, 과학적 담론을 구축하고 생산하였으며, 오랜 세월 동안 동아시아인들의 문화적 실천적 활동 속에서 변화하고 재구성되어왔다. 특히 술수의 지식과 개념들은 기(氣)와 명(命), 신(神)과 신기(神氣), 신명(神明) 등의 개념들과 함께 사용되면서 신탁의 행위나 점복(占卜)과 무속(巫俗)의 행위들과 보다 직접적인 연관성을 가지면서 발전하였고 변화한 것이다.

이런 관점에서 필자는 술수학을 음양과 오행, 역, 상, 수, 점술과 방기 등을 아우르는 하나의 커다란 지식체계로서 설정하고자 하며, 이러한 지식체계는 기(氣)와 명(命), 신(神)과 신기(神氣), 신명(神明) 등의 개념들과 결합하면서 무속이나 점복, 신탁의 실천적 행위들과 직접적으로 연결된다고 파악한다. 따라서 술수학은 역과 음양오행과 상, 수의 개념을 활용한 '자연과학적' 지식 활동을 포괄하는 것이며, '술수적 지향'이 과거 동아시아인들의 과학적 지식 탐구와 수학적 지식 탐구의 근본적 목표였다고 말할 수가 있는 것이다.

한편 필자는 술수의 지식들을 '수(數)'를 중심으로 분류하고 파악하는 '전통적인' 입장에 대해서도 문제를 제기한다. 술수에 대한 이런 식의 정의와 분류는 아마도 『한서(漢書)』의 「예문지(藝文志)」에서부터 비롯된 것으로 보인다.

사실 술수라는 말을 하나의 용어로 사용하면서 분류의 한 부분으로 제시한 것은 『한서(漢書)』의 「예문지(藝文志)」와 그 바탕이 된 유향(劉向), 유흠(劉歆) 부자의 『칠략(七略)』에서부터이다.[16] 다만 『한서』 「예문지」와 『칠략』에서는 '술수'가 아니라 '수술(數術)'이라는 단어를 사용하고 있다. 『칠략』의 하나인 「수술략(數術略)」에서는 아래와 같이 6부로 나누어서 서적들을 분류한다.

1. 天文, 2. 曆譜, 3. 五行, 4. 蓍龜, 5. 雜占, 6. 形法

여기서 말하는 천문(天文)은 천문학 전반을 이야기하는 것이고, 역보 (曆譜)는 역법과 택일과 관련된 부분이다. 오행(五行)은 말 그대로 음양오 행에 기초한 점술서이며, 시구(蓍龜)는 구점(龜占, 갑골점)과 서점(筮占, 시책 점)을 의미하니, 이후 주역의 점법으로 단일화된 것을 의미한다. 잡점(雜 占)편에는 몽점과 귀신, 요괴를 통해 징조를 읽어내는 부분 등이 실려 있 다. 마지막으로 형법(形法)은 풍수지리와 관상(觀相)에 관한 지식을 의미 한다.

유흠은 「수술략(數術略)」 다음으로 「방기략(方技略)」을 두고서 그 아래 에 1. 醫經, 2. 經方, 3. 房中, 4. 神仙을 두고 있다. 의학과 도교(道敎)의 방중 술, 연단 및 신선술 등의 지식을 별도로 분류하고 있는 것이다.[17] 게다가 음양가(陰陽家)와 관련된 서적들은 「제자략(諸子略)」 속에 들어가 있기도 하다. 다시 말해, 유흠이 분류한 「수술략(數術略)」에는 우리가 다루고자 하는 술수문화의 지식들 모두가 포함되지 못하고 있으며, 유흠 또한 그러 려고 하지 않았다. 따라서 수(數)를 중심으로 술수에 대한 정의를 내린다 면, 수와 직접적인 연관성을 지니지 않은 지식 영역, 특히 귀신, 신명, 무 속, 도교, 연단 방중술과 같은 지식들은 술수학의 영역에서 제외할 우려 가 있는 것이다.

흥미로운 점은 『한서』 「예문지」의 수술략의 총서(總序)에서 "수술(數術) 은 모두 조정에서 역(易)을 작성한 희씨(羲氏)나 화씨(和氏), 복서를 행했던 사관(史官)의 직장(職掌)이었다."고 그 내력을 기술하고 있다는 사실이다. 그러면서 다른 한편에서는 "일찍이 훌륭한 도술(道術)이었지만, 쇠퇴한 지 금에 이르러서는 점술로 타락해버렸다."고 한탄한다. 즉, 복서와 점복에서 술수가 나왔음을 인정하면서, 한편으로는 "점술로 타락해버렸다."고 모순 적으로 적고 있는 것이다. 그들은 수술을 포함한 술수의 지식들이 점복 과 역 등과 관련되지만, 다른 한편으로는 이들 지식에 대해 폄하하는 듯한 평가를 덧붙이고 있는 셈이다.

한편, 앞에서 조금씩 언급하였지만 술수학은 고대 이래로 상수학(象數學)의 지식들과 분명 중첩되고 있었고 끊임없이 개념과 지식들을 상호 교환하면서 발전한 지식체계였다고 생각한다. 특히 한대(漢代) 이래로 유학이 독점적인 지식 권력의 위치를 점하게 되면서부터, 그리고 역학(易學)이 경학(經學)의 주요한 분야로 확립되면서부터 술수학과 술수문화는 상수학에 비해 차츰 하위의 지식체계로 폄하된 방향으로 지식의 지형이 변화하였다고 할 수 있다. 물론 이러한 장기적인 변화에도 불구하고 상수학과 술수학은 지속적으로 개념과 이론, 지식들을 상호 공유하고 교환하면서 발전하였다고 보아야 한다. 따라서 역학 혹은 상수의 지식들이 술수의 이론적 원천이었던 것처럼 파악하거나 역학과 상수의 지식들이 술수 쪽으로 일방향으로 전달되었다고 말하는 것은 역사적 사실에 대한 올바른 서술이 될 수가 없다.

이런 점에서 필자는 『사고전서(四庫全書)』 편찬관들이 자부(子部) 술수류(術數類) 제요(提要)에서 술수에 대해 내리는 정의와 평가에 반대되는 견해를 가지고 있다. 『사고전서』 술수류 제요에서는 "술수(術數)의 흥기(興起)는 진한시대 이후에 많이 이루어졌다. 요컨대 그 본지는 음양오행(陰陽五行)의 생극제화(生剋制化)에서 벗어나지 않으니, 실로 모두 역(易)의 지류가 잡설로써 전해진 것일 뿐이다."고 말한다.[18] 즉, 술수(術數)는 음양오행과 역(易)에서 파생한 것으로서 "지류로 흘러서 잡설이 되어버린 지식"이라는 주장이다. 하지만 필자는 술수의 지식들이 수와 상, 음양오행, 역 등의 개념들을 토대로 하면서도 그것들의 혼합과 조합으로서 발전하는 것이며, 그러한 지식들의 기원은 신탁과 점복의 실행으로부터 유래하였다고 생각한다.

3절 술수와 신(神), 기(氣)

『술수과학과 한국문명』은 한국 술수문화의 역사와 관련해서 어떠한 지점들을 새롭게 건드리며 다루고 기술해야 하는가? 이러한 질문은 한국과 동아시아의 술수학과 술수문화의 역사 서술에 대한 보다 근원적인 다음과 같은 물음들로 이어질 수 있다. 술수의 지식들, 즉 『한서』「예문지」의 수술략과 방기략, 나아가 제자략의 음양가 등에 흩어져 있는 다양한 지식들은 어떠한 근원적 토대를 가지며, 또 어디에서 하나의 연결 고리로써 묶일 수가 있을까? 『사고전서』의 편찬관들이 술수류와 천문류(天文類), 역류(易類), 잡가류(雜家類) 등의 분류들 속에 흩어놓았던 술수학의 지식들은 어떠한 공유점을 가진다고 봐야 하는가? 학술적 차원, 혹은 문헌학적인 차원뿐만 아니라 실행적 차원에서 술수문화의 담지자이자 행위자들, 즉 술사와 도사, 방사, 무당, 지관들은 공통된 기원은 무엇일까? 술수문화의 근본에는 무엇이 자리잡고 있을까?

이러한 질문에 대해 필자는 그 해답을 신탁(神託, Divination), 즉 '신(神)에게 물음'과 관련된 지식과 실천적 행위들과 관련해서 찾아야 한다고 생각한다. 다시 말해, 술수문화의 맨 밑바닥에는 '신명(神明)'에 대한 지식체계와 행위, 즉 "세계의 이면에 신적인 존재들과 신들에 의한 질서가 존재"한다는 생각이 그것이다. 그러한 신적인 질서의 체계에 대한 설정이 후대에 이르러서는 "우주적 이치나 원리"들로서 형상화하여 설정하고 파악하고자 하는 지식과 행위들이다.[19] 여기에서 신적인 질서에 대한 인식과 지식체계는 고대의 무(巫), 혹은 신관(神官)들의 지식체계이며, 그것을 토대로 하는 실천이 바로 점성과 점복, 무속적 행위들이었다. 점복(占卜)과 무당의 굿(푸닥거리)은 애초부터 신에게 묻는 행위라는 차원에서 동일한 연원을 갖는다. 신에게 날씨에서부터 전쟁의 승패를 묻기 위해 중국의 고대인들은 거북이로 점을 쳤으며 주대(周代) 이후에는 시책(蓍策)으로 점을 쳤다. 신의 의향과 운명을 묻기 위하여 천문을 관측하고 자연물의 변화를 관측하였다. 또한 신에게 묻기 위해서 굿을 하고 북을 치며 접신(接神)을 행한다. 이러한 점복과 무속의 행위와 이론 그리고 신탁의 결과에 대한 해석의 지식들이 후대에 이르러서 역(易)과 음양오행의 지식으로 이론화되고 체계화되었으며, 나아가 의학과 천문학, 점성술의 지식으로 발전하였다고 봐야 할 것이다.

상(象)과 수(數), 술(術), 기(氣)의 개념은 이와 같은 신적인 질서의 체계를 '우주적인 이치와 질서'로 전환시키고, 그 숨겨진 이치가 인식 가능한 형태로 드러내고 설정한 것이다. 그러한 전환의 결과로서 역(易)은 실제로는 구점(龜占)과 시점(筮占)에서 시작되었지만, 역대전(易大傳), 즉 계사전(繫辭傳)에서 말한 바와 같이 "복희가 황하에서 용마의 등을 보고서 그림(圖)를 그려내었으며(河圖), 이로부터 역(易)을 그었"던 것이다. 그리고 그림, 즉 도서(圖書)가 바로 상(象)이고 상(象)으로부터 수(數)가 파생되는 것으로 설정되기 시작하였다.

신(神)의 작용은 한편으로 기(氣)로써 화하거나 응하고 이 기(氣)의 운행에 의해 우주적 운동이 이루어지는 것으로 설정된다. 그 결과 기(氣)의 운행, 즉 기운(氣運)의 막힘과 트임에 의해 세상의 재변이 시작되고 사라지며 인체의 질병이 발생하고 시작되고 치료되는 것으로 이해된다. 애초에는 신(神)의 징벌로써 재난과 질병이 시작되고 신관과 무당의 행위에 의해 신의 분노가 가라앉고 치란(治亂)과 치료가 이루어지는 것으로 이해되었지만, 차츰 기(氣)의 운행과 변화로 치란과 질병을 설명하는 식으로 발전되었다. 그리고 이러한 지식들이 차츰 천문과 점성, 의학의 지식으로 발전하였다. 땅과 관련해서는 후대의 사람들은 땅의 아래위로 흐르는 기(氣)의 흐름을 읽고서 혈(穴) 자리를 잡고서 무덤을 쓰는 풍수지리의 지식을 발전시켰다.

그러면서 고대에는 신에게 묻는 행위, 곧 점복과 무속적 행위로서 신의 요구와 경고를 읽고서 대응하고자 하였다면, 후대에는 신적인 질서가 깃든 '우주적 이치'나 '본질(道)'을 상정하고 그것을 온전히 파악하고 따르고자 노력하게 된다. 이제 신에게 묻는 행위와 더불어 자연세계의 '이치'에 대한 완전한 이해의 가능성을 믿고서 세계의 '수리적 원리'에 대한 근원적 탐구를 진행하고자 하였던 것이다. 술수의 문화들과 행위들이 지식으로서 이론화되고 체계화되고 그 결과 역학적(易學的) 이론과 도식들이 발전하여 그를 통해서 자연세계에 대한 엄밀한 이해와 논의가 가능하다고 생각되었던 것이다. 다시 말해, 고대의 무당과 신관에 의한 "신탁을 통한 세계와 운명에 대한 파악"은 후대에 이르러 지식인들에 의한 "우주적 이치나 도(道)에 대한 탐구"로 변화하였던 것이다.

물론 후대에 이르러서도 신의 뜻을 직접적으로 묻는 무당의 행위와 점복의 행위가 완전히 사라지지 않고서 지속되었다. 하지만 신탁과 점복의 행위들은 상당 부분 '완전한 깨달음'을 향한 욕구나 혹은 '도(道)의 통달'에 대한 욕구로써 대체되었으며, 이러한 욕구는『주역』을 탐구하며 자연철학적 논의를 전개했던 유학자들뿐만 아니라 복술과 풍수, 도참적 논의를 행하는 술사들의 마음속에서 지속적으로 작용하면서 전승되었던 것이다.

그러므로『술수와 한국의 과학문명』은 이러한 술수문화의 기원인 신탁과 점복의 지식들을 서술할 뿐만 아니라 후대에 이르러 술수문화가 수(數)와 상(象), 기(氣)의 개념을 중심으로 변화해가는 과정들도 아울러 보여주고 담아내야 할 것이다.

4절 술수와 술수문화에 대한 연구방법

한국의 과학문명 연구에서 술수 지식과 문화에 대한 연구는 현재까지 제대로 이루어지지 못하였으며, 단지 몇 편의 연구서와 연구논문이 제출되었을 뿐이다. 특히 한국의 술수 지식과 문화를 담고 있는 다양한 문헌들, 즉 점성과 택일, 풍수지리, 점복, 무속, 의료술수 등의 지식들과 관련된 문헌들에 대한 기초적인 조사연구도 거의 이루어지지 않았다고 할 수 있다.[20] 이런 상황을 생각해볼 때, 일찍이 이능화(李能和, 1869-1943)가 일제 강점기부터 술수의 지식들과 문화들에 관한 사료들을 수집하고 개괄적인 역사 서술들을 시도한 사실은 높이 평가할 만하며,[21] 이후 무라야마 지준(村山智順, 1891-1968) 등의 민속학자들에 의해 이루어진 술수문화에 대한 인류학적이고 민속학적인 연구들도 중요하게 읽히고 참고되어야 하는 결과들이다.[22] 또한 최근 들어 고려시대와 조선시대에 편찬되었던 술수 관련 자료들에 대한 위은숙과 전용훈의 연구는 기초적인 사료 분석을 통해서 한국의 술수학과 술수문화 연구에서 새로운 전망을 제시하였다는 점에서 중요하게 평가되어야 할 것이다.[23]

하지만 이러한 몇 가지 저술들과 논문들을 토대로 한국의 술수 지식과 술수문화에 대해 전체적인 이해를 얻어내기는 어려울 것이다. 이런 상황에서 술수학 지식의 기원과 이론의 수용, 변화의 과정에 대해서도 제대로 된 기술이 이루어지기 어려우며, 여기에서 나아가 술수문화의 실행적 차원에 대한 이해는 더욱더 어려운 일이 될 것이다. 한국의 술수 지식과 술수문화에 대한 전체적인 그림을 그리기 위해서는 선행적으로 술수학 지식과 문헌들에 대한 광범위한 조사 작업과 분석 연구들이 꾸준히 진행되어야 할 것이다.

이러한 상황에서 필자는 한국의 술수 지식과 문화의 변화 과정을 주로 술수문화의 담지자들과 기관들을 중심으로 살펴보고 대략적인 그림을 그려보고자 하며, 이를 통해 술수 관련 기관, 혹은 과학과 관련된 기관들과 그 행위자들에 대한 기존의 시각을 재고하고 관련 문헌들과 사료에 대한 새로운 기초적인 연구과 새로운 조망을 촉발하고자 한다.

술수문화의 향유자와 담지자, 술수학 기관

그렇다면 한국의 술수와 술수문화의 변화를 어떻게 그려낼 수 있을까? 필자는 이러한 작업을 위해 한국과 동아시아 술수문화의 담지자, 혹은 행위자들의 모습을 구체적으로 드러낼 필요가 있다고 생각한다. 그리고 이를 위해서 삼국시대로부터 조선시대에 이르기까지 술수학의 지식을 담지하고 활용하였던 주요한 행위자들인 술수 관련 기관들을 개괄하여 살펴보고, 이들 술수 관련 기관들과 관련을 맺으면서 술수문화를 전유하고 향유하였던 주된 담지자들인 국왕과 관료들, 그리고 술사와 지식인들의 모습을 그려보고자 한다.

이러한 작업을 위해서 참고할 수 있는 사료의 분량과 깊이는 시대에 따라 크게 차이가 난다. 우선 삼국시대의 경우 술수 관련 문화와 기록은 『삼국사기(三國史記)』와 『삼국유사(三國遺事)』에 풍부하게 남아서 전하고 있다. 하지만 이들 사료 외에 술수문화와 직접적으로 관련된 별도의 이론적 서적들이나 자료들은 전하지가 않는다. 이에 비해 고려시대의 경우에는 술수 관련 문화와 기록들이 『고려사(高麗史)』와 『고려사절요(高麗史節要)』, 나아가 조선 초기의 역사와 관련된 여러 사료들에서 보다 풍부하게 발견할 수가 있다. 또한 조선시대의 경우에는 수많은 역사적 사료들이 전하는데 특히 『조선왕조실록(朝鮮王朝實錄)』과 『승정원일기(承政院日記)』 등의 편년사 자료들에 풍부하게 수록된 술수 관련 기사들을 함께 검토하여 주목할 필요가 있을 것이다. 이와 더불어 술수문화 담당 주요한 기관인 관상감의 관서지인 『서운관지(書雲觀志)』와 관련된 자료도 중요하게 참고할 필요가 있다.

삼국시대와 고려시대, 조선시대의 사료들을 살펴보면 술수문화와 관련된 여러 행위자들, 혹은 담지자들이 등장한다. 그들은 어떤 경우에는 무당(巫堂)이기도 하였고, 일관(日官)이기도 하였고, 천문학 지식을 운영하고 실행을 담당하는 관료이기도 하였다. 한편으로 그들 중에는 국도(國都)의 이전을 주장하는 술사(術士)들도 있었으며, 왕릉의 능지 선정의 과정에 참여한 지관(地官)과 지사(地師)들도 있었다. 이들은 그 신분과 벼슬 등에 따라서 조선시대의 경우에만 하더라도 관상감(觀象監) 소속 관리들과 방외자, 국왕(國王)과 문무대신(文武大臣) 등으로 나누어서 살펴볼 수가 있다.

조선시대를 위주로 살펴봤을 때, 술수문화를 구성하는 다양한 층위의 지식들은 그것이 향유되고 발화되는 '계층적 위치'와 그에 따른 '지식사회에서의 역할'이라는 측면에서 유학이나 과학의 지식 영역들과는 상당히 다른 양태를 보여준다. 다시 말해, 역학이나 상수학은 경학(經學)이나 자연철학의 일부분으로서 상층부 지식인인 사대부 유학자들의 고상하고 고급스런 학문적 활동 속에서 존재하였던 데에 반해, 술수학 층위의 지식들은 흔히 술사(術士), 혹은 도사(道士), 지사(地師)라고 지칭되면서 중인 지식인들과 점쟁이, 지관, 무당, 중(僧), 협객 등을 포함하는 광범위한 중하층 지식인들의 지적인 활동과 실천적 행위들 속에서 존재하였던 것이다. 물론 이 두 영역을 가르고 있는 계층적 분리선은 선명하지가 않고 오히려 상당 부분 중첩되기도 하였다.

하지만 술수 지식과 문화는 분명 중하층 계급의 지식인들에 의해서 향유되거나 사용되지 않았으며, 오히려 술수학의 지식과 문화는 국왕과 왕실 그리고 상층부 관료이자 지식인들인 신료(臣僚)들에 의해서 더욱더 농밀하게 향유되었다. 즉, 조선시대의 경우에도 기실 길흉의 날짜를 정하거나 사주추명을 행하고 장사를 지낼 때에 길한 땅을 찾는 일은 왕실과 고위 관료들에서부터 주요하게 취급되고 행해진 일이었다. 그리고 이러한 왕실 차원에서부터 필요했던 술수학 지식을 탐구하고 이를 통해서 왕실과 고위 관료들에게 술수적 서비스를 제공하였던 기관이 바로 서운관(書雲觀), 혹은 관상감(觀象監)이었다. 물론 국왕과 왕실 그리고 고위 신료들이 향유하였던 술수문화는 차츰 사대부 계층과 일반 민(民)들에게 확산되고 유포되었는데, 그 결과 조선 후기에 이르면 사대부들과 민들은 신년점을 쳐서 한해의 운수를 예측하거나 지관(地官)을 불러 길지(吉地)를 정하여 조상의 묘를 쓰는 일들이 차츰 일상화되었다고 생각된다. 이런 사실들을 고려한다면, 술수의 문화와 지식들은 특히 '향유의 측면'에서 상하로, 계층적으로 뚜렷하게 분리된다고 할 수 없으며, 오히려 인적인 측면이나 이론적인 측면에서 서로 착종되면서 항상적으로 영향을 주고받았다고 해야 할 것이다.

그럼에도 불구하고 술수의 지식과 문화적 행위들은 고대에는 분명히 고급한 지식들이었으며 국왕과 신관들에 의해 독점되었던 것으로 보인다. 고대로부터 삼국시대에 이르기까지 술수의 지식들과 문화들은 국왕과 권력자의 권위를 보증하고 드러내는 핵심적인 영역에 자리잡고 있었다. 그러던 것이 후대에 이르러 특히 유학이 주류 학문으로서 자리를 차지하게 되면서 술수문화의 지식들은 권력의 정당성과 권위들 뒷받침하고 보장하는 역할이 사라지지 않았지만, 한편으로는 새롭게 재분류되면서 차츰 주변부의 지식이나 하위의 지식으로서 밀려나고 격하되며 급기야 잡스러운 지식으로서 폄하되기 시작하였다. 이렇게 본다면 한국의 술수문화와 지식의 영역들은 그것의 담지자, 즉 술사들의 지위와 술수 기관들의 장기적인 변화를 통해 역사적으로 이해되고 서술될 필요가 있을 것이다.

한편, 술수학의 기원이 애초에 역을 중심으로 하는 점복적 행위, 신탁적 행위에 있다고 한다면, 술수학의 기원을 샤먼적(무속적) 행위에서부터 찾을 수 있을 것이다. 그리고 이러한 샤먼적 활동은 한국적 맥락과 기원에서 분명 중국과는 차이를 지니는 것이기에 "술수학의 한국적 기원"을 생각할 수 있을 것이다. 따라서 비록 삼국시대 후기 이후에 역(易)과 음양, 기, 상, 수, 술수 등의 개념이 중국으로부터 한반도에 전래되었다고 하더라도 그러한 지식과 문화들은 한반도 지역의 고유한 무속적 행위들이나 점복적 행위들과 결합하고 융합되면서 수용되고 토착화되었다고 생각된다. 이러한 이유로 필자는 아래 제2장의 삼국시대를 다루는 부분에서는 술수문화의 샤먼적 기원들을 살펴보고 이후 고대국가체제의 확립 과정에서 술수문화의 지식과 행위자들이 박사(博士)와 일관(日官), 일자(日者)의 제도와 관직체계 속에서 자리잡게 되는 과정을 살펴볼 것이다.

고려시대에는 국가와 왕실의 차원에서 술수문화를 담당하는 기관이 여러 종류가 있었는데, 3장에서는 고려 초기부터 존재해왔던 태복감(太卜監, 司天臺) 및 태사국(太史局)과 이후 이들 기관이 서운관(書雲觀)으로 통합되는 과정을 정리할 것이다. 이들 천문과 점복 관련인 태사국과 태복감 이외에도 여러 도관(道觀)들에서 술수문화와 관련 활동들을 수행하였는데, 고려시대 술수문화의 발전과 변화를 그리기 위해서는 중요하게 살펴보아야 할 것들이다. 그러므로 고려시대에 도교(道敎)문화가 확산되고 도관(道觀)들이 설립되는 과정과 이들 기관 속에서 거행된 초제들의 형태에 대해서 살펴볼 것이다.

고려시대에 이어서 조선시대에서도 국가적 차원에서 술수문화와 관련된 업무를 담당한 기관은 예조에 소속된 서운관, 곧 관상감(觀象監)이었는데, 조선 전기에는 이 서운관 외에도 태일습산국과 소격서 등의 술수학 관련 관서들도 여전히 존재하였다. 제4장에서는 이러한 술수 관련 기관들이 폐지 축소되는 과정과 더불어 이들 기관에서 수행하였던 술수 관련 지식과 문화들이 서운관의 조직 아래로 통합되는 과정을 정리할 것이다. 조선 후기에 이르면 술수학 중심 기관인 관상감은 새로운 형태로 조직의 변화가 일어나는데, 이러한 변화는 『경국대전(經國大典)』과 『대전회통(大典會通)』, 『육전조례(六典條例)』 등의 법전(法典) 자료와 관서지인 『서운관지(書雲觀志)』 등을 통해서 읽어낼 수 있다. 5장에서는 이러한 관상감의 발전과 변화를 중심으로 관료 술사들의 존재 형태를 기술하고자 한다. 마지막으로 6장과 7장에서는 조선 후기에 민간에서 성장하고 발전하였던 술수문화 및 술수 지식과 관련된 다양한 형태들을 정리하여 서술하고자 하는데, 그중 제6장에서는 상층부의 유교문화와 유학자 지식인들 사이에서 광범위하게 영위되고 탐구되었던 술수 지식과 술수문화의 형태들을 살펴볼 것이다. 이어서 7장에서는 조선 후기 기층문화 속에서 영위되었던 술수문화와 『정감록(鄭鑑錄)』 등의 비기류 서적들을 토대로 확산되었던 참위적 지식과 예언의 담론들을 살펴보고 정리해보고자 한다.

2장

삼국시대의 술수문화

1절 삼국시대 술수문화의 기원, 왕조의 기원

대저 옛날 성인(聖人)이 예악(禮樂)으로써 나라를 일으키고 인의(仁義)로써 가르침을 베풂에 있어 괴력난신(怪力亂神)을 말하지 아니하였다. 그러나 제왕(帝王)이 일어날 때는 부명(符命)과 도록(圖錄)을 받게 되므로 범인(凡人)과 다름이 있었다. 그런 뒤에 능히 큰 변화(變化)를 타고 대기(大器)를 잡으며, 또 대업(大業)을 이룰 수 있는 것이다. 그러므로 하수(河水)에서 그림(圖)이 나왔고 낙수(洛水)에서 서(書)가 나왔기에 성인이 일어났다.

『삼국유사(三國遺事)』의 자서(自敍)에서 일연(一然, 1206-1289)은 당시까지 '비기(祕記)'로만 여겨지며 전해지던 '유사(遺事)'들의 내용들을 모아서 정리하여 삼국에 대한 또 다른 역사서를 편찬하였다. 그런데 그는 국사(國師)의 위치에까지 오른 불교의 수도승(僧)임에도 불구하고 서문에서 자신이 지은 책에 대한 '유교적 검열(?)의 시선'을 숨기지는 못하고 있다. 즉, 그는 왕조의 설립 과정에 대해 "성인(聖人)이 예악(禮樂)으로써 나라를 일으키고 인의(仁義)로써 가르침을 베푼다."는 식으로 유교적 이상론과 성인론(聖人論)을 따르고 있으며, "괴력난신(怪力亂神)을 말하지 않는다."는 『논어(論語)』의 구절을 되풀이하고 있는 것이다.

하지만 그러면서도 일연은 제왕이 나타날 때는 "항상 부명(符命)과 도록(圖錄)을 받는다."는 말을 함으로써 지상의 권력이 성립할 때에는 하늘의 징조가 선행한다는 술수문화적 관점을 자연스레 드러내기도 하였다. 물론 그가 취하고 있는 술수문화의 관점 또한 유교적 사상의 범위에서 크게 벗어나는 것이 아니었다. 이어진 구절에서 그는 "그러므로 하수(河水)에서 그림(圖)이 나왔고 낙수(洛水)에서 서(書)가 나왔기에 성인이 일어났다."는 『주역(周易)』「계사전(繫辭傳)」의 구절을 동원하여 자신의 말을 다시금 뒷받침하고 있기 때문이다.

물론 일연은 이러한 왕조들의 기원에 대한 술수문화적 서술이 단지 한반도의 왕조들 경우에만 국한된 일이 아니었다고 말한다.

무지개가 신모(神母)를 휘감아 복희(伏羲)를 낳았으며, 용이 여등(女登)에게 감응하여 염제(炎帝)를 낳았으며, 황아(皇娥)가 궁상(窮桑)의 들에서 놀다가 자칭 백제(白帝)의 아들이라는 신동(神童)과 교통(交通)하여 소호(小昊)를 낳았다. 간적(簡狄)이 알을 삼켜서 설(契)을 낳았으며,[3] 강원(姜嫄)이 발자국을 밟아 기(弃)를 낳았다.[4] 요(堯)는 잉태된 지 십사 개월 만에 낳았으며, 용(龍)이 대택(大澤)에서 교접하여 패공(沛公)을 낳았다.[5] 이후의 일들을 어찌 다 기록할 수 있겠는가? 그런즉 삼국(三國)의 시조(始祖)가 모두 신이(神異)한 데서 나왔다는 것이 어찌 괴이하다 할 수 있겠는가! 이 기이(紀異)가 제편(諸篇)의 첫머리에 실린 것은 그

뜻이 바로 여기에 있는 것이다."라고 하였다.[6]

일연은 중국에서 고대로부터 등장한 여러 성인들인 복희와 염제, 소호, 상왕조의 시조 설, 요임금, 주왕조의 시조 기, 한왕조의 시조인 유방 등은 모두 신이(神異), 즉 기이한 존재에 의해 잉태되거나 신이한 기운을 받아서 출현하였다고 말한다. 이러한 구절을 통해 일연은 한반도에 존재하였던 "삼국(三國)의 시조(始祖)가 모두 신이(神異)한 데서 나왔다는 것"을 기록하고자 하였고, 또한 그것이 결코 한반도에만 국한되어서 일어난 기인한 사건이 아니었음을 주장하고자 하였던 것이다.

사실 유교적 경계와 검열의 시선을 드러내고 있는 자서를 지나서 본문을 들여다보면, 『삼국유사』에는 유교적 역사관으로는 도저히 막아내거나 소화할 수 없을 정도로 풍부한 이야기들, 다시 말해 괴력난신의 다양한 이야기들과 술수문화와 관련된 내용들이 엄청난 분량으로 수록되어 있음을 알게 된다. 심지어 괴력난신의 이야기를 거부하고 고기(古記)와 비사(祕史) 등의 전거들을 의도적으로 배제하고자 하였던 김부식의 『삼국사기』에서조차도 그 본문의 내용들을 읽어보면 유교적 시선과 구절의 표면 아래에 풍부하고 흥미로운 술수문화의 기록들이 남겨져 있음을 발견할 수 있다. 그리고 이들 기록만으로도 삼국시대는 그야말로 '신인(神人)의 등장과 활약'을 중심으로 왕조가 설립되고 국가가 운영되던 시대였던 것으로 보일 정도이다. 이런 점에서 삼국시대까지의 역사를 가득 채우고 있는 술수문화의 흔적들은 유교적 관점을 토대로 쉽게 가려지거나 혹은 무시되기가 어려웠다. 이는 일연과 김부식의 경우에서뿐만 아니라 현대의 역사학자들에게도 마찬가지라고 할 수 있다.[7]

1. 신인(神人)이자 무당(巫堂)인 임금

『삼국유사』와 『삼국사기』의 고려시대 이전까지의 서술을 보면, 한반도 고대국가들의 문명적 기원이 술수문화에 있으며, 나아가 술수문화의 기원은 샤머니즘의 전통에서 비롯되었음을 알 수가 있다. 우선 한반도 고대국가 시조들의 이름이나 왕들의 명칭들에 대한 기원에 대해 학자들에 따라서 구체적인 견해는 약간씩 다르지만, 한 가지 분명한 공통적 사실은 그 대부분이 샤먼적 전통에서 비롯된 것들이라는 점이다.[8] 고조선의 역사를 처음으로 기록하고 있는 사료인 『삼국유사』에는 단군왕검에 의한 조선의 개국을 아래와 같이 적고 있다.

> 고기(古記)에서 말하기를, 옛날에 환인(桓因)〈(제석(帝釋)을 말한다)〉[9]의 서자 환웅(桓雄)이 있어 자주 천하에 뜻을 두고 인세(人世)를 탐하거늘, 아버지가 아들의 뜻을 알고 삼위태백(三危太伯)을 내려다보매, 널리 인간을 이롭게 할 만한지라, 이에 천부인(天符印) 세 개를 주어 세상 사람을 다스리게 하였다.
> 환웅이 무리 3천을 거느리고 태백산 꼭대기 신단수 아래에 내려와 세상에 머물면서 통치를 했다. 바람신(風伯), 비의 신(雨師), 구름의 신(雲師)를 거느리고 곡식과 생명, 질병, 형벌, 선악을 주관했고 무릇 인간의 360가지 일을 주재했다. 그의 아들 단군왕검(壇君王儉)이 나라를 열어 이름을 조선이라고 했다.[10]

이능화는 환웅의 웅(雄)은 무당을 의미하며 이 말은 "신시(神市)의 환웅에서 시작되었을 것이니 대개 환웅의 신시란 곧 고대 무축(巫祝)의 일이기 때문"이라고 말하고 있다. 환웅이 받아온 천부인(天符印)이 무엇인가에 대해서는 논자에 따라서 주장하는 바가 다르지만, 샤먼이 사용하는 부적이거나 혹은 샤먼의 상징이자 무속 행위에서 사용되는 칼이나, 거울, 방울, 옥 등을 의미하는 것으로 추측된다.[11] 혹자는 천부인을 "천부(天府)의 직인, 즉 관인(官印)"이기도 한 것으로 보는데, 이때에도 관인이 축귀(逐鬼)를 행하는 부적으로 사용되기도 하였다는 점에서 무당의 상징으로 인정된다.[12]

한편, 환웅의 아들인 단군은 제단을 설치하고 하늘에 제사하는 까닭에 단군(壇君)이라 지칭되었으니, 단군은 곧 신권을 부여받은 천자(天子)이자 당이기도 하다.[13] 결국 천신(天神)인 환인으로부터 권한을 부여받고 신과 소통하는 큰 무당인 환웅과 그의 아들인 단군은 바람과 비, 구름을 부르면서 인간 세상의 식량과 생명, 질병, 형벌과 선악과 관련된 사무를 모두 주관하는 존재라고 볼 수 있는 것이다.

한반도의 고대국가를 개창한 존재들이 신인(神人)이거나 샤먼 혹은 샤먼의 후예들임은 『삼국사기』에도 비슷한 방식으로 서술되어 있는 바이다. 『삼국사기』의 「신라본기」에서 김부식은 박혁거세의 아들이자 신라의 제2대 왕인 남해차차웅(南解次次雄)에 대해서 아래와 같이 적고 있다.

차차웅(次次雄)은 혹은 자충(慈充)이라고도 한다. 김대문(金大問)이 말하기를 "차차웅이란 방언(方言)에서는 무당이라고 이른다. 세상 사람들은 무당이 귀신을 섬기고 제사를 숭상하므로 두려워하고 공경하여 마침내 웃어른을 자충이라고 했다."고 한다.[14]

즉, 김부식은 김대문의 입을 빌려 고대 신라의 국왕의 명칭이 무당을 일컫는 말로부터 유래되었다고 전하고 있는 것이다. 이능화는 신라에서 국왕을 지칭하는 용어인 차차웅(次次雄)은 환웅에서 비롯되었다고 본다. 그에 따르면, "웅(雄)을 가리켜 무당이라고 함은 반드시 신시(神市)의 환웅에서 시작되었을 것이니 대개 환웅의 신시란 곧 고대 무축의 일이기 때문이다. 또 제단을 설치하고 하늘에 제사하는 까닭에 단군(壇君)이라 했으니, 단군은 곧 신권천자이다." 그의 논리를 계속 따라가자면, 환(桓)의 음은 한(寒)과 가깝고, 한의 뜻은 '차다'는 의미이므로, 환웅은 찬웅, 차차웅과 같은 의미라는 것이다.

『삼국사기』에 따르면, 남해차차웅뿐만 아니라 신라 최초의 왕인 박혁거세도 애초 하늘에서 내려온 천마(天馬)가 품고 있는 알에서 태어난 천자(天子)이자 신인(神人)으로 기록되어 있는데,[15] 이 역시 그가 하늘과 소통하는 샤먼적 존재로 여겨졌음을 의미한다. 천마는 하늘로부터 내려온 존재이자 하늘과 땅을 오르내리며 두 세계를 연결하고 소통하는 존재라고 여겨졌다. 따라서 천마가 품고 온 알은 그 자체로서 하늘로부터 내려온 신인이거나 혹은 하늘과 소통하는 존재였던 셈이다.

왕조의 시조를 하늘에서 내려온 신인, 혹은 하늘의 아들인 천자(天子)로 서술하고 있는 것은 고구려의 경우에도 마찬가지이다. 즉, 『삼국유사』와 『삼국사기』에서는 모두 고려의 시조인 고주몽(高朱蒙)은 해모수(解慕漱)와 하백(河伯)의 딸 유화(柳花) 사이에서 태어난 것으로 적고 있는데, 이때 해모수는 천제(天帝)의 아들이라고 서술하고 있다. 게다가 하백의 딸은 산달이 차서 큰 알을 낳았고 그 알에서 주몽이 태어났으니, 고구려의 시조 또한 하늘의 자손이자 하늘과 소통하는 신인(神人)으로서 서술되어 있는 것이다.

삼국의 시조들에 대한 이러한 서술들을 토대로 이능화는 심지어 "조선민족은 古初時代에 神市를 두고 敎門을 삼았다. 天王 桓雄과 檀君 王儉을 하늘에서 내려온 神이라고도 하고, 神格을 가진 인간이라고도 하였다. 옛날에는 무당이 하늘에 제사지내고 神을 섬김으로써 사람들의 존경을 받았다. 그러므로 신라에서는 왕의 칭호가 되었고 고구려에서는 師巫라는 칭

호가 있었다."라고 서술하기도 하였다.[16]

한편 『삼국사기』와 『삼국유사』에서는 공통적으로 이들 초기의 왕들의 행적을 설명하면서 매번 일식(日食)이 일어나고 패성(孛星)이 특정 별자리를 침범하거나 유성이 떨어지는 등의 천변의 재이(災異)를 열거하고 있다. 그리고 이러한 재변과 당시 일어난 몇 가지 사건들과 연관짓는 방식으로 서술하고 있기도 하다. 예를 들어, 『삼국사기』 박혁거세 30년 조에는 그해 여름 4월 그믐 기해일에 일식(日食)이 있었으며, 이어서 "낙랑 사람들이 군사를 동원하여 침범하려고" 하다가 국경 부근의 사람들의 지혜로 돌아갔다고 기록하고 있다.[17] 또한 남해차차웅 11년 조에는 낙랑의 군사들이 서라벌을 침입하고 금성(金城)을 공격하여 사세가 매우 위태로워졌으나, 밤에 유성(流星)이 적의 병영으로 떨어져 적들이 모두 두려워하고 물러났다고 적고 있다.[18] 이러한 내용은 낙랑의 군사와 같은 외적의 침입을 하늘이 일식이나 유성을 통해서 경고하거나 물리쳤다고 보는 것이다. 『삼국사기』의 이런 식의 서술은 천변 재이를 기록하고 그것과 관련된 사실을 서술하는 전형적인 재이론적 역사 서술의 방식, 혹은 점성술적인 서술의 방식을 취하고 있는 것이다.

2. 왕권과 신권의 분리, 국왕과 무당

앞 항(項)에서 살펴본 바와 같이 한반도 초기 왕조들에서 왕이 샤먼이자 신인(神人)으로서 하늘과 소통하는 역할을 수행하였다. 하지만, 시간이 지남에 따라 차츰 국왕과 무당의 역할이 분리하면서 별도로 존재하는 모습이 나타나기 시작한다. 그러면서 무당은 사람이 병에 걸리게 된 원인을 말하고, 뱃속의 아이를 점치고, 재이(災異)에 대해서 말하고, 인귀(人鬼)가 자기에게 내렸다고 말하며, 시조 왕의 사당에서 제사를 지내기도 하였다. 이러한 것들은 모두 후세의 무속에 보이는 굿(賽神)과 저주(詛呪), 복서(卜

筮), 공창(空唱)[19], 신탁(神託), 치료, 위호(衛護) 등의 원류에 해당한다.

이런 모습은 예를 들어, 고구려의 2대 국왕인 유리왕에 대한 『삼국사기』의 서술에서부터 발견할 수 있다.

> 가을 8월에 교제(交際)에 쓸 돼지가 달아나서 왕은 탁리(託利)와 사비(斯卑)를 시켜 쫓게 하였다. 그들은 장옥택(長屋澤) 가운데에 이르러 [교시를] 찾아내어 칼로 그 다리의 힘줄을 끊었다. 왕은 이것을 듣고 노하여 "하늘에 제사 지낼 희생을 어떻게 상하게 할 수 있는가?" 하고, 마침내 두 사람을 구덩이 속에 던져 넣어 죽였다. 9월에 왕은 병에 걸렸다. 무당이 말하기를 "탁리와 사비가 빌미가 된 것입니다."고 하였다. 왕이 사람을 시켜 사과하니, 곧 병이 나았다.[20]

유리왕 19년(서기 3년) 8월에 하늘에 제사할 때 바치는 돼지가 달아났는데, 왕이 이 돼지를 잡도록 탁리(託利)와 사비(斯卑) 두 사람을 보냈다. 그런데 이들이 희생에 쓸 돼지들을 잡는 과정에서 상하게 하자 왕은 이 두 사람을 잡아서 구덩이 속에 파묻어서 죽여버렸다. 그리고 이후 9월에 왕이 병이 들자 "무당이 말하기를" 탁리와 사비의 일로 병의 빌미가 되었다고 말하고 있는 것이다. 결국 왕은 무당을 시켜서 죽은 이들에게 사과를 행하니 그제사 병이 나았다고 한다.[21]

이 기록에 따르면, 이때 왕이 죽인 자들인 탁리와 사비의 영혼은 흩어지지 않고 남았다가 자신들을 죽인 왕에게 다시 위해를 끼치는 존재로 표상되어 있다.[22] 그리고 무당은 이렇게 흩어지지 못하고 남아 있는 영혼들을 달래고 왕으로 하여금 그들에게 사과를 하게 함으로써 원한을 풀어 병을 낫게 한 존재로 서술되어 있다. 즉, 국왕이 직접 신들을 달래는 것이 아니라 무당을 시켜서 신들과 소통하고 문제를 해결하고 있는 것이다.

한편 고구려의 7대 왕인 차대왕(次大王) 3년에 왕이 평유원에서 사냥을 하였는데, 흰 여우가 따라오면서 울어서 왕이 활을 쏘았으나 맞지를 않았다. 이 일을 사무(師巫), 즉 무당에게 물으니 사무는 "여우가 나타난 일은 상서로운 일이 아니다."고 하면서 왕에게 덕을 닦으면 흉한 일도 길한 일로 바꿀 수 있다며 덕을 닦을 것을 권하였다. 하지만 왕은 오히려 길흉을 명확히 이야기하지 않고 길흉의 전환을 늘어놓는다며 사무를 죽여버린다.[23]

흥미롭게도 이 기사에서는 무당이 길흉을 예측하는 본연의 역할에서 벗어나 유교적인 재이관으로 국왕에게 공구수성(恐懼修省)을 주장하다가 처형을 당하는 모습이 묘사되어 있는데, 이러한 기사 자체가 유교적 재이관과 전통적인 샤먼적 관점이 혼재되거나 대립하기 시작하는 모습을 보여준다고 할 수 있다. 다른 한편으로는 이러한 대립이 고구려 당대에 나타난 것이 아닌 김부식 시대의 모습, 즉 유교적 재이관을 토대로 무속의 역할을 분석하거나 대체하고자 하는 의도와 모습이 담긴 것이라고 볼 수도 있을 것이다.

『삼국사기』의 「고구려본기」에는 이후에도 고구려의 국왕들이 무당으로 하여금 왕후가 임신한 아이를 점치게 한 일이라든지, 무당으로 하여금 시조인 주몽(朱蒙)의 사당에 제사를 지내게 한 일 등이 기록되어 있다. 또한 「백제본기」에는 의자왕(義慈王)대에 무당으로 하여금 거북의 예언을 해석하게 한 일 등이 실려 있다.

이런 기록들은 삼국의 국가들에서 주요한 사무들을 수행하거나 사건들이 일어날 때마다 국왕이 무당으로 하여금 하늘의 뜻을 묻도록 하거나 혹은 그들에게 책임을 묻기 시작하였음을 보여주고 있는 예들이다. 이는 과거와 달리 국왕이 이제 직접 하늘과 소통하거나 신인과 역할을 수행하는 것이 아니라 무당으로 하여금 그 역할을 대신하게 하고 나아가 그 역할을 제대로 행하지 못할 때에 무당에게 책임을 묻거나 전가하기 시작하였음을 보여준다. 결국 이러한 사실들은 삼국시대 초에 차츰 세속적 권력자인 국왕과 종교적, 술수적 권력의 대행자인 무당의 역할이 분리되었음을 의미하는 것이다.

한편 『삼국유사』에는 장군이나 승(僧)들이 신술(神術)을 부리는 모습들도 많이 서술되어 있는데, 이때 그들은 하늘에 제사를 지내고 신술을 닦는 식으로 천신과 소통하는 무당, 샤먼의 모습을 함께 보여주기도 한다. 예를 들어, 삼국통일을 위한 전쟁의 과정에서 활약한 김유신에 대해 신인(神人)과 같은 능력을 가진 존재로 그리고 있는 부분이 그것이다. 『삼국유사』에서는 김유신에 대해서 그가 "칠요(七曜)의 정기를 품고 태어났기 때문에 등에 칠성문(七星文)이 있었고 또한 신기하며 기이한 일이 많았다."고 서술하고 있다.

신라군이 진군하여 [당군과] 합세해 진구(津口)에 이르러 강가에 군사를 주둔시켰다. 홀연히 새 한 마리가 소정방의 진영 위를 빙빙 날아다녔다. 사람을 시켜 그것을 점치게 하니 "반드시 원수가 상할 것입니다." 하였다. 그래서 소정방은 두려워하여 군사를 이끌고 [싸움을] 그만두려고 하니 유신이 소정방에게 일러 말하기를 "어찌 날아다니는 새의 괴이함으로 인하여 천시(天時)를 어길 수 있으리오. 하늘에 응하고 민심에 순응하여 지극히 어질지 못한 자를 정벌하는 데 어떻게 상서롭지 못한 일이 있겠소." 하고 신검(神劍)을 뽑아 그 새를 겨누니 새는 몸뚱이가 갈기갈기 찢긴 채 좌중 앞으로 떨어졌다. 이에 소정방은 강의 왼쪽으로 나와서 산을 등진 채 진을 치고 백제군과 싸우니 백제군이 크게 패하였다.[24]

당나라 군사가 백제를 평정하고 돌아간 후에 신라 왕이 여러 장수에게 명하여 백제의 잔적을 추포케 하여 한산성(漢山城)에 이르러 진을 치니, 고구려, 말갈의 두 나라 병사들이 포위하여 서로 싸우기를 5월 11일부터 6월 22일에 이르렀으나 아군 편이 매우 위태하였다. 왕이 이를 듣고 여러 신하들에게 의논하기를, "장차 어찌하면 좋겠느냐?"하고 망설이면서 결정하지 못하였는데, 김유신이 달려와서 아뢰기를 "일이 급하니 인력으로는 할 수 없고 오직 신술(神術)을 써야 구할 것입니다."하고 곧 성부산(星浮山)에 단을 설치하고 신술을 닦는데, 갑자기 큰 독 만한 광채가 단상에서 나타나더니 별이 북쪽으로 날아갔다.[25]

여기서는 신라의 군대가 백제의 잔당들을 토벌하는 과정에서 고구려와 말갈 군에 의해 한산성에서 포위되어 위기에 처해 있었는데, 김유신이 성부산(星浮山)에다 단을 설치하고서 신술을 부려서 적군을 물리치는 모습을 그리고 있다. 즉, 김유신의 신술로 생겨난 광채가 적진에 날아가 벼락불이 되어 적의 포석(砲石) 30여 곳을 쳐부수고 적의 활과 화살, 창이 분쇄되어 군사들이 모두 땅에 쓰러졌다. 이후 얼마 후에 적군이 깨어나서 모두 흩어져 돌아가고 신라의 군사도 승리를 거두고 돌아가게 된다. 이러한 모습들은 결국 과거 왕에게만 집중되거나 독점되었던 신인으로서의 능력과 역할이 뛰어난 장군이나 무당, 혹은 선승(禪僧)들에게 이전하여 부여되고 또한 행해지기 시작하였음을 보여주고 있는 예라고 할 수 있다.

2절 삼국시대의 술사와 박사, 술수 관련 기관, 신라의 사천대

삼국시대 술수문화의 흔적을 찾고 그 내용을 이해하기 위해서는 술수문화와 관련된 용어들이나 술수문화와 관련된 관직과 기관들에 대한 기록을 살펴볼 필요가 있을 것이다. 술수문화와 관련된 용어와 관련해 우선 술수(術數)나 술사(術士)라는 단어 자체는 역사서에서 어느 정도 자주 등장할까? 사실 『삼국사기』와 『삼국유사』에서 술수라는 단어가 등장하지 않는다. 다만 술사(術士)라는 용어가 『삼국사기』에 단 한 차례 등장하는데, 그것은 궁예(弓裔)와 견훤(甄萱)에 대한 열전(列傳) 부분에서이다.

> 청태(淸泰) 원년 정월, 견훤이 태조(太祖, 왕건)가 운주(運州)에 주둔하고 있다는 말을 듣고 바로 갑병(甲兵) 5천 명을 선발하여 왔다. 그가 미처 포진하지 못한 틈을 타서 장군 검필(黔弼)이 정예 기병 수천 명을 거느리고 돌격하여 3천여 명의 머리를 베었다. 웅진(熊津) 이북의 30여 성이 이 소문을 듣고 자진하여 항복하였다. 견훤의 부하인 술사(術士) 종훈(宗訓)과 의원 훈겸(訓謙), 용감한 장수 상달(尙達), 최필(崔弼) 등이 태조에게 항복하였다.[26]

여기에 따르면, 경순왕 8년(934) 봄 정월에 견훤의 부하로 있던 술사(術士) 종훈(宗訓)과 의원 훈겸(訓謙), 용장(勇將)인 상달(尙達)과 최필(崔弼) 등이 태조 왕건에게 항복하였다. 이 단순한 기사의 내용을 통해서 술사 종훈이 어떠한 분야의 지식을 가지고 활동하였는지는 확실히 알 수가 없다. 다만 의자(醫者) 훈겸과 구분하여 지칭하고 있는 것을 통해서 볼 때에 종훈은 아마도 천문(天文)과 복서(卜筮) 등에 관한 지식으로 활동한 사람일 가능성이 높다.

술사, 혹은 술수라는 단어가 거의 등장하지 않는다고 해서 삼국시대와 관련된 사료에서 술수문화와 관련된 기록이 없거나 혹은 적은 것은 결코 아니다. 그와 반대로 우리는 『삼국사기』와 『삼국유사』를 포함한 삼국 관련 사료에서 술수문화와 관련된 내용을 풍부하게 발견할 수가 있다. 오히려 문제는 근대과학의 세례를 입은 우리가 술수를 무엇으로 규정하고, 나아가 "술사를 어떤 사람으로 설정하는가" 하는 지점과 관련이 되어 있다.

삼국의 사회에서 술수문화가 확산되어 있음은 중국 쪽 사서들에 남아 있는 삼국에 대한 서술을 통해서 어렵지 않게 확인해볼 수 있는데, 먼저 『후주서(後周書)』의 「백제전(百濟傳)」에 서술되어 있는 아래의 내용을 살펴보자. 삼국에 관한 기록, 그중에서도 특히 백제와 관련된 기록이 많이 남아 있지 않은 상태에서 『후주서』의 기록은 현대의 역사학자들에게 삼국의 사회를 파악하는 중요한 근거로 사용되어왔던 것이기도 하다.

> 그들 중 빼어난 사람은 글을 잘 풀이하고 잘 지었으며, 또 음양오행(陰陽五行)을 잘 풀이하였다. 송(宋)나라의 원가력(元嘉曆)을 사용하면서, 인월(寅月)을 세워 세수(歲首, 정월)로 삼았다. 또 의술(醫術), 의약(醫藥), 복서(卜筮), 점상(占相)의 술법(術)을 잘 알았다.[27]

> 그 임금은 네 계절 한가운데 달에 하늘과 다섯 신에게 제사지낸다. 또 해마다 네 번 시조 구태(仇台)를 모신 사당에 제사지낸다. 중(僧尼), 절, 탑은 매우 많지만, 도사(道士)는 없다.[28]

여기에 따르면, 백제인들 중에서 '빼어난 사람'은 글을 잘 지을 뿐만 아니라 "음양오행(陰陽五行)을 잘 풀이하였다." 여기서 '음양오행을 잘 풀이하는 것'은 무엇을 의미하는가? 이는 아마도 음양오행의 이치를 잘 알고서 그에 따라서 자연의 변화를 읽어내며 심지어 하늘과 땅에서 일어날 사건의 징조(徵兆)를 미리 예측할 능력이 있는 사람, 혹은 그러한 일을 담당하는 사람이라고 추측할 수 있다. 또한 의술(醫術), 의약(醫藥)과 더불어 '복서(卜筮)와 점상(占相)의 술법(術)'을 잘 알았다고 할 때의 복서(卜筮)란 주역(周易)의 점법, 즉 시책(蓍策)을 사용하여 점을 치는 방법을 의미한다. 그리고 점상(占相)이란 인간의 용모와 사물의 형상을 보고서 점을 치는 술법을 의미하는데, 흔히 말해서 관상(觀相)이라고도 하는 것이다. 이러한 모든 활동과 일들은 술수문화와 관련된 것으로서, 백제인들 중에는 이러한 술수 활동을 제대로 수행하고 업무로서 담당하는 사람들, 즉 음양오행을 잘 풀이하는 사람들이 있었던 것이다.

한편, 앞에서 인용한 『후주서』의 기사에는 백제인들이 송(宋)나라로부터 원가력(元嘉曆)을 받아서 사용하였으며, 24절기 중에서 동지가 아닌 입춘이 들어가는 달인 인월(寅月)을 한 해의 시작, 즉 세수(歲首, 정월)로 설정하였다고 적고 있다. 게다가 『후주서』 기사의 맥락을 보건대, 이러한 역법의 사용은 음양오행을 풀이하는 것과 관련이 있었다고 본다. 이는 기본적으로 역법에서 사용하는 각종 천체들의 명칭과 수치 등이 기본적으로 음양오행과 관련된 단어들로서 구성되었으며, 나아가 계산법 자체가 술수적 형식으로 이루어졌기 때문일 것이다.

결국 『후주서』의 기사는 음양오행과 관련된 활동과 문화뿐만 아니라 공적 차원에서 그것을 담지하고 담당하는 관료와 기관이 존재하였음을 짐작하게 한다. 특히 원가력과 같은 수학적 계산의 능력을 토대로 역서를 편찬하거나 사용하는 일과 관련해서는 그러한 관료와 기관의 존재가 더욱더 필요하기 때문이다. 이러한 관료들과 기관들이 바로 『일본서기(日本書紀)』에 기록된 백제의 역박사(易博士)와 역박사(曆博士), 의박사(醫博士), 채약사(採藥師) 등일 것이다. 이 기록에 따르면, 백제는 성왕(聖王, 523-554)

연간인 554년에 일본에 역박사(易博士) 시덕(施德, 8품)인 왕도량(王道良)과 역박사(曆博士) 고덕(固德, 9품)인 왕보손(王保孫), 의박사 내율(奈率, 6품)인 왕유준타(王有悛陀), 채약사 시덕(8품)인 반양풍(潘量豊)과 고덕(9품)인 정유타(丁有陀), 악인 시덕(8품) 삼근(三斤) 등을 보냈다.[29]

『일본서기』의 기사를 보건대, 백제에는 이들 관직을 포함한 관료체계가 존재하였으며, 각각의 품계에 대해 고덕(固德, 9품)과 시덕(施德, 8품) 등의 관품명과 품계가 부여되었음을 알 수 있다. 흥미로운 점은 『일본서기』에서 기록된 '음양오행을 잘 다루어야 하는' 관직들인 역박사(易博士)와 역박사(曆博士), 의박사(醫博士) 등은 대부분 덕계(德階, 7품~11품)에 속하는 8품 또는 9품의 하위 관직들이었지만, 그들은 이후 공로를 인정받아서 보다 높은 관품인 솔계(率階, 2품~6품)에 해당하는 상위직 관료에 임명되기도 하였다는 사실이다.[30] 이러한 사실을 토대로 백제에서는 고려나 조선과는 달리 악공과 의술, 역술, 역법, 공장, 화공 등과 같이 전문적 기술을 다루는 이들이 귀족이나 상위 관료체계에 포함되어서 상대적으로 높은 대우를 받았다고 평가되기도 한다.

『일본서기』에 따르면 성왕(聖王) 31년인 553년 6월에 왜의 사신이 백제로 와서 역박사 등의 교대 파견을 요청하였다. 이에 따라 백제는 그 이듬해인 554년에 2월 복서(卜筮) 전문가로서 역박사(易博士)인 시덕(施德) 왕도량(王道良)을 다른 박사들과 함께 파견하여 전임자와 교대하게 하였다. 이때 역(易)에 관한 지식뿐만 아니라 복서에 관한 지식이 비로소 일본에 전해졌다. 백제는 이때 역시 일본의 요청에 의하여 역박사(曆博士)인 고덕(固德) 왕손(王孫)을 보냈는데, 이후 무왕(武王) 3년(602)에도 관륵(觀勒)이 역서(曆書)와 천문서를 가지고 일본에 갔다고 전한다. 또한 516년에는 오경박사(五經博士)인 고안무(高安茂)를 보내어 단양이(段楊爾)와 교대하게 하였는데, 여기서 말하는 오경박사는 『주역(周易)』과 『시경』, 『서경』, 『예기』,

『춘추』 등 5경을 전문적으로 연구하고 교육하는 학자를 의미한다.

이러한 기록들을 토대로 보건대 백제에는 술수문화의 주요한 문헌인 『주역(周易)』에 대한 지식과 그것을 담당하는 관료인 역박사(易博士)가 존재하였음을 알 수 있다. 또한 천문서적들도 존재하였으며 역법(曆法)에 대한 연구가 이루어졌고 그것을 전담하는 관료인 역박사(曆博士)와 천문박사(天文博士)가 존재하였음을 알 수 있다.

사실 백제의 관료체제 내에서 존재하였던 천문박사와 역박사(曆博士), 역박사(易博士), 음양박사(陰陽博士) 등의 관료 명칭은 애초 중국의 제도에서부터 유래된 것이다. 즉, 박사라는 관료제도를 처음으로 설치한 것은 중국의 진(秦)나라인데, 한(漢)나라 때에 이르러서는 9경(卿)의 하나인 태상(太常)의 속관(屬官)으로 박사를 두었으며, 무제(武帝) 때는 오경박사(五經博士)를 두어 자제를 교육하였다. 술수학 분야와 관련해서는 당나라에서도 오경박사 중에서 역박사(易博士)가 있었으며 천문박사와 역박사(曆博士), 누각박사(漏刻博士), 음양박사, 율학박사, 산학박사(算學博士), 의학박사 등을 각각 별도로 설치하고 운영하였다.

따라서 고구려와 백제, 신라에서는 6세기 이후부터 당나라의 관제를 받아들여 중국과 같은 박사제도를 설치하고 운영하였으며 나아가 태학(太學)과 대학(大學)과 같은 국가 최고 교육기관도 함께 설립하여 인재들을 교육하기 시작하였던 듯하다. 『삼국사기』에 의하면, 고구려에서는 600년(영양왕 11)에 태학박사 이문진(李文眞)이 과거로부터 전해져 내려오던 역사서인 『유기(留記)』 100권을 고쳐서 『신집(新集)』 5권을 편찬하였고 하는데, 이러한 기록을 통해서 고구려에도 태학의 제도와 박사제도가 존재하였음을 알 수 있다.

신라의 경우에는 682년(신문왕 2)에 국립대학에 해당하는 국학(國學)을 설치하고 박사를 두어 자제에게 유학을 교육하기 시작하였는데, 한편으로 이 국학의 학생들에게는 산학박사(算學博士)로 하여금 산술에 대한 교육도 행하도록 하였다고 적혀 있다. 『삼국사기』에는 신라에서 누각전(漏刻典)이라는 이름의 천문 시보 기관이 8세기 초인 성덕왕 17년(718)에 처음 설치되었으며, 경덕왕 8년(749)에는 천문박사 1명과 누각박사 6명을 두었다는 기록이 있다. 또한 김유신(金庾信)의 현손인 김암(金巖)이 중국에 유학하고 신라로 돌아와서 사천대박사(司天大博士)가 되었다는 기록도 보인다. 김암이 지녔던 사천대박사라는 명칭으로 보아, 이전의 천문박사라는 관직의 이름이 바뀐 것을 알 수 있다. 한편 김암은 당나라에서 숙위(宿衛) 벼슬을 할 때에 스승을 찾아서 "음양가법(陰陽家法)을 배웠는데, 한 가지를 들으면 이를 유추하여 세 가지를 깨달았다."고 하며, 그 스스로 『둔갑입성지법(遁甲立成之法)』이라는 책을 지었다고 전한다.[31] 한편 『삼국사기』「직관지」에는 통일신라에 '공봉복사(供奉卜師)'라는 관직이 설치되어 있었는데 정해진 정원이 없다고 서술되어 있다.[32] 복사라는 명칭으로 미루어 볼 때, 이 관직은 음양복술(陰陽卜術)을 맡은 관원이라고 생각되며, 이는 당(唐)나라의 태상사(太常寺) 아래에 태복서(太卜署)가 설치되어 있는 것과 비슷한 성격의 관직으로 짐작된다.[33]

이러한 기록들을 통해서 보건대, 신라에서는 술수와 관련된 문헌, 특히 음양학과 관련된 지식과 문헌들이 중국으로부터 전해졌으며 김암과 같이 독자적인 술수학 문헌을 편찬한 기록들도 확인할 수가 있다. 또한 6세기 이후에 이르면 삼국에는 태학과 국학이 설치되고 박사제도들이 확립되기 시작하였으며, 그에 따라 술수학 분야와 관련해서도 천문박사와 역박사(曆博士), 역박사(易博士), 음양박사 등의 관직들이 설치되어 운영되었음을 알 수 있게 한다. 그리고 김암(金巖)이 중국에 유학하고 신라로 돌아와서 사천대박사(司天大博士)가 되었다는 기록은 8세기 이후 어느 시점에 이르러서는 신라에서 사천대(司天臺)라는 천문학 및 점성, 술수 관련 관서와 공봉복사와 같은 관직이 설치되었음을 분명하게 짐작하게 만든다.[34] 참고로 당시 당(唐)에서는 천문학과 재이를 관찰하고 해석하는 기관으로서 사천대(司天臺)가 설치되어 있었는데, 신라에서도 당나라의 제도를 따라서 사천대가 설립되었을 가능성이 높다. 그리고 이러한 사천대의 설립은 718년에 누각전이 설립된 일과 이후 749년에 천문박사 및 누각박사의 관직이 설치되었던 일과도 관련이 있을 것이다.

결국 과거에는 무당이나 신인(神人)들이 전담하였던 의약과 복술, 점술, 관상, 역학(易學), 천문점성 등의 술수문화와 관련된 활동들이 차츰 박사(博士)라는 이름을 지닌 관료에 의해 수행되었음을 말해주며 그 일부의 활동은 분명 사천대와 같은 천문, 점성 관서의 업무로 재편성되었을 가능성이 높다. 즉, 과거로부터 내려오던 샤먼적 활동, 혹은 천인(天人)을 연결하는 능력을 지닌 신인들이 행하던 술수문화의 활동들이 중국식 관료제도의 체계 속에 포섭되었으며, 나아가 고대국가의 체제가 완성됨에 따라서 차츰 그 속에서 공식화되고 제도화되었다고 볼 수 있는 것이다.

3절 삼국시대 일관(日官)과 일자(日者)의 등장

고구려와 백제, 신라에서 고대국가로서의 통치체제가 완성되어나감에 따라 과거로부터 내려오던 술수문화의 행위들이 차츰 중국식 관료제도의 체계 속으로 포섭되어나갔음을 보여주는 또 다른 사실은 바로 일관(日官)이라는 기관과 일자(日者)라는 관료의 등장이다. 실제로 『삼국사기』와 『삼국유사』에는 일관과 일자에 대한 기사들이 다수 수록되어 있는데, 이러한 사료들은 우리로 하여금 일관과 일자의 역할과 성격을 파악하도록 하는 중요한 근거들이 될 수 있다.[35] 따라서 삼국시대 술수문화의 발전과 변화를 이해하기 위해서 『삼국사기』와 『삼국유사』에 남아 있는 일관, 일자와 관련된 사료들을 전체적으로 검토할 필요가 있다.

『삼국사기』와 『삼국유사』에서 일관, 일자라는 용어는 천문현상에 대한 해석뿐만 아니라 자연현상에 대한 도참적 해석이나 미래 예언 등과 관련된 사건에서 등장하는데, 이러한 모습들은 무자(巫者)나 점자(占者)라는 이름으로 등장하는 자들의 행위와 비슷하게 그려지고 있다. 이러한 점을 토대로 삼국시대 연구자인 최일례는 『삼국사기』와 『삼국유사』에 등장하는 일관과 일자의 역할을 살펴보기 위해 무자(巫者)나 점자(占者)가 등장하는 기사들과 함께 표로서 일목요연하게 정리하여 보여주고 있는데, 이를 인용하여 보완하여 제시하면 〈표 2-1〉과 같다.

〈표 2-1〉에서 정리한 바와 같이, 『삼국사기』에는 일관(日官)이라는 글자가 2회, 일자(日者)라는 글자가 3회 등장한다. 이에 비해 『삼국유사』에서는 일관이라는 단어가 7번, 일자라는 글자가 1회 등장한다. 그 외에 무, 혹은 무자가 『삼국사기』에서 6회, 무의(巫醫)가 『삼국유사』에서 1회, 점자가 『삼국사기』에서 2회 등장한다.

『삼국사기』에서 '일관(日官)'이라는 글자가 등장하는 두 개의 기사 중 하나(〈표 2-1〉의 11번 기사)는 『북사(北史)』를 인용하면서 백제에 일관부(日官部)라는 관서가 존재하였음을 적시한 것으로서, 여기서 말하는 『북사(北史)』는 『후주서(後周書)』를 의미한다. 이 기사에는 일관부의 업무나 역할에 대해서 추가적으로 서술되어 있지 않기에 이를 통해서 백제 일관부에 소속된 관원들이 수행한 업무의 성격을 정확하게 파악할 수는 없다. 다만, 일관부라는 명칭을 토대로 이 관서가 천문 관측이나 점성 등과 관련된 관서라고 추측될 뿐이다.

한편 『삼국사기』에서 일관이 등장하는 또 다른 기사(19번 기사)는 궁예의 탄생과 관련된 기사로서, 당시 그가 태어난 외가의 "지붕 위에 흰빛이

있어 마치 긴 무지개가 위로 하늘에 이어진 것 같았다". 이어서 기사는
일관(日官)이 궁예에 대해 "이 아이는 중오일(重午日)에 태어났고, 나면서부
터 이가 있었으며, 또 광염이 이상하였습니다. 아마도 장차 국가에 이롭
지 못할 것이오니 마땅히 그를 키우지 마십시오."라고 예언하는 내용을
수록하고 있다. 이 기사는 통일신라시기 말기에 해당하는 내용으로서 당
시에는 이미 일관이라는 관직이 존재하였으며, 무지개와 같은 천문기상 현
상을 관측하면서 참위적 예언을 수행하는 일을 맡고 있었음을 말해준다.

『삼국사기』에는 일자(日者)라는 용어가 3회 등장하는데, 이 중에서 천
문현상과 관련된 내용이 함께 등장하는 기사는 고구려 차대왕 4년(149)
에 일어난 사건을 수록한 기사(〈표 2-1〉의 4번 기사)이다. 이 기사를 인용하
면 다음과 같다.

〈표 2-1〉 고대 삼국에서 사용된 巫, 巫子, 占者, 日者, 日官 등의 용례 (최일례, "한국 고대 기록자로서 '史'의 원형
에 대한 접근-巫, 巫者, 占者, 日者, 日官의 기능 및 변화를 단서로-", 『歷史學研究』 75호 (2019)에서 인용. 이 표
에서 11번과 19번 기사는 필자가 추가한 내용이다.)

국가	번호	시기(서기)	출처	사료	용어와 기능
고구려	1	유리왕 19년(1)	三國史記 13 高句麗本紀 1	秋八月, 郊豕逸 王使託利斯卑追之, 至長屋澤中得之, 以刀斷 其脚筋. 王聞之怒曰, 祭天之牲, 豈可傷也, 遂投二人坑中殺 之. 九月, 王疾病. 巫曰, 託利斯卑爲崇 王使謝之 卽愈.	巫: 치료, 조언, 死者 와 소통
	2	태조왕 90년(142)	三國史記 15 高句麗本紀 3	王夜夢, 一豹齧斷虎尾, 覺而問其吉凶. 或曰, 虎者百獸之長, 豹者同類而小者也. 意者, 王之族類, 殆有謀絶, 大王之後者 乎. 王…謂右輔高福章曰, 我昨夢有所見占者之言如此, 爲之奈 何.	占者: 꿈 해몽, 조언
	3	차대왕 3년(148)	三國史記 15 高句麗本紀 3	秋七月, 王田于平儒原, 白狐隨而鳴, 王射之不中 問於師巫曰, 狐者妖獸非吉祥, 況白其色, 尤可怪也. 然天下能諄諄其言, 故 示以妖怪者, 欲令人君恐懼修省, 以自新也, 君若修德, 則可以 轉禍爲福. 王曰, 凶則爲凶, 吉則爲吉, 爾旣以爲妖, 又以爲福 何其誣耶, 遂殺之.	占者: 자연현상 해석, 조언
	4	차대왕 4년(149)	三國史記 15 高句麗本紀 3	夏四月, 丁卯晦, 日有食之, 五月, 五星聚於東方, 日者畏王之 怒, 誣告曰, 是君之德也, 國之福也, 王喜.	日者: 천문 해석, 조언, 미래 예측
	5	산상왕 13년(209)	三國史記 16 高句麗本紀 4	秋九月, 酒桶女生男, 王喜曰…立其母爲小后, 初小后母孕未 産. 巫卜之曰, 必生王后, 母喜, 及生名曰后女.	巫: 미래 예측, 점복
	6	동천왕 8년(234)	三國史記 17 高句麗本紀 5	秋九月, 太后于氏薨, 太后臨終遺言曰…請葬我於山上王陵之 側, 遂葬之如其言, 巫者曰, 國壤降於予曰, 昨見于氏歸于山上, 不勝憤恚, 遂與之戰, 退而思之, 顔厚不忍見國人, 爾告於朝, 遮我以物, 是用植松七重於陵前.	巫者: 미래 예측, 조언, 死者와 소통
	7	보장왕 4년(645)	三國史記 21 高句麗本紀 9	城有朱蒙祠, 祠有鎖甲銛矛, 妄言前燕世天所降, 方圍急, 飾美 女以婦神. 巫言, 朱蒙悅城必完.	巫: 제사, 점복, 死者 와 소통

백제	8	온조왕 25년(7)	三國史記 23 百濟本記 1	春二月, 王宮井水暴溢, 漢城人家馬生牛 一首二身, 日者曰, 井水暴溢者, 大王勃興之兆也, 牛一首二身者, 大王幷鄰國之應也, 王聞之喜, 遂有幷呑辰馬之心.	日者: 자연현상 해석, 조언, 미래 예측
	9	온조왕 43년(25)	三國史記 23 百濟本記1	秋八月, 王田牙山之原五日, 九月, 鴻鴈百餘集王宮. 日者曰 鴻鴈民之象也 將有遠人來投者乎.	日者: 자연현상 해석, 조언, 미래 예측
	10	의자왕 20년 (660)	三國史記 28 百濟本記6	六月…有一鬼入宮中, 大呼, 百濟亡, 百濟亡, 卽入地, 王怪之, 使人掘地, 深三尺許有一龜, 其背有文曰, 百濟同月輪, 新羅如月新, 王問之, 巫者曰, 同月輪者滿也 滿則虧, 如月新者未滿也, 未滿則漸盈, 王怒殺之.	巫者 : 참서적 해석, 미래 예측
	11		三國史記 40 雜志9	北史云, 百濟官有十六品… 外官, 有司軍部·司徒部·司空部· 司寇部·點口部·外舍部·綢部·日官部·市部.	日官部: 관직체계(北史)
신라	12	남해왕 즉위년(4)	三國史記 1	南解次次雄立【次次雄 或云慈充】金大問云, 方言謂巫也, 世人以巫事鬼神, 尙祭祀 故畏敬之, 遂稱尊長者爲慈充.	巫: 샤먼, 제사
	13	아달라왕 4년(157)	三國遺事 紀異 延烏郎細烏女	一日延烏歸海採藻, 忽有一巖【一云一魚】負歸日本…細烏怪夫不來歸尋之, 見夫脫鞋, 亦上其巖, 巖亦負歸如前…是時新羅日月無光, 日者奏云, 日月之精, 降在我國, 今去日本, 故致斯怪.	日者: 천문 해석, 조언
	14	미추왕 3년(264)	三國遺事 興法 阿道基羅	三年, 時成國公主疾, 巫醫不效, 勅使, 四方求醫, 師率然赴闕, 其疾遂理.	巫醫: 치료
	15	소지왕 10년(488)	三國遺事 紀異 射琴匣	有老翁自池中出奉書, 外面題云, 開見二人死, 不開一人死, 使來獻之, 王曰, 與其二人死, 莫若不開, 但一人死耳. 日官奏云, 二人者庶民也, 一人者王也, 王然之開見書中云射琴匣, 王入宮見琴匣射之, 乃內殿焚修僧與宮主潛通而所奸也, 二人伏誅.	日官: 조언, 미래 예측
	16	무열왕 8년(661)	三國遺事 紀異 太宗春秋公	【…星浮山, 山名或有別說云, 京城有一人謀官, 命其子高炬, 夜登此山擧之, 其夜京師人望火, 皆謂怪星現於其地, 王聞之憂懼, 募人禳之, 其父將應之, 日官奏曰, 此非大怪也, 一家子死父泣之兆耳 遂不行禳法, 是夜其子下山 虎傷而死】.	日官: 천문 해석, 점복, 미래 예측
	17	신문왕 2년(682)	三國遺事 紀異 萬波息笛	壬午五月朔 … 海官波珍喰朴夙凊奏曰, 東海中有小山, 浮來向感恩寺, 隨波往來 王異之, 命日官金春質【一作春日】占之.	日官: 자연현상 해석, 점복
	18	효소왕 2년(693)	三國遺事 塔像 栢栗寺	六月十二日, 有彗星孛于東方, 十七日, 又孛于西方, 日官奏曰, 不封爵於琴笛之瑞 於是冊號神笛爲萬萬波波息, 彗乃滅.	日官: 천문 해석, 조언, 미래 예측
	19		三國遺事 塔像4 前後所藏舍利	後至大宋徽宗朝崇奉尤校勘 122道, 時國人傳唱識曰, 金人敗國. 黃巾之徒諷日官奏曰, 金人者佛教之謂也, 将不利於國家, 議将破滅釋氏坑諸沙門, 焚燒経典, 而別造小舡載佛牙泛於大海, 任隨縁流泊.	日官: 도참, 조언, 미래 예측
	20	경덕왕 19년(760)	三國遺事 感通 月明師兜率歌	景德王十九年庚子四月朔, 二日幷現, 挾旬不滅, 日官奏, 請緣僧, 作散花功德, 則可禳.	日官: 천문해석, 조언, 미래 예측
	21	궁예	三國史記 50 列傳10 弓裔	弓裔…五月五日, 生於外家, 其時屋上有素光, 若長虹上屬天, 日官奏曰, 此兒以重午日生, 生而有齒, 且光焰異常, 恐將來不利於國家, 宜勿養之.	日官: 자연현상 해석, 조언, 미래 예측
	22	헌강왕(875-886)	三國遺事 紀異 處容郎 望海寺	大王遊開雲浦…王將還駕, 畫歇於汀邊, 忽雲霧冥曀迷失道路, 怪問左右, 日官奏曰, 此東海龍所變也, 宜行勝事以解之, 於是勅有司, 爲龍創佛寺近境, 施令已出, 雲開霧散, 因名開雲浦.	日官: 자연현상 해석, 조언, 점복

여름 4월 정묘일 그믐에 일식이 일어났고, 5월에 다섯 개의 별(오행성) 이 모두 동쪽 하늘에 모였다. 일자(日者)는 왕이 화를 낼까 두려워하여 속여 말하기를, "이것은 임금님의 덕이고 나라의 복입니다."라고 하였 다. 왕이 기뻐하였다.[36]

여기서는 그믐일에 일식이 일어난 일과 오행성이 동쪽에 모인 천문현 상을 기술하였는데, 고구려의 일자(日者)는 이러한 천문현상의 발생에 대 해서 '국왕이 화를 낼까 두려워'하였다. 그래서 일자는 이 현상들이 국왕 의 덕에 감응해서 일어난 일이라고 해석하면서 위기를 모면하였다는 것 이다. 이 기사의 맥락은 일식이 일어난 일과 오행성이 한쪽에 모인 일은 일종의 흉조(凶兆)에 해당하는데, 오히려 상서(祥瑞), 즉 길한 징조로서 해 석하였다고 보고 있다. 천문현상의 해석적 맥락이 어떠하였는지 여부와 상관없이 당시 일자는 천문현상이 발생할 경우 이를 보고하고 해석하는 임무를 맡았음을 알 수가 있는 것이다.

『삼국사기』에 일자(日者)가 등장하는 나머지 2개의 기사는 모두 백제 온조왕 시대에 일어난 사건과 관련된 기사로서 이 둘 모두 천문현상이 아닌 자연의 이상 현상과 동물의 이상 현상을 기술하고 해석한 내용을 수록하고 있다. 즉, 온조왕 25년(7)의 기사(〈표 2-1〉의 8번 기사)는 "왕궁의 우물이 넘치고, 한성의 민가에서 말이 소를 낳았는데, 머리는 하나인데 몸둥아리가 둘이었다."고 우선 기술한다. 이러한 현상에 대해 당시 일자 (日者)는 "우물물이 갑자기 넘친 것은 대왕께서 우뚝 일어날 조짐이요, 소 가 머리 하나에 몸이 둘인 것은 대왕께서 이웃 나라를 병합할 징조입니 다."라고 해석하였으며, 그 결과 온조왕은 이 말을 듣고서 기뻐하면서 '진 한(辰韓)과 마한(馬韓)을 병탄할 마음'을 지니기 시작했다는 것이다. 한편 온조왕 43년(25)의 기사(〈표 2-1〉의 9번 기사)에 따르면, 이해 9월에 기러기

[鴻雁] 1백여 마리가 왕궁에 모였는데, 일자(日者)는 "기러기는 백성의 상징입니다. 장차 먼 데 있는 사람이 투항해 오는 일이 있을 것입니다."라고 해석하고 있다.

이에 비해 『삼국유사』에서 일자(日者)나 일관(日官)이 등장하는 기사들 중에는 천문현상이나 기상현상의 발생을 이야기하면서 점성적 해석을 수행하는 경우가 많다. 즉, 일자나 일관이 등장하는 기사 8개 중에서 6개의 기사가 천문현상이나 기상현상과 관련된 것들이다. 우선, 신라 아달라왕 4년의 기사(〈표 2-1〉의 13번 기사)에서는 "해와 달이 광채를 잃었는데, 일자가 아뢰기를 '해와 달의 정기가 우리나라에 있었는데 지금 일본으로 가버렸기 때문에 이러한 괴변이 일어난 것'"이라고 해석하고 있다. 또한 무열왕 8년(661)의 기사(〈표 2-1〉의 16번 기사)에서는 김유신이 성부산에 단을 설치하고 신술(神術)을 사용하자 "홀연히 큰 항아리만 한 광채가 단위로부터 나오더니 이내 별이 되어 북쪽으로 날아갔다."고 적으면서 성부산의 명칭과 관련된 내용에서 일관이 해석을 수행한 바를 적고 있다. 또한 효소왕 2년(693)의 기사(〈표 2-1〉의 18번 기사)에서는 혜성과 패성(孛星)이 동쪽과 서쪽에 연달아 나타난 사건을 가지고서 일관이 해석을 수행하고 있으며 만파식적으로서 혜성을 물러가게 하였다고 적고 있다. 경덕왕 19년(760)의 기사(〈표 2-1〉의 20번 기사)에서는 두 개의 해가 나타나 10일이 지나도 사라지지 않자 일관이 아뢰기를, "인연이 있는 중을 청하여 산화공덕(散花功德)을 행하면 물리칠 수 있을 것입니다."라고 해석하였다. 이에 월명사(月明師)가 도솔가(兜率歌)를 지어서 읊으니 해의 괴변이 사라졌다는 것이다.

〈표 2-1〉의 21번 기사는 앞에서 서술한 바와 같이 궁예의 탄생과 관련된 기사이며, 당시 긴 무지개가 나타난 것을 가지고 일관이 흉조로서 태어난 아이라고 해석하는 장면을 수록하고 있다. 마지막으로 헌강왕대의

기사(〈표 2-1〉의 22번 기사)에서는 처용(處容)과 관련된 사건을 서술하고 있는데, 당시 왕이 동해 바닷가의 개운포(開雲浦)에 나가 놀다가 낮에 물가에서 쉬고 있었는데, "갑자기 구름과 안개가 자욱해져 길을 잃게 되었다. 왕은 괴이하게 여겨 좌우에게 물었는데" 당시 일관(日官)이 아뢰기를, "이 것은 동해 용의 조화이오니 마땅히 좋은 일을 행하시어 이를 풀어야 될 것입니다."라고 해석하였다. 그리고 이러한 길조에 따라서 동해의 용왕이 기뻐하여 왕 앞에 나타나 일곱 아들 중에서 한 아들을 왕에게 바쳐서 데려왔으니 그가 바로 처용이었다는 것이다.

『삼국유사』에서 일자나 일관이 등장하는 기사들 중 천문현상이나 기상현상의 발생과 관련 없이 미래를 예측하거나 점복적 행위를 수행하는 기사들도 함께 포함되어 있다. 그중에서 소지왕 10년(488)의 기사(〈표 2-1〉의 15번 기사)에서는 국왕에게 "까마귀와 쥐가 와서 우는데, 쥐가 사람 말로 이르기를 이 까마귀가 가는 곳을 찾아가보실" 것을 아뢰었으며, 그 까마귀를 따라가 어느 곳에 이르니 한 늙은이가 연못 가운데서 나와 글을 바쳤다. 그 겉봉의 제목에 이르기를 "열어보면 두 사람이 죽을 것이요, 열어보지 않으면 한 사람이 죽을 것이다."라고 쓰여 있었다. 왕이 이러한 일을 일관에게 알려주며 그 의미를 물었더니 "두 사람은 서민이요, 한 사람은 왕입니다."라고 하였으며, 거문고 갑을 쏘아라는 글귀에 따라서 왕이 궁에 들어가 거문고 갑을 쏘았더니, 그 속에서 승려와 궁주(宮主)가 간통을 하고 있었던 일이 드러나게 되었다.

한편 신문왕 2년(682)의 기사(〈표 2-1〉의 17번 기사)에 따르면, 해관(海官) 파진찬(波珍湌) 박숙청(朴夙淸)이 아뢰기를, "동해 중의 작은 산 하나가 물에 떠서 감은사를 향해 오는데, 물결을 따라서 왔다갔다합니다."라고 보고하였다. 이에 왕은 일관(日官) 김춘질(金春質)에게 점을 치도록 하였는데, 그가 아뢰기를, "돌아가신 부왕께서 지금 바다의 용이 되어 삼한(三韓)을 수호하고 있습니다. (중략) 만약 폐하께서 해변으로 나가시면 값으로 계산할 수 없는 큰 보배를 반드시 얻게 될 것입니다."라고 말하였고, 이에 왕이 감은사로 가서 만파식적을 얻었다는 것이다.

마지막으로 〈표 2-1〉의 19번 기사는 의상대사가 당나라에서 부처님의 어금니를 모셔 와서 대궐에 모셨는데, 후에 이것을 배에 실어 바다에 띄워 보내버린 사건을 기술하고 있다. 그것에 따르면, 훗날 황건(黃巾)의 무리들, 즉 도교를 숭상하는 무리들이 "금인(金人)이 나라를 멸망시킨다."는 도참을 퍼트리고 일관(日官)을 움직여서 아뢰기를, "금인(金人)이란 불교를 말하는 것이니 장차 국가에 이로움이 없을 것입니다."라고 하면서 불교를 탄압하는 지경에 이르렀다. 이후 나라에서는 "불교를 파멸시키고 모든 승려를 묻어 죽이고, 경전을 불사르고, 별도로 작은 배를 만들어 부처님 어금니를 실어 바다에 띄워 어디든지 인연을 따라서 흘러가게 하였다."고 적고 있다. 이 기사의 내용이 실제로 신라에서 일어난 사건을 적고 있는 것인지, 아니면 도교가 흥기하고 그에 따라 불교가 위기에 이를 것을 염려하여 적은 기사인지 명확히 알 수는 없다. 이러한 기사를 통해서 당시에 일관이 천문기상 현상과는 무관하게 징조를 해석하고 미래를 예언하는 일을 함께 담당하고 있었음을 짐작하게 한다.

이상의 분석을 통해서 보건대, 『삼국사기』와 『삼국유사』의 기사에서 일자(日者)나 일관(日官)은 반드시 천문현상이나 기상현상이 일어난 경우에만 등장하지 않았음을 알 수가 있다. 일관과 일자는 이들 천문 기상현상과 더불어 자연현상이나 동물의 기이한 현상 등 후대에 재이(災異)라고 일컬어지는 이상 현상들에 관한 기사들에서 해석자로서 등장하며, 그들은 주로 왕명을 받아서 참위적 예언과 조언을 수행하는 존재들이었다. 이러한 일관과 일자들이 참위적 예언이나 미래 예측을 수행하는 모습은 과거 무자(巫者)와 점자(占者)들이 참위적 예언을 행하는 모습과 크게 다르지 않다.

하지만 이러한 분석을 통해서 몇 가지 주목할 만한 특징을 발견할 수가 있는데, 우선 일관과 일자가 등장하는 기사에서는 귀신이나 신(神)들과 소통하는 내용이나 제사와 관련된 내용은 등장하지 않는다는 사실이다. 이러한 사실은 무자(巫者)가 등장하는 기사에서는 많은 경우 귀신과 신들이 등장한다는 점과 분명하게 차이가 나는 지점이다. 또한『삼국유사』의 경우, 일자나 일관이 등장하는 기사들의 2/3 이상은 천문현상이나 기상현상과 관련된 이상 현상, 즉 재이와 관련된 내용을 함께 포함하고 있고, 이들 기사 속에서 일관과 일자는 국왕의 명령에 의해 천문현상과 기상현상 등에 대한 해석과 예언을 요구받고 있다는 점이다.

마지막으로『삼국유사』에서 일관, 일자와 관련된 천문, 기상현상과 관련된 기사들은 7세기 이후, 즉 삼국통일기 이후부터 그 빈도가 증가한다. 이러한 분석들은 일관과 일자라고 하는 중국으로부터 전래된 관직과 관료체계가, 6세기 이전까지는 일관과 일자의 관직과 업무가 과거로부터 내려오던 무자(巫者)나 점자(占者)들의 업무나 관직들과 중첩되고 공존하는 형식으로 존재해왔음을 의미한다. 그리고 이를 다른 식으로 바라보면, 무자나 점자의 관직과 그들이 수행하였던 점성적, 참위적 업무의 상당 부분이 후대에 이르러 6세기 전후로부터 차츰 일관과 일자의 업무와 관직들로 전환되었거나 대체되었다고 말할 수가 있다. 그리고 이러한 전환의 결과로서 일관, 일자의 직책이 보다 강화되었을 것이며, 이러한 과정은 8세기 이후부터 분명하게 확인되는 사천대(司天臺)의 설립과 관련이 있을 것이다. 따라서 이러한 변화와 전환, 즉 무자(巫者)에서 일자(日者)로의 전환은 아마도 7세기 이후부터 본격화되었으며 8세기에 이르러 확정되고 확립되었다고 짐작할 수가 있을 것이다.

3장

고려시대의 술수문화

고려는 왕조가 개창된 이후 조선왕조로 교체되었던 시점까지 줄곧 술수문화의 영향 속에서 변화하고 발전한 국가라고 말할 수 있다. 흔히 고려를 불교 국가로 지칭하지만, 고려 사회를 보다 자세하게 들여다보면 불교문화 외에도 도교와 풍수, 도참(圖讖), 점복, 무속 등의 술수문화가 강력한 영향을 미치며 영위되었음을 알 수 있다. 게다가 고려의 불교 또한 완전히 독자적으로만 존재한 것이 아니라 앞서 열거한 여러 술수문화와 긴밀히 결합하고 혼합된 형태로서 존재하였다. 이런 점에서 고려는 불교가 포함된 혼합적인 술수문화로 통치되고 영위되었던 사회라고 말할 수가 있을 것이다.

애초 불교신앙 자체도 단지 석가부처의 말을 중심으로 이루어진 철학적 체계로만 이해할 필요는 없을 것이다. 불교가 잉태된 인도의 힌두교도 그러하거니와 태생 이후 동으로 대륙을 거쳐 한반도로 전래되는 과정에서 항상적으로 다양한 형태의 기복적 신앙과 술수문화, 점복, 각지의 토속적 신앙 등과의 결합과 변형이 일어났다. 그러면서 불교는 다양한 형태의 술수문화와 결합하고 변화하면서 전래, 확산되었다고 봐야 할 것이다. 이와 같은 술수문화의 혼합적 성격은 고려의 불교문화와 도교문화에서도 명확하게 드러난다.

1절 고려시대 술수과학 기관의 체계화

1. 고려의 술수 기관 태사국과 태복감

고려시대의 술수문화의 담지자들은 누구였으며, 그들이 고려 사회 속에서 지니는 역할은 어떠하였을까? 일반적으로 고려시대에는 술사(術士), 일관(日官), 지사(地師) 등으로 일컬어지는 이들과 그들에 의해 생산된 풍수, 술수 담론이 고려의 정치에 지대한 영향을 미치고 있었다. 또한 고려에서는 도교문화가 융성하였기에 복원관(福源觀)과 태청관(太淸觀)과 같은 여러 도관(道觀)들이 건립되었고 그곳에 소속된 도사(道師), 혹은 도사(道士)들이 술사(術士)로도 불리면서 왕실과 민간 차원에서 도교문화와 술수문화의 실행자로 활약하였다. 물론 이러한 술수문화의 영향이 단지 고려 왕실이나 조정에만 한정되지는 않았을 것이며, 고려 사회 전반에 걸쳐 크게 퍼져나가고 결합되어 있었을 것이다. 다시 말해 고려시대에는 술수문화가 조선에 비해 왕실이나 조정, 지식인 사회에 보다 깊이 결합하고 중요하게 여겨졌던 것이다.

고려시대의 술수문화와 국가(정치)와의 결합을 이해하기 위해서는 고려 조정에서 술수문화의 제도적인 담지 기관인 서운관(書雲觀, 혹은 태복감과 태사국)의 운영과 변화 등에 대해 먼저 이해할 필요가 있다. 이러한 작업은 조선시대 관상감의 구체적인 제도와 관직들이 어떠한 역사적 연원을 갖고 있었는지, 나아가 조선 초기 관상감의 활동양상을 올바로 이해하는 데에도 도움을 줄 것이다.

고려왕조(918-1392)는 건국 초기부터 조선의 관상감(觀象監)에 해당하는 술수문화 관련 기관을 설치하고 운영하였는데, 태복감(太卜監)과 태사국(太史局)이 바로 그것이었다. 조선 초기에 편찬된 『고려사』의 「백관지(百官志)」에서는 태복감(太卜監)과 태사국(太史局)을 설명하면서 '서운관(書雲觀)'이라는 이름을 대표 기관명으로 표기하였으며, 서운관이라는 명칭 아래에 "천문(天文)과 역수(曆數), 측후(測候), 각루(刻漏)에 관한 일을 맡아본다."는 설명을 덧붙였다.¹ 그런데 '서운관'을 태복감과 태사국을 아우르는 대표 명칭으로 설정하고 설명하는 『고려사』「백관지」의 조문은 충선왕 시대인 1308년에 태복감과 태사국이 서운관으로 통합된 이후의 인식을 반영하고 있음을 인식할 필요가 있다. 그러므로 고려 건국 초기인 10세기 초부터 14세기 초 충선왕 시대까지 고려의 관직과 직제에 크고 작은 수많은 변화가 일어났음을 생각한다면, 1308년에 통합 기관으로 만들어진 서운관이 태복감과 태사국이 과거부터 맡아오던 업무 모두를 포괄하게 되었을 것이라고 함부로 단정해서는 안될 것이다.

사실 고려 초기에 태복감(太卜監)과 태사국(太史局)이 언제 설치되었는지는 관련된 명확한 기록이 없으므로 정확히 파악할 수가 없다. 하지만 976년(경종 1) 11월 이전에 사천원(司天院) 제도가 존재하고 있었다는 사실과 『고려사』「식화지(食貨志)」의 전시과(田柴科) 기사에 따르면, 목종(穆宗) 원년인 998년에 만들어진 개정전시과(改定田柴科)에 태복감(太卜監)과 태복소감(太卜少監), 태사령(太史令), 산태복소감(散太卜少監) 등 태복감과 태사국에 관련된 관직명들이 적시되어 있음을 알 수가 있다. 따라서 이 두 기관은 적어도 998년 12월 이전에 설치되어 있었음이 분명하며, 아마도 고려의 건립 이후부터 설치되었을 가능성이 높다.

게다가 고려 초기에 설치된 태복감과 태사국의 연원은 통일신라 시기에 존재하였던 사천대(司天臺)라는 관서에서부터 비롯되었을 가능성이 충분히 있다. 특히 이들 두 관서들 중에서 태복감의 경우에는 그 명칭이 다시 사천대로 개칭되었던 사실을 보건대, 통일신라 시대의 사천감에 뿌리를 두고 있는 관서일 가능성이 높아 보인다. 통일신라가 와해되고 한반도가 다시 삼국으로 분열된 이후 고려로 통일될 때까지 관료체계에 어떠한 변화가 일어났는지 명확히 알 수 없다. 만약 고려의 관직체계와 관료들이 통일신라의 그것들로부터 일정 정도 유산을 이어받아 만들어진 것이라면, 고려 초기의 태복감과 태사국은 통일신라의 관서인 사천대와 분명한 연관성이 있을 것이다.

『고려사』에 따르면, 1023년(현종 14)에 태복감을 사천대(司天臺)로 개칭하였으며 문종(文宗) 대에 이르러서는 사천대와 태사국의 관직체계를 정비하였다. 이후 예종(睿宗)대에 이르면 사천대를 사천감(司天監)으로 고쳐 불렀으며, 1275년(충렬왕 원년)에는 사천감을 관후서(觀候署)로 바꾸었다가 그 후 다시 사천감으로 명칭과 관품을 복원하였다. 흥미로운 점은 태복감의 명칭이 현종대 이후 사천대(司天臺)→사천감(司天監)→관후서(觀候署)→사천감(司天監)으로 수차례 변화한 데 반해서, 태사국의 명칭은 충선왕대에 서운관으로 통합되기 이전까지 한번도 변하지 않았다는 사실이다.

고려 말기와 조선에 걸쳐서 천문학을 포함한 술수학 담지 기관을 통합하여 '서운관(書雲觀)'이라 칭한 것은 〈표 2-2〉에서 보는 바와 같이 충렬왕 34년(1308)부터이다.[2] '서운관(書雲觀)'이라는 명칭은 『좌전(左傳)』 희공(僖公) 5년조에, "무릇 분지(分至)의 계폐(啓閉)에는 반드시 운물(雲物)을 기록한다."는 구절에서 유래한다.[3] 여기서 말하는 분지(分至)란 춘분·추분, 하지·동지를 의미하고, 계폐(啓閉)는 해가 지고 뜰 때를 의미한다.[4] 그리고 운물(雲物)을 기록하는 것은 "해 부근의 구름 빛깔을 보고서 하늘의 징조를 예견함", 혹은 "기운(氣運)의 색깔을 가지고 재변을 살펴서 기록하는 것"을 의미한다. 그러므로 '서운관'이라는 이름은 "천지의 변화를 읽고서 재변과 상서의 징조를 예견하고 해석하는 술수적인 작업을 수행하는 관서"라는 뜻을 지니고 있는 것이다. 단순히 천문, 즉 하늘을 관측하여 천체들의 위치를 살피고 계산하는 관서라고만 볼 수 없는 셈이다.

한편 또 한 가지 주목해서 봐야 할 부분이 바로 '서운관(書雲觀)'이라는 이름의 마지막에 붙은 관(觀)이라는 글자이다. 왜 관서의 명칭에다 '관(官)', 혹은 '관(館)' 또는 '감(監)'이라는 글자를 사용하지 않고 볼 관(觀)자를 붙였을까? 흥미롭게도 고려시대에 관서의 명칭에다 관(觀)자를 붙인 관서는 앞 장에서 살펴본 바와 같은 도교 관련 기관, 즉 도관(道觀)들, 예를 들어 고려 예종대에 세워진 도교 사원인 복원관(福源觀)[5]이나 충선왕대에 세워진 태청관(太淸觀) 등이 그것들이었다. 이들 도교의 사원들은 주로 하늘의 별들과 더불어 삼청(三淸)과 같은 신들에게 제사, 즉 초제(醮祭)를 지내던 곳이었다. 이러한 점들을 생각하건대, '서운관'은 고려시대에 널리 유행한 도교신앙의 흔적을 담고 있는 명칭이라고 짐작할 수가 있다. 고려 도교의 주요한 신앙 대상인 태일에 대한 계산, 즉 태일산(太一算)의 계산은 아마도 고려 후기에서는 서운관에서 담당하였을 것이고, 이러한 전통이 조선 태종 때에 "태일 산법(太一算法)을 익히는 생도(生徒)에게 서운관(書雲觀)에서 학업을 익히라."는 명령이 자연스럽게 받아들여졌던 이유일 것이다. 또한 뒤에서 살펴볼 것이지만, 고려 후기에 서운관으로 통합된 태사국과 태복감에서 행하던 업무 중에서는 천체의 변화를 계산하고 예측하며 오성(五星)의 움직임을 파악하여 예측하는 업무가 곧 왕실에서 도교의 초제를 거행하기 위해서도 필요한 일이었을 것이다. 이러한 사실들은 고려의 태복감과 태사국, 그리고 고려 후기의 서운관의 업무가 도교 문화와도 관련이 깊었음을 말해주며, 이러한 관련성이 서운관의 명칭을 도관과 비슷하게 보이도록 만들었을 것이다.

『고려사』의 「백관지」에서는 서운관의 역할을 천문학 업무를 중심으로 서술한 이후, 그 아래 부분에다 고려 초기 이래 태복감과 태사국의 제도의 복잡한 변화를 연대순으로 정리해놓고 있다. 『고려사』의 기록을 토대로 이들 관서의 변화를 표로 정리하면 다음과 같다.[6]

〈표 3-1〉 태복감, 태사국, 서운관 등 천문, 술수 관서의 변화

연대	書雲觀의 변천		주요 변화 내용
國初(918-)	太卜監	太史局	
	監, 少監, 四官正, 丞, 卜博士, 卜正	令, 丞, 靈臺郞, 保障正, 挈壺正, 司辰, 司曆, 監候	
睿宗 14년(1023)	司天臺	太史局	太卜監 → 司天臺
文宗代 (1047-1082)	司天臺	太史局	
	判事(정3품), 監(1명, 종3품), 少監(2명, 종4품), 四官正(춘하추동, 각1명, 종5품), 丞(2명, 종6품), 主簿(2명, 종7품), 卜正(1명, 종9품), 卜博士(1명, 종9품) 총 14명	判事(1명), 知局事(1명), 令(1명, 종5품), 丞(1명, 종7품), 靈臺郞(2명, 정8품), 保障正(1명, 종8품), 挈壺正(1명, 종8품), 司辰(2명, 정9품), 司曆(2명, 종9품), 監候(2명, 종9품) 총 15명	司天臺에 判事(1명), 主簿(1명) 추가, 太史局에 判事(1명), 知局事(1명) 추가
睿宗 11년(1116)	司天監	太史局	司天臺 → 司天監
忠烈王 원년(1275)	觀候署	太史局	司天監 → 觀候署
後	司天監	太史局	觀候署 → 司天監
忠烈王 34년 (1308)	書雲觀		監 → 正 少監 → 副正 令 → 判事
	提點(1명, 겸관), 令(1명, 정3품), 正(1명, 종3품), 副正(1명, 종4품), 丞(1명, 종5품), 主簿(2명, 종6품), 掌漏(2명, 종7품), 視日(3명, 정8품), 司曆(3명, 종8품), 監候(3명, 정9품), 司辰(2명, 종9품) 총 20명		
	후에 提點 폐지, 令을 判事로 변경, 이외의 관직은 同		
恭愍王 5년 (1356)	司天監	太史局	文宗代의 舊制로 복귀
	판사 이하의 관직들을 文宗代의 舊制로 복구 卜助敎(종9품) 추가 설치	令 이하의 품질을 文宗代의 舊制로 복구	
恭愍王 11년 (1362)	書雲觀		관서 재통합, 관직 명칭을 충렬왕 34년 제도로 돌아감
	判事(정3품), 正(종3품), 副正(종4품), 丞(종5품), 主簿(종6품), 掌漏(종7품), 視日(정8품), 司曆(종8품), 監候(정9품), 司辰(종9품)		
恭愍王 18년 (1369)	司天監	太史局	관서 재분리, 5년 관제로 복귀
恭愍王 21년 (1372)	書雲觀		11년 관제로 복귀

〈표 3-1〉을 살펴보면, 고려왕조의 서운관은 국초(國初) 이래로 400년간 줄곧 태복감과 태사국으로 나누어진 이원화 체제로 존재하였으며, 충렬왕 34년(1308)에 이르러서 비로소 서운관이라는 이름으로 통합이 되었음을 알 수 있다.

이 400년의 기간 동안에는 단지 태복감의 이름이 사천대(司天臺), 사천감(司天監), 관후서(觀候署) 등으로 변경되거나, 정원이 증가하는 등의 변화가 조금 이루어졌을 뿐이다. 물론 이 400년의 기나긴 기간 동안에 고려의 태복감과 태사국에서 어떠한 제도적 변화가 있었는지는 아직 제대로 밝혀지지 않고 있다. 다만, 조선시대 서운관의 운영 양상을 통해서 짐작하건대, 태복감과 태사국 내의 여러 제도적, 인적인 변화는 변화무쌍하였을 것이며 『고려사』「백관지」에 기록되어 남아 있는 내용은 그러한 복잡다단한 변화의 아주 일부를 담고 있거나 아니면 크나큰 변화들만을 추려서 담고 있을 가능성이 높다.

또한 한 가지 짐작할 수 있는 사실은 문종대에 사천대와 태사국의 관직들이 확장되고 정원이 늘어나는 등의 큰 변화가 있었다는 점이다. 이러한 변화는 문종 6년(1052)에 임금의 지시에 따라 김성택(金成澤) 등이 5가지의 역(曆)을 만들어서 바친 사실과 관련이 있을 것으로 보인다. 당시 왕에게 바쳐진 역서는 김성택(金成澤)의 십정력(十精曆), 양원호(梁元虎)의 둔갑력(遁甲曆), 이인현(李仁顯)의 칠요력(七曜曆), 김정(金正)의 태일력(太一曆), 한위행(韓爲行)의 견행력(見行曆)이었는데, 이들 역서는 그 이름을 통해서 다른 중국의 역서들보다 술수적인 성격을 강하게 띠고 있었던 것이 아닐까 짐작되고 있다.

여하튼 『고려사』「백관지」라는 사료상에서 파악할 수 있는 사실은 국초부터 1308년까지의 변화가 그 이후의 시대에 비하면 그다지 크지 않았다는 점이며, 태복감과 태사국의 이원 체제가 지속되었다는 점이다. 하지만 1308년에 태복감과 태사국은 다시 서운관이라는 이름으로 통합되면서 이후 몇 번의 분리와 통합을 반복하다가, 최종적으로 1372년에 이르러서야 마지막 통합이 이루어지고 난 뒤에 고려가 멸망할 때까지 단일한 관서로서 계속 존재하였다. 이후 서운관의 단일 관서 체제는 조선왕조에 접어들어서도 그대로 이어진다. 그러므로 고려의 천문, 술수 관서의 변화 양상은 1308년을 기준으로 앞뒤 두 시기로 나누어서 살펴볼 필요가 있다.

2. 1308년 이전의 태복감과 태사국 이원화 체제

국초부터 1308년까지 고려의 술수문화 기관이 태복감과 태사국 2원 체제로 운영되었다면, 우선 궁금한 점이 태복감과 태사국의 업무가 각각 무엇이며 어떻게 구분되었을까 하는 것이다. 태복(太卜)이나 태사(太史)라는 용어는 모두 은대(殷代)의 관제에서 기원하는데, 이 태복과 태사는 이른바 육태(六太: 太宰, 太宗, 太史, 太祝, 太土, 太卜)의 관직들 중에 속했던 것들이다. 그리고 주대(周代)에는 태복과 태사가 모두 춘관(春官)에 소속되어 있었다.

일반적으로 고려의 관직제도인 3성(省) 6부(部)의 체제는 당(唐)의 관직 체계를 따른 것으로 알려져 있다. 하지만 현재까지 살펴본 바에 따르면, 고려의 술수학 관서가 태복감(사천감[司天監])과 태사국의 이원적 체제로 운영된 것은 송대(宋代)의 관직체제를 따른 결과일 수도 있다고 짐작된다. 『송사(宋史)』「백관지」를 살펴보면, 송대에는 사천감(司天監)[7]과 태사국(太史局)[8]이 설치되어 있었는데, 이 두 기관의 관직명과 업무의 구분 등을 살펴보면 고려의 이원 체제와 유사한 점이 많이 있기 때문이다. 하지만 과연 중국의 송나라에서 사천감과 태사국이 실제로 이원적으로 계속 존재하였는지 여부를 따져볼 필요가 있을 것이다. 왜냐하면 『송사』에 기술되어 있는 이 두 기관의 업무와 관련된 기사는 많은 부분에서 겹치는 내용이 많기 때문이다.

다른 한편으로 태복감과 태사국은 고려의 비서성(秘書省)에 소속되어 있었음도 유의해서 볼 필요가 있다. 비서성은 고려 초기에 설치된 내서성(內書省)을 995년(성종 14)에 고쳐서 만든 관서인데, 이 비서성을 비롯한 태복감과 태사국의 제도가 확립된 시기는 문종(文宗) 때였다. 이후 비서성은 1298년(충렬왕 24)에 비서감(祕書監)으로 고쳤고, 1308년에 다시 전교서(典校署)로 낮추어 예문춘추관(藝文春秋館)에 예속시켰다고 한다. 나중에 살펴보겠지만, 고려의 관직체제의 변화, 특히 비서성의 변화는 술수학 관서인 태복감(사천대)과 태사국의 제도에도 그대로 반영되어 나타난다.

그렇다면 다시 고려의 태복감(사천대)과 태사국의 업무는 어떻게 구분되었으며, 어떠한 역할을 각각 담당하였을까? 우선 태복감에서 태복(太卜)은 복관(卜官)의 우두머리를 의미한다. 여기서 복관의 복(卜)이란 점치는 행위, 혹은 택하는 행위를 의미한다면, 태복감(사천대)의 관원은 주로 풍수관(風水官)이나 점복관(占卜官)으로서 택지(擇地)나 택일(擇日), 즉 길한 땅과 길한 시각을 선택하는 업무를 수행하였다고 짐작된다. 물론 복관의 업무에서 택일의 업무가 보다 더 주요한 부분이었을 것이다. 이에 대해 태사국은 보다 실무적인 천문학 활동, 즉 천문을 관측하고 역서를 편찬하며 물시계를 운영하면서 시각을 알리는 시보의 업무를 수행하는 업무를 맡은 관서였을 것으로 짐작된다.

실제로 고려 초부터 태복감에 설치된 관직은 감(監), 소감(少監), 사관정(四官正), 승(丞), 복박사(卜博士), 복정(卜正) 등이 있었고, 태사국에 소속된 관직은 영(令), 승(丞), 영대랑(靈臺郞), 보장정(保障正), 설호정(挈壺正), 사신(司辰), 사력(司曆), 감후(監候) 등이 있었다. 이러한 관직명을 보면 태복감은 복서를 담당하는 관서였고, 태사국은 천문 관측과 시각 측정을 담당한 관서였음을 짐작할 수 있는 것이다. 태복감에 소속된 복정(卜正) 1명(종9품)과 복박사(卜博士) 1명(종9품) 등은 점복(占卜), 즉 점을 쳐서 미래를 예측하며 특히 길한 시공간을 택하는 일을 담당하는 관직이었다. 이에 반해 태사국에 소속된 영대랑(靈臺郞)은 천문(天文)의 변화와 천체(天體)의 운행을 직접 관측하는 관원일 것이고, 보장정(保障正)과 사력(司曆)은 역법의 운용과 이를 통한 역서(曆書)의 편찬을 담당하는 관원일 것이며, 설호정(挈壺正)과 사신(司辰)은 물시계를 담당하는 관원이었을 것이다.

그렇다면 이 두 기관 중에서 관서의 격은 어느 쪽이 더 높았을까? 이는 태복감과 태사국에 소속된 관원들의 품계를 비교해보면 어느 정도 짐작이 가능하다. 즉, 태복감이 정3품의 판사(判事) 아래에 감(監, 1명, 종3품), 소감(少監, 2명, 종4품), 사관정(四官正, 춘하추동 각 1명, 종5품) 등 종3품과 종4품의 관원들을 보유한 반면에, 태사국은 판사(判事) 아래에 종5품인 영(令)에서부터 관직의 품계가 시작된다는 점이다. 이런 점을 비교해볼 때, 태복감(사천대)이 태사국보다 보다 상위의 관서로 취급되었음을 알 수가 있다. 또한 이와 더불어 이들 관서에 소속된 관원들에게 의종(儀從)했던 종자들의 인원수를 살펴보면,

> 百官儀從: 太史局, 判事七, 知局事五, 令四; 司天臺, 判事八, 監七, 少監五, 四官正四.[9]

태사국의 판사가 7명, 지국사가 5명, 영이 4명인 데에 비해, 태복감(사천대)은 판사가 8명, 감이 7명, 소감이 5명, 사관정이 각각 4명씩으로 나타난다. 이러한 사실들을 통해서도 태복감(사천대)의 관원들이 태사국보다 품계가 조금 높았음을 짐작할 수가 있다.

한편, 태복감(사천대·사천감)과 태사국의 업무가 대략 어떻게 분장되었는지는 앞의 논의를 통해서 알 수가 있지만, 그렇다고 해서 이 두 관서의 업무가 아주 명확하게 나누어졌는지 확실히 알 수는 없다. 이는 앞서 말한 바와 같이 『고려사』의 「백관지」 부분은 충렬왕 이후에 통합된 서운관의 업무를 규정해놓았을 뿐이며, 서운관의 전신들인 태복감(사천대)과 태사국의 업무를 각각 별도로 규정해놓고 있지는 않았기 때문이다. 따라서 이 두 기관의 업무를 간접적으로 확인하는 방법이 있는데, 그 첫 번째가 바로 위에서 서술한 바와 같이 소속된 관원들의 직명을 통해서 짐작하는 것이고, 다음으로 『고려사』나 『고려사절요』의 기록을 통해서 이들 관서가 담당했던 업무를 구체적으로 살펴보면서 짐작하는 방법이 있다.

우선 『고려사』를 통해서 확인할 수 있는 사천대(사천감)의 주요한 업무와 역할은 아래와 같이 몇 가지로 구분해서 살펴볼 수가 있다. 먼저 사천대는 각종 천변(天變)과 재이(災異)에 대해 보고하고 그에 대한 해석을 수행하였다는 점이다. 고종 37년(1250) 달이 방수(房宿)의 상상(上相)을 범하는 일이 발생하자 사천대에서는 "점(占)에 이르기를 임금에 우환이 생기고, 상상(上相)이 죽임을 당하며 난신(亂臣)이 생겨 신하가 임금을 대신한다고 하였다."라고 아뢰었다. 공민왕 18년(1369)에 낮에 태백성이 보이자 판사천감사(判司天監事) 진영도(陳永緒)는 금년 농사가 흉년이라는 점을 들어 "정(靜)이 길(吉)하고 동(動)이 흉(凶)하다."는 의견을 개진하였다.

천변 이외의 재이에 대한 해석도 사천대(사천감)에서 주로 담당한 업무였던 것으로 보인다. 예를 들어, 공민왕 8년(1359)에 붉은 개미떼와 검은 개미떼가 서로 싸우는 일이 발생하자 사천감에서는 "개미가 싸우면 병란(兵亂)이 크게 일어난다."고 보고하였는데, 이는 재이의 발생과 그것에 대한 해석을 수행하는 모습을 전형적으로 보여주는 일이다.

천변과 재이에 대한 보고와 해석의 업무 다음으로 사천대가 담당하였던 주요한 일은 왕릉의 개장(改葬)이나 팔관회(八關會)와 같은 주요 행사에 필요한 길일(吉日)을 선택하는 택일의 업무였다. 고종 4년(1217) 김덕명(金德明)이 최충헌(崔忠獻)에게 후릉(厚陵)의 개장(改葬)을 건의했을 때 최충헌이 택일[卜日]을 지시한 곳이 바로 사천대였다. 또한 공민왕 6년(1357)에 팔관회(八關會)의 날짜를 변경한 일도 사천대의 건의에 의해 이루어졌다.

『고려사』에 실려 있는 이러한 기록들을 토대로 보건대, 사천대(사천감)의 주요 임무는 기본적으로 점복(占卜)과 관련이 있었던 것으로 보인다. 즉, 국가적으로 중요한 사안에 대해 점으로 묻고 해석하는 작업을 사천감에서 담당했던 것이다. 고종 8년(1221)에는 몽고 사신에 대한 접대를 하는 문제로 문하시중 이항(李杭)과 사천감 박강재(朴剛才)를 태묘(太廟)에 보내 점을 치게 하였는데, 이러한 일이 그 하나의 예일 것이다. 실제로 복자(卜者)들 가운데에는 그 선조가 사천감에 소속되었던 사람이 다수 있었다고 한다.[10] 물론 이러한 점복의 업무는 자연의 변화, 즉 천변과 재이의 발생을 파악하고 그 의미를 해석하는 작업과도 밀접한 관련이 있다.

이에 대해 『고려사』의 기록에 나타난 태사국의 업무를 살펴보면 다음과 같다. 우선 태사국에서 주문(奏文)을 올린 경우를 살펴보면, 그 내용은 대체로 일식의 예측과 관련된 것이거나 혹은 각종 행사의 시각 예보와 관련된 것들이 많음을 알 수 있다. 예를 들어, '祔太廟儀(태묘에 합사하는 의식)'에서는 태사국의 주시원(奏時員)이 보시(報時)의 역할을 담당하였고, 상원연등회(上元燃燈會儀)나 중동팔관회의(仲冬八關會儀)에서 시각을 알려주는 임무를 맡은 곳도 바로 태사국이었다. 이처럼 태사국이 담당했던 시보(時報) 기능은 고려시대 왕실과 조정에서 행해졌던 각종 의례를 위해서는 반드시 필요하고 중요한 임무였다. 이러한 이유로 태사국은 서경유수관(西京留守官)에 분원인 각루원(刻漏院)을 두었고 이를 분사태사국(分司太

史局)으로 고쳐서 부르기도 하였던 것이다.

한편, 일식이나 월식의 발생 시각을 사전에 예보하는 것도 태사국의 주요한 임무였던 것으로 보인다. 흥미로운 점은 일월식의 예보는 동시에 사천대에서도 담당하였다는 점이다. 예를 들어, 공민왕 7년(1358) 12월에 사천대 하관정(夏官正) 위원경(魏元鏡)이 행한 일식 보고가 그것이다. 문종대의 또 다른 기록을 살펴보면, 이러한 업무의 중첩은 보다 분명하게 알 수가 있다.

> 3월 초하루 을해일에 일식이 있었다. 어사대(御史臺)에서 아뢰기를 "춘관정(春官正) 유팽(柳彭)과 태사승(太史丞) 유득소(柳得韶) 등이 천문을 옳게 관찰하지 못하여 일식이 있을 것을 미리 주달하지 않았사오니 그들의 관직을 파면하시기 바랍니다."라고 하였으나 왕은 그들의 죄를 용서하라는 명령을 내렸다. 어사대에서 다시 논박하기를 "일식·월식은 음양(陰陽)의 상도(常道)이므로 역산(曆算)에 틀림이 없으면 그 변화를 미리 짐작할 수 있습니다. 그런데 담당 관리가 적임자가 아니고, 그 사람이 직책을 충실히 수행하지 못했는데 어찌 쉽사리 관대한 법률[寬典]을 따를 수 있겠습니까. 청컨대 이미 주달한 바에 의하여 죄를 주시기 바랍니다."라고 하니 왕이 따랐다.[11]

위의 기사를 살펴보면, 어사대와 왕은 일식 예보의 책임을 사천대의 춘관정(春官正)과 태사국의 승(丞)에게 동시에 묻고 있음을 알 수 있다.

이와 같이 사천대와 태사국 두 기관의 업무가 중첩되는 이유는 아마도 양자가 다루는 대상과 그것을 취급하는 이론이 동일하다는 점에서 일차적으로 기인하였을 것이다. 즉, 이 두 기관은 하늘과 땅 그리고 자연에서 발생하는 여러 현상들을 살펴보고 그에 대해 해석을 하면서 미래의 일을 점치고 나아가 길한 땅과 시각을 점치는 일과 동시에 관련이 있었던 것이다. 게다가 이 두 기관의 활동은 기본적으로 음양과 그것을 토대로 하는 술수의 학문을 토대로 수행되었다는 점에서 공통성을 지니고 있었다. 예를 들어, 예종 원년(1106) 국왕이 유신(儒臣)과 태사관(太史官)들을 시켜서 『해동비록(海東秘錄)』을 편찬하였는데, 이 책은 음양(陰陽)과 지리(地理)에 관한 여러 학파의 책들을 정리하여 한 책으로 종합하여 만든 것이었다. 당시 이 책의 부본은 사천대(司天臺)와 태사국(太史局)에 함께 나누어 배포되었다.

한편 예종 4년(1109)에는 지세(地勢)의 쇠퇴를 회복하기 위하여 음양비술(陰陽秘術)로 기양(祈禳)하고자 하면서 그 구체적인 방안을 사천대와 태사국의 관원 및 산관(散官)들에게 동시에 묻기도 하였다. 이와 같이 고려의 사천대(사천감)와 태사국의 업무가 중첩되는 모습은 중국에서 『송사』의 「백관지」에 기록된 사천감과 태사국의 업무가 중첩성을 지니고 있는 모습과도 유사한 측면이 있다.

한편, 고려의 사천대와 태사국에 대한 몇몇 연구들에서는 고려왕조에서 이루어진 천문 관측의 업무가 보다 상위의 행위인 점복을 위해서 수행된 하위의 작업, 혹은 수단이었으며, 이러한 이유로 태사국은 사천대에 어느 정도 종속된 위치에 있었다고 평가하기도 하였다.[12] 이에 대해 구만옥은 전통시대에는 천문의 관측과 시각의 측정 행위가 점복이나 택일과 밀접하게 관련이 있었다고 말하면서 이러한 평가가 반드시 정당한 것은 아니라고 주장하였다.[13] 그러면서 그는 고려와 조선 양 왕조의 "서운관들에서 관장하는 천문학에는 '국가점성술'로서의 정치사상적 의미가 강하게 내포되어 있었다."고 평가하였다.

비록 사천감(사천대, 태복감)이 태사국에 비해 보다 상위의 기관으로 존재하였는지 여부는 계속 따져볼 필요가 있지만, 한 가지 분명한 것은

1308년 이전에 술수문화의 담지 기관이자 천문학 기관들의 업무가 단지 '천문을 관측하여 시각을 내려주는' 차원에만 그치는 것이 아니었음을 분명하게 알 수가 있다. 즉, 사천대와 태사국에서 수행된 술수적 업무들은 천문학과 음양학, 풍수지리의 지식들을 토대로 길흉을 묻고(卜) 택일과 택지를 행하는 일에 보다 중점이 놓여진 업무였음을 알 수 있다.

3. 1308년의 통합과 서운관 일원화 체제의 등장

앞서 살펴본 바와 같이 『고려사』「백관지(百官志)」에 따르면, 충렬왕(忠烈王) 34년인 1308년에 사천대와 태사국을 통합하여 서운관을 설립하는 커다란 개편이 일어났다. 그리고 이러한 통합의 작업은 고려가 원에 복속하면서 관제가 제후국으로 격하되는 작업과 관련이 있는 듯하다. 그렇다면 사천대와 태사국의 업무들은 1308년에 서운관으로 통합된 이후에 어떻게 지속되거나 혹은 변화하였을까?

사실 사천대와 태사국의 통합은 원으로의 복속 직후에 곧바로 일어난 것이 아니었다. 이는 원으로의 복속 이후에도 고려의 관제를 격하하고 개편하라는 원의 요구에 대해 고려의 풍속과 제도를 보존하려는 입장이 여전히 강하게 존재하였음을 의미한다. 이러한 입장의 충돌 때문이었는지 모르겠지만, 사천대와 태사국이 서운관으로 통합되었던 일은 고려 왕이 처음으로 원나라 황제인 쿠빌라이의 부마가 된 충렬왕대가 아닌 그 아들인 충선왕(忠宣王)대에 와서야 비로소 이루어졌다. 그리고 서운관으로의 통합은 충렬왕 24년(1298)에 아들인 충선왕에 의해 시작된 관제의 통폐합 작업의 연장선상에 있는 일이었다.

사천대와 태사국의 통합을 비롯한 고려 관제의 변화는 고려 왕실 내부의 정치적 싸움, 다시 말해 충렬왕과 충선왕의 권력투쟁과도 관련이 있어 보인다. 즉, 1298년경부터 약 10년간 충렬왕과 충선왕 부자는 심각한 권력투쟁의 작업을 진행하였는데, 결국 원(元)에서 무종(武宗)과 인종(仁宗) 형제가 연달아 즉위하면서 충렬왕 33년(1307) 5월 이들 원 황제들의 사촌인 충선왕이 부친을 물리치고 권력을 완전히 장악하게 되며, 이후 충렬왕은 죽기 직전까지 허수아비 왕으로 존재하였다.

흥미로운 점은 이 당시 원의 대도(大都)에서 충선왕을 측근에서 도우며 충선왕의 환국을 도왔던 인물이 바로 권한공(權漢功)과 최성지(崔誠之)라는 인물이었는데, 이 최성지가 바로 수시력(授時曆)을 원으로부터 도입하는 데 주도적인 역할을 한 인물이었다는 것이다. 충선왕은 원에서 1280년에 수시력이 완성되자 최성지에게 내탕금을 내어주면서 배워서 고려에 도입하도록 지시한 것으로 알려져 있다. 게다가 고려가 수시력을 채용한 해는 충렬왕이 죽고 충선왕이 복위한(1308년 11월) 이후인 1309년(충선왕 9)부터였다. 이처럼 수시력의 학습과 채용은 충선왕과 그 측근들이 원의 대도와 개경을 오가면서 행한 작업이라고 할 수 있다. 사천대와 태사국을 통합하여 서운관을 설립한 시점도 바로 이 당시였다.

그렇다면 통합의 결과물이었던 서운관의 관직체계는 어떻게 변화하였을까? 『고려사』「백관지」에 실려 있는 문종대의 관직들과 통합 이후의 관직들을 비교하기 위해 표로 정리해보면 다음과 같다.

〈표 3-2〉 문종대의 관직과 서운관으로 통합된 이후의 관직 비교

司天臺	太史局	書雲觀
判事(정3품), 監(1명, 종3품), 少監(2명, 종4품), 四官正(춘하추동, 각1명, 종5품), 丞(2명, 종6품), 主簿(2명, 종7품), 卜正(1명, 종9품), 卜博士(1명, 종9품) 총 14명	判事(1명), 知局事(1명), 令(1명, 종5품), 丞(1명, 종7품), 靈臺郎(2명, 정8품), 保障正(1명, 종8품), 挈壺正(1명, 종8품), 司辰(2명, 정9품), 司曆(2명, 종9품), 監候(2명, 종9품) 총 15명	提點(1명, 겸관), 令(1명, 정3품), 正(1명, 종3품), 副正(1명, 종4품), 丞(1명, 종5품), 主簿(2명, 종6품), 掌漏(2명, 종7품), 視日(3명, 정8품), 司曆(3명, 종8품), 監候(3명, 정9품), 司辰(2명, 종9품) 총 20명

우선 드러나는 사실은 문종대에 사천대와 태사국에 할당된 관직의 수가 29명이었던 것이 서운관의 통합 이후로 20명으로 줄었다는 점이다. 흥미로운 점은 두 관서의 수장이었던 판사들을 없애고 제점(提點)이라는 관직을 수장의 명칭으로 사용하였다는 사실인데, 이 제점이라는 관직명은 원나라의 사천대(司天臺)와 회회사천대(回回司天臺)에 설치되었던 관직명이었다.[14]

다음으로 드러나는 사실은 통합의 과정에서 축소, 철폐된 관직이 주로 사천대(사천감)의 관직이라는 점이다. 즉, 사천대에서는 사관정(四官正, 춘하추동, 각 1명, 종5품)과 복정(卜正, 1명, 종9품), 복박사(卜博士, 1명, 종9품)가 관직이 승계되지 못하였고, 태사국에서는 영대랑(靈臺郎, 2명, 정8품), 보장정(保障正, 1명, 종8품), 설호정(挈壺正, 1명, 종8품)이 승계되지 못하고 철폐되었다. 하지만 이들 천문 관측과 물시계 운영과 시보에 관련되는 관직은 통합 이후의 서운관에서 장누(掌漏, 2명, 종7품), 시일(視日, 3명, 정8품)으로 변경되어 계승되었다. 따라서 실제로 사라진 관직은 사관정과 복정, 복박사의 관직, 즉 복점과 관련된 관직이었다.

한편, 충렬왕 34년(1308)에 통합이 이루어질 때에 감(監, 종3품)은 정(正, 종3품)으로, 소감(少監, 종4품)은 부정(副正, 종4품)으로 명칭이 변화하였다는 사실이다. 이러한 사실을 통해서 조선시대 관상감의 감정(監正)과 부정(副正)의 명칭이 1308년 무렵부터 시작되었음을 알 수 있다. 이들 관직은 조선의 말기까지도 계속 이어지면서 조선 후기 관상감 중인들이 대부분 역임하는 기본적 관직들이었다.

나아가 충선왕의 복위 시기에 서운관으로의 통합이 이루어지고 관직체계가 개편된 사실은 당시 통합이 원나라에서 수시력의 반포와 사천대의 승격 등 원의 천문학과 관직체계의 변화에 영향을 받은 것이 아닐까 짐작하게 한다.

마지막으로 충선왕 시대에 서운관으로 통합되었던 사천감과 태사국은 공민왕대인 1356년(공민왕 5)에 다시 분리되어 문종대의 체제로 복구되었다. 이러한 이원 체제로의 복구는 공민왕대에 이루어진 '원(元) 제국으로부터 탈피'의 과정에서 이루어진 관제 복구의 일환이라고 할 수 있다. 하지만 그 이후에도 이 두 관서는 다시 서운관으로 통합되고 분리되는 일이 반복되었다. 공민왕대에 이루어진 서운관으로의 재통합(1362)과 재분리(1369), 3차 통합(1372)이 어떠한 이유에서 진행된 일인지는 아직 제대로 알려진 바가 없다.

이상의 내용을 통해서 살펴보면, 고려왕조는 국초부터 장기간에 걸쳐서 사천대(사천감, 태복감)와 태사국의 이원 체제로 술수문화와 천문학 담지 기관이 존재하였다가, 고려 말인 1308년에 이르러서야 서운관으로 통합이 이루어지고 점복, 술수의 기능이 조금 약화되었음을 알 수 있다. 이러한 점복, 술수 기능의 약화는 충선왕대에 도입된 성리학의 영향을 받아서 이루어진 것인지도 생각해볼 필요가 있을 것이다. 그럼에도 불구하고 고려시대에는 (그리고 고려 말과 조선 초에 이르기까지) 국가점성술과 국도풍수가 중요시되었고 왕실과 조정, 사회 전반에서 술수문화가 널리 생산되고 향유하고 있었음은 분명한데, 이러한 모습은 그 담지 기관인 사천대와 태사국과 이들 기관에 소속되어 활동하였던 관원들의 활동을 통해 보다 구체적으로 이해될 수가 있을 것이다.

결국 『고려사』「백관지」에서 '서운관(書雲觀)'이라는 명칭 아래에 "천문(天文)과 역수(曆數), 측후(測候), 각루(刻漏)에 관한 일을 맡아본다."라는 설명은 점복과 술수의 기능이 약화되고 천문과 역수를 중심으로 변화된 충선왕대 이후의 서운관에 대한 설명, 그리고 충선왕 이후 조선 초기까지 변화한 입지에서 서운관을 바라보고서 적은 문장이라고 할 수 있을 것이다.

4. 고려시대의 서운관과 잡과 과거

고려시대에 과거제도는 958년(광종 9)에 후주 사람 쌍기(雙翼)의 건의로 만들어지고 실시되었다. 고려의 과거제도는 크게 문관을 뽑는 제술과(製述科)와 명경과(明經科), 기술직 관료를 뽑는 잡과(雜科)로 나누어졌다. 잡과의 과목 중에서 의업(醫業)과 복업(卜業)은 958년에 과거제도가 처음 만들어질 때부터 설치되었으며, 나중에 지리업(地理業)과 율업(律業), 서업(書業), 산업(算業), 하론업(何論業) 등이 계속 추가로 설치되었다.

『고려사(高麗史)』의 「지(志)」, 선거(選擧) 부분에는 1136년(인종 14)에 잡과 과거의 과업별 시험 과목들로 정한 내용이 기록되어 있는데, 이를 간략히 정리하면 아래와 같다.

- 명법업(明法業, 律業): 율(律), 령(令)
- 명산업(明算業, 算業): 『구장(九章)』·『철술(綴術)』·『삼개(三開)』·『사가(謝家)』
- 명서업(明書業, 書業): 『설문(說文)』, 『오경자양(五經字樣)』, 『서품장구시(書品長句詩)』, 『진서(眞書)』, 『행서(行書)』, 『전서(篆書)』, 『인문(印文)』
- 의업(醫業): 『소문경(素文經)』, 『갑을경(甲乙經)』, 『본초경(本草經)』, 『명당경(明堂經)』
- 주금업(呪噤業): 『맥경(脉經)』, 『침경(針經)』, 『난경(難經)』, 『구경(灸經)』
- 지리업(地理業): 『신집지리경(新集地理經)』, 『유씨경(劉氏經)』, 『지리결경(地理決經)』, 『경위령(經緯令)』, 『지경경(地鏡經)』, 『구시경(臼示經)』, 『태장경(台藏經)』, 『소씨서(蕭氏書)』
- 하론업(何論業): 『하론(河論)』, 『효경(孝經)』, 『곡례(曲禮)』
- 삼례업(三禮業): 『예기(禮記)』, 『주례(周禮)』, 『의례(儀禮)』
- 삼전업(三傳業): 『좌전(左傳)』, 『공양전(公羊傳)』, 『곡량전(穀梁傳)』

복업(卜業)의 경우에는 위의 기록과 『고려사』 전체를 살펴봐도 시험 과목이 기록되어 있지 않아서 과거시험의 자세한 내용을 알 수 없다. 또한 의학(醫學)은 의업(醫業)과 주금업(呪噤業)으로 나누어서 선발했음을 알 수 있다. 이 중에서 주금업(呪噤業)은 그 명칭이 주금(呪噤), 즉 주문과 무술(巫術)로써 질병을 치료하는 과목을 지칭하는 것처럼 보이지만, 시험 과목들을 자세히 보면 침구(鍼灸)와 외과(外科)적 치료를 담당하는 관리를 선발하는 시험이었음을 알 수 있다. 이는 어쩌면 주금업의 제도적 기원이 무술로써 병을 치료하는 이를 선발하는 데에서 비롯되었기 때문일 수도 있다. 한편, 하론업은 상소문과 장계 및 기타 왕에게 글을 정자로 쓰는 관리를 뽑는 시험이었다.

고려시대에는 잡학(雜學)이 과거에서만 설치된 것이 아니라 최고 교육기관인 국자감(國子監)에서도 교육이 되었다. 뿐만 아니라 유학 과목인 삼례(三禮)와 삼전(三傳), 하론(何論)이 포함되어 있는데, 이러한 점들은 조선시대의 잡과 과거제도와는 뚜렷이 구분되는 특징이다. 그리고 율업과 산업, 서업, 의업, 복업, 지리업 등은 명경업과 동시에 실시되었고, 삼례업과 삼전업, 하론업은 위의 시험이 끝난 다음에 실시되었다. 이런 점을 보건대, 삼례업과 삼전업, 하론업은 보다 하위의 관원들을 뽑는 시험이 아니었을까 짐작된다.

고려시대의 과거에서 잡학 과목들의 시험이 정확히 몇 차례나 시행되었는지 알 수가 없으며, 각 과목별 합격 인원도 정확히 알 수가 없다. 잡업 합격자는 아마도 해당 전공과 관련된 과서에서 이속(吏屬)과 하급 관원으로 근무한 것으로 보인다. 위에서 서술된 시험 방법들 중에서 첩경(貼經)은 시험 서적 중의 1행을 보여주고 가린 다음에 그 앞뒤 부분을 통독시키는 것을 의미한다. 독경(讀經)은 시험 서적을 읽히는 것이고, 파문(破文)은 글 뜻을 해석하게 하는 것이며, 의리(義理)는 내용을 올바르게 이해하고 있는가를 확인하는 것을 의미한다.

이들 잡과 중에서 명산업(明筭業)은 아마도 산학, 수학의 전문적 지식을 익힌 관리를 뽑는 과거시험으로 짐작된다. 명산업에서 익혀야 할 서적이 『구장(九章)』과 『철술(綴術)』, 『삼개(三開)』, 『사가(謝家)』 등 산법과 관련된 서적이기 때문이다.

『고려사(高麗史)』에 서술된 명산업의 시험 방식은 다음과 같다. 우선 응시자는 첩경(貼經) 시험을 2일간 치르는데, 첫째 날에 『구장(九章)』의 10개 조항을 접어 가려서 시험을 보고, 다음 날에 『철술(綴術)』 4개 조항, 『삼개(三開)』 3개 조항, 『사가(謝家)』 3개 조항을 시험을 보는데, 이틀간 모두 다 통과해야 한다. 이어서 『구장』 10권을 읽는데 문장을 해독하고 겸하여 뜻과 이치[義理]는 6궤(机)에 통해야 한다.[15] 또한 문장을 해석하는 질문을 6개를 묻는데 각각의 질문에 대해 문장을 해독하고 4궤에 통해야 한다. 이후 『철술』 4궤를 읽는데 그 안에서 겸하여 뜻을 묻는 것이 2궤이며, 『삼개』 3권을 읽는데 겸하여 뜻을 묻는 것이 2궤이고, 『사가』 3궤를 읽는데 그 안에서 겸하여 뜻을 묻는 것이 2궤이다.

의업(醫業)은 의학(醫學)과 관련된 관료를 뽑는 시험으로, 시험을 치르는 방식은 다음과 같았다. 우선 첩경(貼經) 시험을 2일간 치르는데, 첫째 날에 『소문경(素問經)』 8개 조항, 『갑을경(甲乙經)』 2개 조항을 접어 가리고[貼] 시험을 보아야 했다. 다음 날에는 『본초경(本草經)』 7개 조항, 『명당경(明堂經)』 3개 조항을 시험 보며, 이틀간 각각 6개 조항 이상을 통과해야 한다. 『맥경(脉經)』 10권을 읽는데, 문장을 해독하고 겸하여 뜻과 이치에 통해야 하는 것은 6궤(机), 문장을 해독하고 통해야 하는 것은 4궤이다. 『침경(針經)』 9권, 『난경(難經)』 1권, 도합 10권에서 문장을 해독하고 겸하여 뜻과 이치에 통해야 하는 것이 6궤, 문장을 해독하는 것은 4궤가 통해야 한다. 또 『구경(灸經)』을 읽는데 문장을 해독하는 것은 2궤에 통해야 한다.

주금업(呪噤業)이란 역시 의학과 본초의 업무와 관련된 관료를 뽑는 시험이었는데, 그 방식은 다음과 같았다. 우선 첩경(貼經) 시험을 2일간 치르는데, 첫째 날에 『맥경(脈經)』 10개 조항을 접어 가리고[貼], 다음 날에 『유연자방(劉涓子方)』 10개 조항을 접어 가려서 시험을 보며, 모두 다 6개 조항 이상을 통과해야 한다. 소경(小經)인 『창저론(瘡疽論)』 7권, 『명당경』 3권을 읽는데 그 속의 뜻과 이치[義理]를 겸하여 6궤(机)에 통해야 한다. 대경(大經)인 『침경(鍼經)』 10궤를 읽는데 그 속의 뜻과 의리를 겸하여 6궤에 통해야 하고, 또 7권으로 된 『본초경(本草經)』 2궤를 읽어야 한다.

마지막으로 풍수지리를 전문으로 하는 관료를 뽑는 시험이 바로 지리업(地理業)의 시험이었는데, 시험의 방식은 다음과 같았다. 우선 첩경(貼經) 시험을 2일간 치르는데, 첫째 날에 『신집지리경(新集地理經)』 10개 조항을, 다음 날에 『유씨서(劉氏書)』 10개 조항을 접어 가려서[貼] 시험을 보며, 이틀간 모두 6개 조항 이상을 통과하여야 한다. 이어서 『지리결경(地理決經)』 8권, 『경위령(經緯令)』 2권, 도합 10권을 읽는데, 문장을 해독하고 겸하여 뜻과 이치[義理]에 통해야 하는 것이 6궤(机)이며, 문장을 해독하는 것은 4궤에 통해야 했다. 또한 『지경경(地鏡經)』 4권, 『구시결(口示決)』 4권, 『태장경(胎藏經)』 1권, 『가결(謌決)』 1권, 도합 10권을 읽어야 하는데, 문장을 해독하고 겸하여 뜻과 이치에 통한 것이 6궤가 되어야 하고, 문장을 해독하는 것은 4궤에 통해야 한다. 또한 『소씨서(蕭氏書)』 10권을 읽고 그 속의 문장을 해독하는 것은 1궤가 되어야 한다.

2절 고려왕조의 술수문화와 정치

불교 국가이자 술수 국가인 고려에서 국왕은 개창자인 왕건(王建)이래 '불교의 수호자'이거나 심지어 '부처의 현신'인 전륜성왕(轉輪聖王)으로서 역할을 자처하였다. 이와 같이 고려의 국왕이 스스로에 대해 신성을 부여하고 종교적 지도자로서 역할을 맡는 모습은 통일신라 말기와 후삼국시대의 종교적, 사회적 풍토에서 유래한 것이다. 특히 태조 왕건이 후삼국의 혼란을 종식하고 고려를 세웠던 10세기 중엽에는 미륵불교의 신앙이 널리 퍼져 있었다. 이러한 종교적 풍토 속에서 궁예(弓裔)는 미륵신앙을 적극적으로 활용하여 스스로를 미륵의 화신으로 칭하면서 태봉을 세우고 왕이 되었다.

> 궁예는 스스로 미륵불이라 부르며, 머리에 금빛 고깔을 쓰고, 몸에 방포를 입었다. 맏아들을 청광보살(淸光菩薩)이라 하고, 막내아들을 신광보살(神光菩薩)이라 하였다. 외출할 때는 항상 백마를 탔는데, 채색 비단으로 말갈기와 꼬리를 장식하고, 동남동녀들을 시켜 일산과 향과 꽃을 받쳐들고 앞을 인도하게 하였다. 또 비구 2백여 명을 시켜 범패를 부르면서 뒤따르게 하였다.[16]

스스로 부처이자 신인(神人)이 되었고 일종의 신정(神政)을 펼치던 궁예는 '신인무결점(神人無缺點)'의 원칙을 내세우면서 '신과 같은 전능성'을 현실 속에서 아무 거리낌 없이 구현하고자 하였다. 하지만 관심법(觀心法)으로 대표되는 이런 식의 전능한 능력은 '지방의 군벌들과 호족들과의 연합과 타협'이라는 궁예 정권의 기본 전제와 공존할 수가 없었다. 그리고 이와 같은 연합과 타협이라는 정권의 본질을 스스로 파괴하는 순간부터 '미륵의 화신' 궁예는 '폭정의 화신'으로 다시 지칭되고 이내 몰락할 수밖에 없었다.

궁예의 뒤를 이어 왕이 된 왕건 또한 이와 같은 신인(神人)이나 미륵불,

혹은 전륜성왕(轉輪聖王)의 이미지를 비록 궁예와 같이 방식으로는 아니었지만 적극적으로 활용하였던 듯하다. 이와 같은 신인의 이미지, 혹은 구세주로서의 미륵불의 이미지는 후삼국시대의 혼란 속에서 당시의 민들이 꿈꾸던 존재였을 것이다. 왕건은 궁예를 본받아 파괴된 절을 개축하고 새로 많은 절을 지었으며, 연등회와 팔관회를 국가적 행사로 확립하게 해서 '불교의 수호자'로서의 국왕과 왕실의 이미지를 확립하였다. 왕건의 이와 같은 노력과 목적은 훈요십조(訓要十條)의 첫 번째 항목에서 아래와 같이 정리되어 있다.

> 첫째, 우리나라의 대업(大業)은 반드시 모든 부처가 보호하고 지켜주는 힘에 의지하고 있으므로, 선종(禪宗)과 교종(敎宗)의 사원(寺院)을 창건하고 주지(住持)를 파견하여 분향(焚香)하고 수도(修道)하게 함으로써 각각 자신의 직책을 다하도록 하는 것이다.[17]

이후 고려의 국왕들과 백성들은 왕건을 부처의 현신이자 신으로서 형상화하고 경배하였던 듯하다. 이런 사실은 1992년 9월에 진행된 현릉(왕건릉) 보수 과정에서 발견된 청동제 좌상을 통해서 확인할 수 있는데, 이 청동상의 모습에서 왕건은 통천관(通天冠)을 쓴 황제이자 부처의 모습을 하고 있는 것이다.

고려 왕건에 부여된 미륵불의 이미지, 혹은 전륜성왕(轉輪聖王)의 이미지는 그의 탄생과 즉위, 혹은 후삼국 통일에 대한 수많은 참위적(讖緯的) 설화들과도 긴밀하게 결합하고 확대 재생산되었다. 예를 들어, 『고려사』 태조세가(太祖世家)에는 왕건이 30세 때에 "꿈에 9층의 금탑(金塔)이 바닷속에 서 있는 것을 보고 친히 그 위에 올라갔다."고 적혀 있는데,[18] 이러한 내용은 태조의 등극을 예지한 것으로 생각되었다. 또한 신라의 풍수가 팔원(八元)이라는 사람과 신라 말의 동리산(桐裏山) 조사(祖師) 도선(道詵)이 잇달아 송악에 와서 "그 지리(地理)의 빼어남을 보고서 태조의 조부에게 장래 삼한을 통합할 인물의 탄생을 예언하였다."는 구절이 실려 있는데, 이것 또한 태조의 탄생과 삼한재통일(三韓再統一)에 대한 도참적 예언을 담고 있는 구절이었다. 물론 이러한 이야기들은 후대의 사람에 의해 만들어지고 또한 덧입혀진 것이겠지만 태조 왕건의 당대에서부터 이미 술수, 도참적 담론이 널리 유행하고 있었음을 짐작하게 하는 예들이기도 하다.

사실 왕건은 스스로 자기의 후손들이 단지 불교에만 의지해서는 왕권을 유지하고 국가를 평안하게 운영할 수는 없을 것이라고 보았던 것이 분명하다. 그는 훈요십조의 다른 조목에서 술수와 참위, 도교와 풍수의 관념을 투사하여 후세의 국왕들에게 훈계를 행하고 있기 때문이다.

> 둘째, 여러 사원은 모두 도선(道詵)이 산수(山水)의 순역(順逆)을 미루어 점쳐서 개창한 것으로, 도선이 이르기를, "내가 점을 쳐 정한 곳 외에 함부로 덧붙여 창건하면 지덕(地德)이 줄어들고 엷어져 조업(祚業)이 길지 못하리라."고 하였다. 내가 생각하건대 후세의 국왕이나 공후(公侯)·후비(后妃)·조신(朝臣)이 각각 원당(願堂)이라 일컬으며 혹시 더 만들까 봐 크게 근심스럽다. 신라(新羅) 말에 다투어 사원[浮屠]을 짓다가 지덕이 쇠하고 손상되어 결국 망하는 데 이르렀으니 경계하지 않을 수 있겠는가?[19]

훈요십조의 두 번째 조목은 풍수와 도참의 원리를 동원하여 사원들을 미리 점쳐서 정해놓았기에 자신이 정해놓은 곳 외의 지역에 사원을 함부로 개창을 해서 지덕(地德)을 손상하게 하지 말 것을 권하고 있다. 이 구절은 신라 중기부터는 지방의 유력한 호족들이 자신의 권위를 높이려고 절을 세우는 일이 많았는데, 왕건이 이를 경계한 구절이라고 평가되기도 한다. 즉, 당시의 불교 사찰은 단지 종교적인 기관일 뿐만 아니라 실질적인 권력의 기관이기도 하였으므로, 사찰의 무분별한 건립은 곧 중앙 권위의 약화를 의미하였다. 따라서 왕건은 풍수설과 도참설을 토대로 지방 세력들이 마음대로 절을 세우는 일을 강하게 억제하고자 하였던 것이다. 이러한 사실은 고려 왕실을 창건한 태조 왕건과 지방의 호족들, 그리고 그들이 거느리고자 하는 백성들은 모두 풍수와 도참의 관념을 강하게 공유하고 있었음을 분명하게 드러낸다.

이와 같이 지덕과 산세를 중시하는 풍수와 도참의 관념은 훈요십조의 다섯 번째와 여덟 번째 구절에서도 강하게 드러난다.

다섯째, 내가 삼한(三韓) 산천의 음우(陰佑)에 힘입어 대업을 이루었다. 서경(西京)은 수덕(水德)이 순조로워서 우리나라 지맥(地脈)의 뿌리가 되고 대업을 만대(萬代)에 전할 땅이다. 마땅히 춘하추동 네 계절의 중간 달[四仲月]에 왕은 그곳에 가서 100일이 넘도록 체류함으로써 〈나라의〉 안녕(安寧)에 이르도록 하라.[20]

여덟째, 차현(車峴) 이남과 공주(公州)의 금강(錦江) 바깥쪽은 산의 모양과 땅의 기세가 모두 배역(背逆)으로 뻗어 있는데 사람들의 마음도 그러하다. 그 아래 주군(州郡)의 사람들이 조정에 참여하고 왕후(王侯)나 외척(外戚)과 혼인하여 나라의 정사를 잡게 되면, 국가의 변란을 일으킬 수도 있고 통합 당한 원한을 품고 왕실을 침범하며 난을 일으킬 수도 있다. 〈중략〉 비록 양민(良民)이라 하더라도 마땅히 그를 관직에 올려 일을 맡겨서는 안 된다.[21]

이들 구절에서 왕건은 풍수와 도참의 관념을 토대로 서경의 지덕이 좋은 곳이며 대업을 이을 수 있는 땅이기에 1년 중의 4개월은 서경에서 체류할 것을 권유하고 있다. 또한 여덟 번째 구절에서는 차령 이남 지역의 지세에 따라 인재들의 심성도 결정될 것이므로 관리로 쓰지 말 것을 권하고 있다.

이와 같은 훈요십조의 내용들과 그것의 바탕이 되었던 풍수와 도참의 술수적 관념은 고려시대에 걸쳐 지속적으로 강화되고 발전하면서 다양한 방식의 천도(遷都) 논의를 낳았다. 고려 시기를 통하여 천도론이 구체적으로 제기된 것은 태조대와 정종대, 인조대, 그리고 고려 후기 공민왕대에서부터 공양왕대였으며, 천도 논의의 일관된 논리는 기본적으로 도선의 풍수설이었다. 그리고 이와 같은 천도론에서 인조대까지는 그 논의의 중심지가 서경이었다면, 고려 후기의 공민왕대에서부터는 한양으로 바뀌게 된다. 한편 천도를 반대하는 이들은 태조의 유훈과 풍수지리설을 정면으로 극복 또는 부정하는 단계까지 나아가지는 못하였기에 고려의 정치에 지속적으로 영향을 미치게 되었다.

3절 고려시대의 도교문화

고려시대 술수문화의 중요한 부분은 도교신앙과 초제(醮祭)였다. 한반도에서 도교는 이미 삼국시대에서부터 유행하였으며 사서에 관련 기록이 남아 있다. 『삼국유사(三國遺事)』에는 이미 7세기 초에 고구려의 민간에서 오두미도(五斗米道)가 유행했다는 기록이 실려 있다.[22] 또한 문헌적으로 중국의 도교가 한반도에 들어왔다고 하는 기록은 『삼국사기』에서부터 나타난다. 그 첫 번째는 624년(영류왕 7)에 당나라의 고조(高祖)가 도사

(道師)를 파견하였다고 하는 기록인데, 이때 도사는 원시천존상(元始天尊像)과 도법(道法)을 가지고 왔고 『도덕경(道德經)』을 강설(講說)하였다. 두 번째 기록은 당나라에서 고구려에 보낸 도사(道士) 숙달(叔達)에 대한 것이다. 643년 3월 고구려의 마지막 왕인 보장왕(寶藏王)은 연개소문(淵蓋蘇文)의 주장에 따라 당에 사신을 보내서 도교(道敎)를 구득(求得)하도록 하였다. 이에 당 태종은 고구려 왕의 요청을 받아들여 숙달로 하여금 7명의 다른 도사들과 함께 『노자도덕경(老子道德經)』 등을 가지고 고구려에 가서 도경(道經)을 전수하게 하였다.[23] 당시 고구려의 억불양도(抑佛揚道) 정책에 따라 그는 불사(佛寺)에다 도관(道觀)을 차리고 도교를 포교하였는데, 그가 "노자의 도덕경을 강의하니 군신이 모두 둘러앉아 듣더니 이를 믿고 봉행(奉行)하였다."고 한다.

1. 고려 초기의 도교문화

고려시대에 들어서면 도교문화는 삼국시대에 비해서 보다 융성하게 발전하고 성행하게 되었는데, 이는 건국 초기부터 왕건을 위시한 왕실에서 불교뿐만 아니라 도교도 함께 비호하고 지원하였기 때문이다. 특히 앞서 살펴본 태조(太祖) 왕건의 등극과 관련해 유행했던 갖가지 도참(圖讖)이나 비기(祕記)와 관련된 이야기들은 중국의 창업 제왕들이 당대의 저명한 도사(道士)들로부터 부명(符命)을 받았다는 설화들로부터도 영향을 받았을 것으로 보인다. 이러한 점들을 토대로 연구자에 따라서는 고려 건국을 전후로 하여 태조와 당시의 도류(道流)들 사이에 일정한 교감이 있었던 것으로 평가하기도 한다.[24]

1) 팔관회의 실행과 참석

고려왕조의 개창 초기부터 조선왕조로 교체될 시기까지 고려 왕실과 도교문화의 긴밀한 관련성을 보여주는 것이 바로 팔관회(八關會)의 실행과 국왕의 참석이다.

『삼국사기』에 의하면 신라 팔관회는 고구려의 승려 혜량이 신라에 귀화한 이후 진흥왕이 산천용신제와 10월 제천행사 등의 토속 신앙의 종교의식과 불교의식을 결합해 죽은 장수와 병졸들을 위로하기 위해 개최한 것이 시초라고 전한다.

이후 태조 왕건은 즉위한 이후 본래 불교적인 행사였던 팔관회의 실행을 강조하면서도 여기에 도교적 특징을 강화하여 천신(天神)과 오악(五嶽), 명산대천(名山大川)에 대한 제사를 함께 시행하도록 지시하였다. 그리고 태조 왕건은 이러한 훈계를 후대 왕들이 충실히 따르도록 하기 위해서 그 내용을 훈요십조의 제6조에다 아래와 같이 포함시켰다.

> 여섯째, 짐이 지극하게 바라는 것은 연등회(燃燈會)와 팔관회(八關會)에 있으니, 연등회는 부처를 섬기는 까닭이고, 팔관회는 하늘의 신령 및 오악(五嶽)·명산(名山)·대천(大川)·용신(龍神)을 섬기는 까닭이다. 후세에 간신들이 이 행사를 더하거나 줄일 것을 건의하는 것을 결단코 마땅히 금지하라. _훈요십조[25]

훈요십조의 여섯 번째 항목에서 태조 왕건은 연등회(燃燈會)를 부처를 섬기는 불교적 행사로서, 팔관회(八關會)를 천신(天神)과 오악, 명산, 대천, 용신을 섬기는 행사로서 분명하게 구분하여 말하고 있다. 즉, 팔관회는 천신(天神)과 오악, 명산, 대천, 용신을 섬기기 위한 행사라는 것이다. 그리고 이때 천신을 비롯한 여러 신명들에게 올리는 제사가 바로 도교의 초례(醮禮)를 의미한다. 애초 팔관회(八關會)는 팔관계(八關戒)를 지키는 것을 다짐하는 불교 식의 행사였는데, 다른 말로 팔관재회(八關齋會), 팔재회(八

齋會) 등으로도 불렸다.[26] 하지만 위의 훈요십조의 조목에서 말해주는 바와 같이 팔관회는 하늘의 신령과 오악, 명산, 대천, 용신에게 제사를 지내는 도교적인 초제에 가까운 혼합적 행사였다. 이를 통해 태조 왕건의 시대에 불교 행사로서 연등회와 도교적 행사로서 팔관회의 구분이 어느 정도 이루어졌음을 짐작할 수 있다.

2) 구요당의 창건과 도교 사원들의 설립

한편, 태조 왕건은 구요당(九曜堂)이라는 도교 사원을 창건하였는데, 이후 이 사원은 고려시대 내내 왕실에 의해 중요한 기관으로 취급되었다. 구요당은 924년(태조 7)에 외제석원(外帝釋院), 신중원(神衆院)과 함께 개경 대궐 밖에 창건된 도교 사원이었다. 구요당은 송악산 대궐 밖의 북쪽에 자리를 잡고 있었으며, 왕실의 양재초복(禳災招福)을 위하여 재초(齋醮)를 설행하는 것이 주된 임무였다.

구요당의 명칭인 구요(九曜)는 아홉 개의 천체를 의미하는데, 이는 일·월 두 신(神)과 화·수·목·금·토의 오성을 합한 칠정(七政) 및 사요(四曜) 중에서 나후(羅睺, Rahu)와 계도(計都, keto)의 두 가상의 천체를 합하여 통칭하는 말이다. 사요(四曜) 중에서 나후와 계도와 더불어 나머지인 자기(紫氣)와 월패(月孛)를 다시 칠정과 합하면 십일요(十一曜)가 되는데, 구요당의 당내에는 십일요의 상(像)이 봉안되어 있었다고 한다.

태양과 달, 화성과 수성, 목성, 금성, 토성을 합한 7개의 천체를 칠정, 혹은 칠요(七曜)라고도 하였는데, 이 칠요를 중시하는 기원은 일곱 번째 날을 신성시하는 바빌로니아인과 유대교도들의 종교적 관습, 이집트에서 발생한 일월오성의 칠요에 바탕을 둔 점성술(占星術)이 결합해서 시작된 것으로 짐작된다. 이후 이 칠요들의 운동에 대한 계산은 프톨레마이오스(Ptolemaios)의 천문학 서적인 『알마게스트(Almagest)』와 점성술 서적인 『테

트라브블로스(Tetrabiblos)』가 편찬되면서 전문적인 천문학과 점성술의 차원에서 확립되었고, 이들 서적이 헬레니즘 시대를 거치면서 시리아와 이라크 등을 거쳐 점차 동방으로 전해지면서 페르시아에까지 전래되었으며 마니교(Manichaeism)의 영향을 받게 된다. 그 이후 그리스 헬레니즘과 페르시아의 천문학과 점성술은 기원후 1세기경부터는 인도로 전래되었고 4세기 이후 밀교(密教) 문화에 영향을 주었다.[27] 이후 인도의 밀교 점성술은 중국 송나라 등을 거쳐서 고려로 전래되었다. (디자이너: 영문 파란 글씨는 이탤릭체임)

짐작건대 구요당은 기본적으로 불교의 영향을 받으면서도 구체적으로는 불교 점성술의 영향을 받은 도교 시설이면서 산중 신앙과도 관련이 깊은 혼합적 술수문화 기관이었을 것으로 짐작된다.[28] 그리고 앞에서 설명한 바와 같이 구요에 대한 계산과 신앙은 점성술의 영향이기도 하지만 천문학과의 관련성을 의미하기도 하였다.

고려시대에 개경에는 구요당 외에도 복원궁(福源宮), 전단(氈壇), 성수전(星宿殿), 정사색(淨事色), 태청관(大淸觀), 신격전(神格殿), 소격전(昭格殿) 등의 도교 기관이 역사를 달리하며 존재하였으며, 이들 기관에서는 본명성수초(本命星宿醮), 북두초(北斗醮), 태일초(太一醮), 성변기양초(星變祈禳醮), 삼계초(三界醮)[29], 백신초(百神醮), 천성초(天星醮) 등 갖가지 명목의 초제(醮祭)들이 국왕이 친히 참석하면서 설행되었다.

고려왕조는 국초에 개성에서 도관들을 설치한 이후 몽골 전쟁기에 강화도로 천도하면서[30] 강화도에도 도관들을 설치하였다. 이후 개성으로 환도 이후에 도교 기관들을 다시 복원, 설치하였다. 이러한 사정으로 인해 고려시대 도관들의 설치와 복원의 역사는 복잡하다. 따라서 고려시대 도관들의 설치와 복원의 과정을 시기별로 일목요연하게 정리하기는 힘들며 단지 각 도관별로 설치 연원과 활동 등을 정리하면 다음과 같다.

(1) 복원궁(福源宮)

예종은 1115년(예종 10)에 이중약의 건의를 받아들여 복원궁(福源宮)이라는 새로운 도교 사원을 궁궐의 북문인 태화문(太和門)의 인근에 건립하였다. 1115년에 건립된 복원궁은 삼청(三淸)의 천신들을 모시는 곳이었는데, 아마도 고려에서 삼청에 대한 신앙이 본격화된 것이 이때부터일 것으로 짐작된다. 복원궁은 복원관(福源觀)이라고도 칭하였다.

『고려도경』에 따르면 1110년 북송에서 우류(羽流, 도사)들이 고려에 파견됐고, 북송 정화(政和) 연간(1111-1117)에 개경 왕부(王府)의 북쪽, 태화문 안에 복원궁이 세워졌다. 『고려사』에서는 "1120년 음력 6월과 12월에 예종이 친히 행차해 초제(醮祭)를 지냈다."는 기록이 가장 빠르다. 또한 『고려도경』에서는 복원궁에 체재하는 도사의 수가 10여 명이라고 전하고 있다. 초창기에 이들 도사는 낮에는 재궁에서 머무르고 밤에는 사실(私室)로 돌아갔는데, 언관들이 이를 문제삼아 법으로 금하였다고 한다.

1221년 5월에 북쪽 성랑(城廊)에서 화재가 발생하였는데, 복원궁 안에는 신격전과 삼청전, 태일전이 있었다고 한다. 이들 중에서 신격전(神格殿)은 복원궁 내에서 초제를 지내던 장소로 원종 때는 특이하게 불교 행사인 도량이 열리기도 했다.

신격전에 대한 기사는 『고려사』에는 고종이 강화도 천도 시절에 처음 등장한다. 하지만 이규보의 불도소(佛道疏)에 포함된 초제문을 보건대, 이 신격전은 이미 강도 도읍기 이전에 존재했던 듯하다. 신격전은 희종-고종 무렵의 최충헌 정권기에 이미 복원궁 및 구요당과 함께 기능하고 있다. 신격전에서 영보도량이 행해진 것에 주목할 필요가 있다. 영보는 삼청의 하나이다.

(2) 삼청전(三淸殿), 소격전(昭格殿), 태일전(太一殿)

삼청전은 복원궁 내의 전각으로서 그 내부에는 삼청상(三淸像, 옥청·상청·태청)을 그린 그림이 있었다. 그중 태청인 혼원황제(混元皇帝)의 그림은 수염과 머리카락이 감색인 점이 송 휘종의 그림과 비슷했다. 1149년 갑자기 삼청전에 있던 작은 종이 울렸다는 기록이 있다. 이후 조선왕조에 들어서서 복원궁을 없애고 개경에는 대청관과 소격전만 남겨놓았는데, 여기서 중종대까지도 초제를 지냈다고 한다. 소격서로 이어지는 서울의 소격전은 1396년 착공해 1402년 완공되었다.

한편 태일전(太一殿)도 복원궁 안에 있었던 전각으로서, 1378년 공민왕이 복원궁에서 태일에 제사를 지냈다는 기록이 있다. 이후 조선왕조가 세워지고 수도가 한양으로 옮겨간 뒤에는 복원궁에서 태일신(太一神)에게 초제를 지내기도 했다. 태일전은 1397년에 이르러 폐지되고 소격전과 합쳐졌다.

(3) 오성전(五星殿)

오성전은 고려 초기부터 설치되었던 사원이었던 듯하다. 오성전은 개경의 궁궐 안에도 있었지만 서경에도 있었다. 숙종 10년 8월에 왕이 서경에 도착하자 태조 감진전(感眞殿)과 오성전(五星殿)을 차례로 알현하고 장락에 이어해 백관의 조하를 받았다는 기록이 있다. 예종은 5년 정월 갑자일에 성수전(星宿殿)에서 초제를 지냈다는 기록이 있는데, 아마도 개경 대궐에 있던 오성전과 같은 시설이 아닌가 짐작된다. 인종은 이자겸의 난(1126-)의 와중에 불에 탄 개경 대궐의 복구가 대략 완성되자 16년 5월에 전각들의 명칭을 고쳤는데, 이때 오성전이 영헌전(靈憲殿)으로 개칭되었다.

2. 태일 신앙과 도교 행사의 체계화

고려의 도교문화는 태조의 구요당 건립 이후 본격적으로 발전하면서 11세기 중엽 문종(文宗)대에 이르면 보다 체계화되면서 발전하였다. 문종대에는 본명성(本命星)과 북두성(北斗星), 태일(太一, 太一九宮) 그리고 오성(五星)에 대한 초례가 본격적으로 행해지기 시작하였다. 물론 이들 별에 대한 신앙이 문종 때에 처음 나타난 것은 아니며, 문종대에 이르러 보다 체계화, 의례화되었다고 평가된다.[31]

이들 여러 별 중에서 고려 후기로 갈수록 더욱더 강화된 신앙이 바로 태일(太一)에 대한 신앙이었다. 태일(太一)은 원래 북극에 있는 별(사실은 북극에 가장 가까운 별)의 이름으로서 그것이 신격화되어 천지와 인간의 모든 일을 주관한다고 믿어졌으며, 특히 시령(時令)의 조화를 주관한다고 믿어져서 기우(祈雨)의 대상으로 자주 취급되었다. 뿐만 아니라 태일은 풍우와 한발, 기근, 질병 등을 다스린다고 여겨졌기에 고려시대를 통해서 가장 빈번하게 초제의 대상이 되었다.

태일의 신이 모셔진 도관(道觀)은 순천관(順天觀)의 천황사(天皇祠, 天皇堂)였는데, 이 천황사를 설립한 이가 바로 문종이었다. 이후 태일을 모신 천황사는 충선왕대에 이르러 순천관(당시에는 숭문관으로 불리었다)으로부터 독립하여 태청관(太淸觀)으로 지칭되었다고 짐작된다.[32] 이후 설립되는 복원궁의 상천 태청관은 개성 문묘의 오른쪽, 즉 서쪽에 위치하였는데, 태청관의 남쪽에는 강무당(講武堂)이 있어서 여기서 진법 훈련을 하고 장수가 출정할 때면 반드시 의례, 혹은 초례를 행하였다. 충선왕은 태청관에 종9품의 판관을 설치해 독(纛), 즉 큰 기를 관장하게 하였으며, 군사를 일으켜 출정(出征)할 때에는 반드시 태청관에서 군신에게 지내는 제사인 마제(禡祭)를 지냈다고 한다. 뿐만 아니라 공민왕 때에는 홍건적을 토벌하고자 대대독(大纛)을 제작하고 독적(纛赤)이라는 관리를 두었으며, 공민왕

18년에 수문하시중 이인임으로 하여금 서북면도통사를 삼아 대독을 하사하고 파견할 때에 이인임은 태청관에서 마제를 지내고 출발하였다. 이처럼 태일신을 모신 태청관은 군사적 승리를 점치고 기원하는 곳이었다.

태일에 대한 도교적 신앙은 한편으로는 태일산법(太一算法)의 형태로도 발전하였는데, 고려 문종 때(1052년, 문종 6)에 김성택(金成澤)의 십정력(十精曆)과 양원호(梁元虎)의 둔갑력(遁甲曆), 이인현(李仁顯)의 칠요력(七曜曆), 김정(金正)의 태일력(太一曆), 한위행(韓爲行)의 견행력(見行曆)이 편찬되어 진상되었는데, 이들 중에서 특히 태일력(太一曆)은 아마도 태일산법과도 관련이 깊은 역서였을 것이다. 이와 같은 태일산법은 정도전의 졸기에서도 거론되는데, 그것에 따르면 정도전은 고려 말에 십학도제조(十學都提調)가 되어 태일제산법(太一諸算法)을 가르쳤다고 되어 있다. 조선 태조 3년(1394)에는 도평의사사에서 태일산(太一算)을 강습하고 고찰하며 시험도 보일 것을 건의하면서,

> "태일산(太一算)은 병가(兵家)의 중요한 것이오니, 국(局)을 설치하여 강습하게 하고, 훈련관(訓鍊觀)에 소속시켜 때때로 고찰(考察)하게 하여, 재주가 있는 자는 무과(武科)를 보일 때에 함께 시험 보여서 뽑아 쓰게 하소서."[33]

라고 말하였는데, 임금이 그대로 시행하라고 하였다. 이어서 태종 2년(1402)에는 국왕이 태일산법에 대한 학습을 진작할 것을 명하면서, "태일산법(太一算法)을 익히는 생도(生徒)에게 서운관(書雲觀)에서 학업을 익히게 하라."고 명하였다.[34] 이와 같은 태일의 계산법은 조선 성종대에 편찬된 『경국대전』에서도 여전히 관상감의 천문학 분과의 취재(取才) 과목 중 하나로 남아 있었다.

한편 태일은 천황으로서 구궁(중궁과 주위의 팔궁)을 순행한다는 관념
이 중국에서부터 전해졌는데, 고려에서는 이러한 태일 순행의 관념을 축
소하여 중앙과 사방을 합한 오궁을 45년마다 옮기며 순행하는 것으로 설
정하고 적용하였다. 이러한 원리에 따라 고려와 조선에서는 중앙과 4방위
의 지역에 태일전을 별도로 설치하고 순차적으로 태일에 대한 초제를 지
냈는데, 이를 오도태일초(五道太一醮)라고 지칭하였다. 그 결과 고려 말에
는 동북 지역인 통주(通州, 通川)의 태일전에서 초제가 행해지다가 조선
세종 갑인년(세종 16, 1434)에 의성(義城)의 태일전으로, 다시 45년 뒤인 기
해년(성종 10, 1479)에는 충청도 태안(泰安)의 태일전으로 옮겨서 초제를 지
냈다. 태종 4년(1404) 2월에 올린 김첨(金瞻)의 상소에 따르면, 고려시대에
는 개경을 대궐의 중심으로 놓고 간방(艮方)인 화녕(영흥), 손방(巽方)인 충
주, 곤방(坤方)인 부평, 건방(乾方)인 귀주에 궁관을 건설해서 초례를 지냈
다고 한다. 그러므로 태일은 창왕 원년에 간방인 화녕에 설정되었다가, 조
선이 한양으로 천도하면서 간방의 지역이 다시 통주로 변하였다. 태일의
신을 오방의 지역에서 돌아가면서 제사를 지내던 전통은 1518년(중종 17)
9월에 소격서가 혁파되면서 태안의 태일전에서 마지막으로 중단되었다.[35]

3. 예종대의 복원궁 건립과 도교 진흥

고려시대 도교문화는 12세기 초 예종(睿宗)대에 접어들면서 새로운 변화
를 맞는다. 연구자에 따라서는 이때를 우리나라에 중국식의 도관(道觀)이
정식으로 설치된 것으로 평가하는데, 이 점에 대해서는 여러 가지를 검
토해서 생각해봐야겠지만 도교와 관련해서 새로운 변화가 일어난 것은
사실인 듯하다.

고려 예종대에 일어난 도교문화의 변화는 당시 송(宋)에서 도교를 배우
고 귀국한 이중약(李仲若)을 중심으로 해서 이루어졌다.[36] 1120년(예종 15)

에 왕이 직접 초례(醮禮)를 행한 기록이 있고, 그 1년 전에는 청연각(淸讌閣)에서 『도덕경』을 강론하도록 하였다. 예종은 그보다 앞서 1107년(예종 2)에 금원에 있는 옥촉정(玉燭亭)에 원시천존(元始天尊)의 상을 모시고 달마다 제사를 지내도록 하였다. 이러한 사업들을 토대로 예종은 1115년(예종 10)에 이중약의 건의를 받아들여 복원궁(福源宮)이라는 새로운 도교 사원을 궁궐의 북문인 태화문(太和門)의 인근에 건립하였다. 1115년에 건립된 복원궁은 삼청(三淸)의 천신들을 모시는 곳이었는데, 아마도 고려에서 삼청에 대한 신앙이 본격화된 것이 이때부터일 것으로 짐작된다.

삼청(三淸)은 태청(太淸), 옥청(玉淸), 상청(上淸)을 의미하는데, 각각 도덕천존(道德天尊), 원시천존(元始天尊), 영보천존(靈寶天尊)의 천신들이 머무는 곳이다. 이 중에서 도덕천존(道德天尊)은 태상노군(太上老君), 혹은 혼원황제(混元皇帝)라고도 하는데, 노자를 신격화한 존재로 여겨진다. 도덕천존은 삼청(三淸)의 천계(天界) 안에서 태청천(太淸天)에 거주하고, 옥청천(玉淸天)에는 원시천존(元始天尊), 상청천(上淸天)에는 영보천존(靈寶天尊)이 거주한다. 영보천존은 태상도군(太上道君)이라고도 지칭하였다. 이들 세 천신을 도교에서는 삼존(三尊) 또는 삼보(三寶)로 지칭한다. 중국에서 삼청설(三淸說)이 형성된 것은 당(唐) 현종(玄宗) 이후인데, 이때부터 삼청은 도교적 세계관에서 최상위를 차지하게 되었다. 『고려도경(高麗圖經)』에서 서긍(徐兢)은 이 당시 고려의 분위기를 아래와 같이 적고 있다.

고려 예종은 신앙이 돈독하여 정화(政和)[37] 연간에 복원궁(福源宮)을 세워 도를 높이 터득하고 도사(道士) 10여 인을 받아들였다. (중략) 간혹 듣기로 예종이 나라를 다스릴 때에는 늘 도가의 도록(圖錄)을 보급하는 데 뜻을 두어 기어코 도교로 호교(胡敎, 불교)를 바꿔버릴 생각을 가지고 있었으나, 그 뜻을 이루지 못해 무엇인가를 기다리고 있는 듯

하였다.[38]

　이러한 내용은 복원궁의 건립을 통해서 고려 예종이 불교, 혹은 그와 관련된 기존의 세력들을 견제하고 도교, 혹은 도교와 관련된 세력을 중심으로 사회를 일신하고자 하였음을 말해주고 있다. 『고려도경』에 따르면, 당시 송의 황제인 휘종(徽宗)은 스스로를 도군황제(道君皇帝)로 자처하기도 하였는데, 휘종은 대관(大觀) 4년(1120)에 도사(道士) 두 사람을 고려에 보내서 복원궁(福源宮)을 짓고 자제들을 뽑아 도교의 서적들을 가르치는 일을 돕게 하였다.

　예종은 집권 원년(1106)에 여진과의 전쟁으로 야기된 국가의 위기를 지세(地勢)의 쇠폐 때문이라고 생각하여, 이를 음양(陰陽)의 비술로써 해결하고자 하였다. 그는 구체적인 방안으로서 유신(儒臣)들과 태사관(太史官)들로 하여금 『해동비록(海東秘錄)』을 편찬하도록 하고 부본을 사천감(司天臺)와 태사국(太史局)에 나누어주도록 하였다. 이 책은 음양(陰陽)과 지리(地理)에 관한 제가(諸家)의 책들을 정리하여 한 책으로 만든 것이었다. 1109년(예종 4)에는 다시 지세(地勢)의 쇠퇴를 회복하기 위하여 음양비술(陰陽秘術)로 기양(祈禳)하고자 하면서 그 구체적인 방안을 사천대와 태사국의 관원 및 산관(散官)들에게 묻기도 하였다. 그리고 부친인 숙종의 뒤를 이어서 남경(南京, 조선의 한양)을 자주 찾음으로써 남경길지설(南京吉地說)에 대한 관심 또한 지속시켜나갔다. 그러면서 그는 이중약, 은원충(殷元忠) 같은 도교의 처사들을 측근에 두고 총애하였다. 지역에 대한 관심을 증대시켰다. 복원궁의 건립과 삼청(三淸)의 천신들에 대한 신앙을 중심으로 도교를 새롭게 진흥하고자 하는 노력을 통해서 예종은 재이와 전란의 발생을 토대로 왕권을 비판하는 세력들을 극복해나가면서 집권의 위기와 국가 사회적인 위기를 함께 타개해나가려고 하였던 것이다.[39]

삼청에 대한 신앙은 이후 고려 말, 조선 초까지도 계속되었는데, 한편으로는 고려 말에 이르면 태일의 신앙이 우세해지면서 그 위치가 역전되거나 혹은 태일과 동일시되기 시작하였다. 다시 말해 고려 전기까지는 태일은 삼청보다는 격이 낮은 신으로 취급되었지만, 고려 말기로 가면서 삼청과 동일시되는 경향을 보이기 시작하였다. 고려 시기를 걸쳐 태일의 신앙이 지속되고 특히 고려 말에 이르러 태일의 신앙이 우세해진 데에는 한편으로는 군사학[武學]과 음양학(陰陽學), 즉 점성적 성격이 강조되는 분야에서 태일학을 지속적으로 공부하고 관리들을 뽑았기 때문이었을 것으로 짐작된다.

한편 고려의 도교문화는 예종대 이후에도 계속 국가적인 차원에서 장려되었다. 예를 들어, 인종(仁宗) 때에는 묘청(妙淸)의 건의에 따라 서경(西京)인 평양에 팔성당(八聖堂)을 건립하고 그곳에 팔선(八仙)의 초상을 안치하였는데, 이 팔선은 호국백두악태백선인실덕문수사리보살(護國白頭嶽太白仙人實德文殊師利菩薩)과 구려평양선인실덕연등불(駒麗平壤仙人實德燃燈佛) 등과 같이 도불(道佛)이 합일(合一)된 토착의 신선들이었다. 이어서 의종(毅宗) 때에는 특별히 왕명으로 선풍(仙風)의 진작을 촉구하기도 하였는데, 그 결과 재초(齋醮)를 너무 많이 거행하여 국재(國財)를 탕진하는 지경에 이르렀다는 비판을 받기도 하였다.

이처럼 국가적인 차원에서 도교가 장려됨에 따라 고려시대에는 왕실뿐만이 아니라 일반 지식인 계층에서도 개인적인 차원에서 도교 수련을 행하거나 노장학(老莊學)을 연구하는 기풍이 형성되어 있었다. 특히 유학자이기도 하였던 이자현(李資玄)과 이명(李茗) 등은 당시 은거하여 도교를 수련한 것으로 이름이 높았고, 정지상(鄭知常), 한안인(韓安仁) 등은 노장학에 조예가 깊었다고 한다. 또한 이인로(李仁老)와 임춘(林椿) 등은 진(晉)의 죽림칠현(竹林七賢)의 행적을 사모하여 죽림고회(竹林高會)라는 모임을 결성하였고 자신들의 작품 속에다 도가와 신선의 사상을 표현하였다.

고려의 국왕들은 각종 초제를 지내면서 그때마다 문인들에게 축문(祝文)을 작성시켰는데, 도교에서는 축문(祝文)을 푸른 종이에 작성하였으므로 이것을 초례청사(醮禮靑詞)라고 하였다. 이들 중에서 지금까지 남아 있는 것들로는 김부식(金富軾)의 '건덕전초례청사(乾德殿醮禮靑詞)'를 비롯하여 김극기(金克己)와 이규보(李奎報), 정보(鄭譜), 이곡(李穀), 권근(權近) 등이 지은 수십 편의 초례청사, 혹은 초례문들이 있다. 그중에서도 이규보(李奎報)가 남겨놓은 많은 수의 초례문들이 전해지는데, 『동국이상국집』 권38의 도량재초소제문(道場齋醮疏祭文), 권39의 불도소(佛道疏)·초소(醮疏), 권40의 석도소제축(釋道疏祭祝), 권41의 석도소(釋道疏)에 실려 있는 초례문들이 그것이다.

이들 중에서 그가 고종 초에 한림고원(翰林誥院)에 재직할 때 작성한 태일초례문(太一醮禮文)은 태일신에 대한 초례를 위해 작성한 것이며, 연교도장겸초문(年交道場兼醮文)은 해가 바뀌는 때를 맞아 도장에서 올리는 초제를 위해 작성한 것이고, 순천관천황당수리후보안초례문(順天觀天皇堂修理後保安醮禮文)은 순천관의 천황당을 수리한 후에 올린 초례를 위해 작성된 것이다. 이 외에도 그는 현무문망북교초례문(玄武門望北郊醮禮文), 대창행대신초례문(大倉行大神醮禮文), 도전행위동궁환원초례문, 압화신초례문(壓火神醮禮文), 상원초례문(上元醮禮文), 남진해액초례문(南辰解厄醮禮文), 성변기양삼청초례문(星變祈禳三淸醮禮文), 노인성제문(老人星祭文), 객성제축(客星際祝) 등을 지었다. 또한 고종 초기에 거란이 침략하자 이규보는 위상부양단병대집신중도장소(爲相府禳丹兵大集神衆道場疏)와 동전양단병천제석재소(同前禳丹兵天帝釋齋疏)를 짓고 그다음에 동전육정시초례문(同前六丁神醮禮文)을 지었다.[40] 이들 초례문에서 대상이 되었던 신들은 태일, 천황, 대신, 화신, 남진(남극성), 노인성, 삼청, 영성, 육정신 등으로 다양하다.[41]

이규보가 지은 초제문을 한 가지 소개하면 다음과 같다. 여기에는 구요당(九曜堂)에서 천변이 그치기를 비는 초례문으로서 "십일요소재도량 겸 설초례문(十一曜消災道場兼設醮禮文)"이라는 이름이 붙어 있다.

재변(災變)이 과실(過失)을 형상하여 사람에게 알림에는 각기 과실의 종류에 따라 이르고, 하늘이 정성에 의하여 하계(下界)를 도와주는 것에는 사실로 빌어야 하나이다. 생각건대 미약한 자질인 나는 실로 덕이 모자라는 몸으로 일찍 큰 서통을 이어받아서 지금에 이르도록 날로 아름다웠는데, 길이 도모할 것을 보존하기 위하여 감히 상제(上帝)의 명(命)을 바꾸지 못하나이다. 언행(言行)에 실수가 있고 더욱 정사와 형벌에 허물이 많아서 민심은 믿지 않고 하늘의 변고가 나타나, 저 세성(歲星)의 운행이 늦어서 화요(火曜)가 침범하였나이다. 더구나 천사(天使, 해와 달)가 빨리 흘러서 문창성(文昌星, 자미궁 밖의 北斗七星의 첫째별)을 뒤좇아 오르고, 또 뇌공(雷公, 雷神과 같음)이 성내어 현월(玄月, 음력 9월)에 소리를 내나이다.

후한가 인색한가에 화복이 달려 있으매 마땅히 깊이 근심해야 하므로 이 염려가 정근(精勤)한 기도나 공부에 부지런함에 이르러 그윽한 도움을 의뢰하려 하나이다. 이에 선관(仙館)에 의탁하여 정령(精靈)의 광림(光臨)하심을 보고자 하여, 소권(素券, 道家의 경전)의 선생(先生)을 소집하여 비밀의 경전을 읊고 현단(玄壇, 도가의 제단)의 법초(法醮)를 갖추어 제물을 올리는 약소한 의식을 베푸나이다. 원컨대 정성이 묵묵히 통하고 길상(吉祥)이 거듭 모여 칠정(七政)이 기형(璣衡)의 바름에 잘 어울려 어기지 않으며 사방이 북이 울리는 일이 없고 창성하게 하소서.[42]

여기에 따르면, 이규보는 당시 출현하고 지속되고 있는 재변의 종류를 다음과 같이 늘어놓고 있다. 우선 천변, 즉 하늘에서 일어나는 변고인데, 그에 따르면 "하늘의 변고가 나타나, 세성(歲星), 즉 목성의 운행이 늦어져서 화성이 침범하였다."고 한다. 또한 천사(天使)라고 지칭되는 해와 달의 운행이 빨라져서 북두칠성의 첫 번째 별인 문창성(文昌星)을 뒤좇아 오르고 있다는 것이다. 아울러 뇌공(雷公), 즉 번개가 치고 소리를 내는 현상이 현월(玄月), 즉 음력 9월에 발생하고 있다는 것이다. 이규보는 이어서 이러한 재변들이 하루속히 사라져주기를 정성으로 빌고 있으며, 그 결과로서 "정성이 묵묵히 통하고" 길상(吉祥), 즉 길한 기운이 거듭 모여서 칠정(七政)의 운행이 어그러지지 않고 똑바로 이루어져서 사방이 북이 울리는 일, 즉 전란과 같은 변고가 일어나지 않게 해달라고 상제와 천신들에게 빌고 있음을 볼 수가 있다.

疇雲巘者掌天文振時之署也

其道重磨象我

先牟首達是官今四百有餘年

修其事益湮又白以署号子筆

可知也巘之蕭旦遠如是能文

毅不足以激推步緣起制度

因筆莫号旋之左兩况采縣

乾隆見三 序

一一

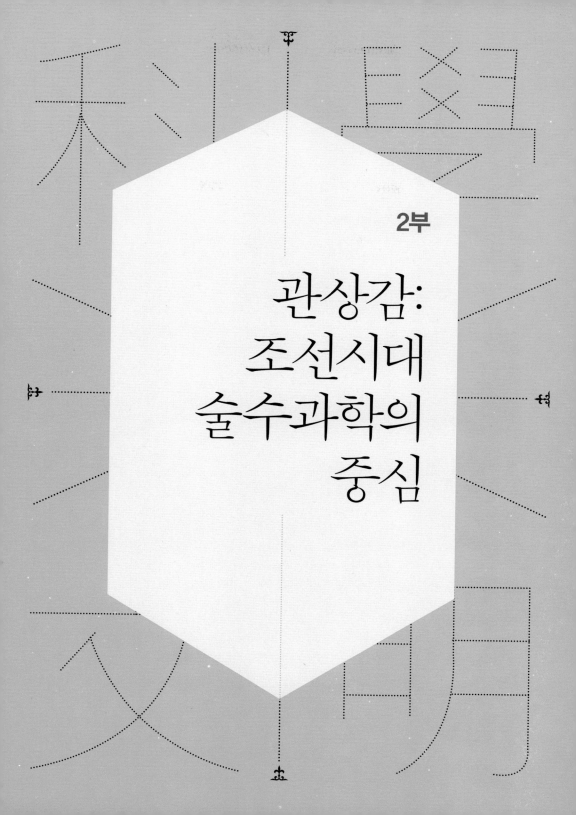

2부

관상감:
조선시대
술수과학의
중심

4장

조선 전기의 술수문화 기관

조선시대 술수문화의 중심적 공간은 어디였으며, 술수문화의 담지자들은 누구였을까? 술수문화가 일부 점집이나 무당집, 혹은 운명철학관 등에서만 행해지고 있는 현대 한국 사회와는 달리 조선시대에는 술수문화가 사회의 상층에서부터 아래에까지 도처에서 향유되고 행해지고 있었다. 그리고 이러한 술수문화를 전문적으로 담지하면서 향유하고 있었던 가장 중심적인 장소는 다름 아닌 조선의 왕실과 국가, 혹은 정부였다. 조선의 정부 부서 내에서는 술수 관련 업무를 전담하는 기관들이 있었으며, 이들 기관은 왕실의 일상생활과 각종 예식, 조정의 행사들에 필요한 술수 관련 서비스를 제공하였다. 그리고 이들 기관에 소속된 관원들에 의해 술수문화의 지식들이 다양한 경로를 통해 전체 조선 사회로 확산되었다.

그렇다면 조선시대 정부의 관서들 중에서 술수문화와 관련된 기관들은 어떤 것이 있었을까? 조선의 정부 조직 내에서 술수문화와 관련된 기관들도 여타의 기관들과 마찬가지로 시대가 변함에 따라 통합, 또는 폐지되는 운명을 겪었는데, 이 장에서는 우선 조선 전기를 중심으로 술수문화와 관련되는 세 개의 기관들을 살펴보고 이들 기관이 철폐되고 통합되는 과정을 정리해보고자 한다.

사실 조선 전기뿐만 아니라 조선 후기에 이르기까지 정부 내에서 술수 관련 업무를 담당하던 가장 중심적인 기관은 바로 예조(禮曹)에 소속된 서운관(書雲觀)이었다. 따라서 이 서운관에 소속되어 활동하던 중인 관원들이 조선시대를 통틀어 술수문화의 주요한 담지자들이었다고 말할 수 있다. 뒤에서 서술하겠지만, 서운관은 세조대에 이르러 관상감(觀象監)으로 이름이 바뀌었으며 그와 더불어 그 기능들이 조정, 확장되어 조선시대 말까지 술수문화의 대표적인 기관으로 자리잡게 되었다.

다음으로 서운관과 더불어 조선 전기 술수문화의 또 다른 중심 기관은 바로 소격서(昭格署)였다. 소격서는 고려시대로부터 이어져오던 각종 도교(道敎)신앙을 보존하고 도교의 의식(儀式)을 수행하기 위하여 설치된 관서로서 주로 도교의 재초(齋醮)를 거행하고 도교의 신들에게 기도를 행하던 관서였다. 성종대에 편찬된 『경국대전』에 따르면, 소격서는 예조(禮曹)의 속아문(屬衙門)으로 설정되어 있다. 소격서는 1518년(중종 13)에 공식적으로 혁파되었는데, 후에 다시 설치되었다가 임진왜란 이후에 완전히 폐지되었다.

조선 전기에 술수문화의 또 다른 기관으로는 병조(兵曹)에 소속된 습산국(習算局)을 들 수 있다. 습산국은 태일습산국(太一習算局)으로도 불렸는데, 명칭 그대로 태일산(太一算)을 강습하고 관련 활동을 수행하던 관서였다. 습산국은 조선이 개창되고 나고 얼마 지나지 않은 1394년(태조 3)에 설치되었는데, 하지만 이 관서의 기원은 다른 술수 관련 관서와 마찬가지로 고려시대로까지 거슬러 올라간다고 봐야 한다. 여기서 '태일산'이란 '태일(太一)'에 대한 계산(算)'을 의미하는데, 구체적으로는 하늘의 북극 중심에 있는 별자리인 태일성(太一星)의 위치를 계산하고 이를 토대로 점을 치는 방법을 지칭하였다. 이러한 태일산은 당연히 고려시대에도 존재하였던 태일(太一)에 대한 신앙과도 깊은 관련이 있었던 것인데, 특히 이 별이 전쟁의 개시와 수행과 관련되어서 여전히 중요하게 여겨졌기에 조선 초기에 담당 관서가 설치되었으며 또한 관련된 논의가 『조선왕조실록』에서 계속 등장한다.

나중에 상술하게 되겠지만, 습산국은 1463년(세조 9)에 이르러 호조 산하의 산학중감(算學重監)으로 통합되었으며, 이때 태일산에 대한 강습도 중지되었던 듯하다. 그러한 변화의 결과로서 1466년(세조 12)에 이루어진 관제 개편에 의해 조선 초기에 존재하던 세 가지 종류의 술수 관련 기관들은 서운관을 중심으로 통합이 되었다고 말할 수 있다. 아래에서는 이들 3개의 술수 관련 기관들에 대해 소개하고 조선 전기 동안에 진행된 역사적 변화들을 서운관과 태일습산국 그리고 소격서의 순서대로 정리하고, 이어서 술수 기관들의 통폐합의 과정을 그려보고자 한다.

1절 조선시대 술수문화의 중심, 서운관

조선 정부 내에서 술수문화와 관련된 업무를 수행하는 기관이 바로 예조(禮曹)에 소속된 서운관이라는 관서(官署)였다. 서운관은 1466년(세조 12)에 관상감(觀象監)으로 명칭을 바꾸었는데, 이렇게 변화된 명칭은 과거의 서운관이라는 명칭과 달리 새로운 유교 성리학의 이념을 강하게 반영하고 있다. 이와 더불어 서운관에서 관상감으로 바뀌면서 기관의 주된 업무가 천문 역법 위주의 활동으로 바뀌었음을 알 수 있다. 서운관 또는 관상감은 비록 이와 같은 변화를 거친 이후에 주로 천문학 위주의 활동을 수행하였지만, 그럼에도 불구하고 조선시대 말까지 풍수지리와 국가 점복과 관련된 업무를 아우르며 조선의 술수문화를 중심적으로 수행하는 기관으로서 존재하였다.

1. 술수 기관 서운관의 업무

술수문화와 관련해서 서운관, 혹은 관상감이 수행해오던 업무를 대략적으로 정리해보면 다음과 같다. 우선 서운관은 매년 동짓날에는 역일(曆日)의 정보뿐만 아니라 길흉신의 방위와 길흉일의 정보를 담은 역서(曆書)를 간행하여 전국에 배포하였는데, 여기에 수록된 시각의 정보와 길흉과 관련된 역주(曆註)의 내용은 국왕을 비롯한 왕실의 구성원들과 조정의 대소 신료, 나아가 사대부와 일반 백성들이 앞날을 예측하고 대비하는 근거로 삼았던 것이다. 조선 후기에 들어서면 역서의 발행부수는 수십만 부에 이를 정도로 엄청나게 늘어났으며 이를 통해 역서에 수록된 술수와 관련된 정보들은 민간 사회의 다양한 분야에 전달되고 영향을 미치기 시작하였다. 역서에 수록된 술수 관련 정보의 내용과 역서 간행부수의 증가 등에 대해서는 조선 후기의 술수문화를 다루는 부분에서 상세하게 다룬다.

하짓날에는 관상감은 단오부(端午符)와 양벽부(禳辟符)[1]를 만들어서 대전과 내전, 세자궁 등의 왕실의 구성원들에게 진상하고 대소 신료들에게도 반사(頒賜)하는 일을 수행하였는데, 이는 축귀(逐鬼)를 행하고 상서로운 기운을 불러오기 위한 활동이었다. 『서운관지』에 따르면, 매년 하짓날에 맞추어 관상감에서 진상하고 반사하는 단오부와 양벽부의 숫자는 다음과 같다. 우선 국왕의 처소인 대전(大殿)에 단오부 100장과 양벽부 100장을 진상하고, 각 내전(內殿)에는 단오부 20장과 양벽부 20장을 각각 진상한다. 세자궁(世子宮)과 각 빈궁(嬪宮), 나머지 왕실의 구성원들을 지칭하는 각 궁(宮)에는 단오부 20장과 양벽부 20장을 공상(供上)하였다. 이어서 관상감의 영사(領事)인 영의정과 두 명의 제조들에게는 단오부 20장과 양벽부 20장을 반사하였으며, 관상감의 중인 관료들에 해당하는 당상과 구임, 임관들은 각각 10장씩의 단오부와 양벽부를 하사받았다. 마지막으로 관상감의 전체 관원들을 대상으로 단오부와 양벽부 600장씩을 배정하여 나누어 갖도록 하였다. 관상감 관원들에게 배포된 단오부와 양벽부는 그들과 친분 관계가 있는 사대부 양반들과 여타 민간에게 전달되어 축귀와 복을 비는 부적으로 사용되었을 것이다.

한편 관상감은 국왕이나 왕비, 왕자가 죽어서 장례를 치를 때에는 풍수지리 지식을 동원하여 좋은 땅을 골라 능지(陵地)로 선정하는 역할을 담당하였다. 이를 택지(擇地) 업무라고 할 수 있다. 관상감에서는 서울과 경기도 주변에 여러 길지들을 미리 조사하여 왕릉이나 왕후릉의 후보지들의 목록을 만들어 보유하고 있었으며, 경우에 따라서는 미리 이들 후보지에 봉표(封標)를 심어두어 일반인들의 출입을 막고 묘들이 미리 들어서는 것을 막기도 하였다. 이와 더불어 관상감은 풍수지리의 또 다른 활동인 태봉(胎封)의 작업을 수행하기도 하였는데, 즉 왕실에서 왕자가 태어나면 왕손의 기운을 담고 있다고 여겨지는 태(胎)를 보관하기 위해 태실의 터를 정하고 태봉(胎封)을 짓고서 관리하는 작업을 수행하였다.

마지막으로 관상감에서는 왕실과 조정에서 행해지는 각종 제사와 예식이 거행될 날짜와 시각을 정하는 택일(擇日)과 택시(擇時)의 업무를 수행하였는데, 이러한 작업은 일종의 '예식국가(禮式國家)'였던 조선에서 국가의례와 왕실의례가 원활히 진행되도록 하는 역할을 수행하였다. 이처럼 관상감은 조선시대를 통하여 왕실 차원에서 이루어진 여러 종류의 술수문화를 수행하고 나아가 이를 민간에 전파하고 영위하는 중심적 위치를 차지하였던 국가 기관이었다.

관상감이 지닌 술수문화 담지 기관으로서의 성격은 그 업무를 규정해 놓은 법전의 조문들을 통해서 분명하게 드러난다. 『경국대전(經國大典)』에는 이전(吏典) 경관직(京官職) 부분에서 관상감에 대해 "천문(天文), 지리(地理), 역수(曆數), 점산(占算), 측후(測候), 각루(刻漏) 등의 일을 담당한다."고 규정하고 있는데,[2] 여기에서 열거한 6가지 업무들을 항목별로 상세히 살펴보면 다음과 같다.

우선 천문(天文)은 오늘날의 천문학 일반과 비슷한 의미를 갖기도 하지만, 그보다는 천상(天象)을 관측하여 국가와 왕실의 운명을 살펴보는 점성(占星)의 활동을 의미한다고 보는 것이 정확하다. 천문의 정확한 뜻은 하늘의 무늬, 곧 하늘의 상(象)을 의미한다. 따라서 하늘의 상을 읽고서 국왕에게 보고하고 이를 통해서 하늘의 뜻을 읽는 작업이 천문이었다.

두 번째로 적혀 있는 지리(地理)는 풍수지리, 특히 길한 땅을 찾아서 왕릉의 터를 정하는 업무를 의미한다. 풍수지리는 술수문화의 일부분을 차지하면서 민간에서도 중요하게 취급되었지만, 특히 왕릉이나 왕후의 능지를 정하는 문제는 선왕(先王)과 사왕(嗣王)의 위신뿐만 아니라 정치 세력들 사이의 역학 관계와도 관련된 문제이기에 조선시대 내내 왕실과 조정에서 민감하고 중요하게 다루어졌다.

세 번째로 적혀 있는 역수(曆數)는 역법을 연구하여 달력을 발행하는 업무인데, 여기에는 특정한 행위에 마땅한 길일[宜]과 길하지 못한 날[不宜]을 살펴서 알려주는 업무도 포함된다.

다음으로 네 번째, 점산(占算)은 우선 추명(推命), 즉 운수(運數)를 계산하여 운명을 점치는 일과 길흉의 날짜를 정하는 택일의 업무를 포함한다. 이 점산(占算)이라는 용어는 나중에 상술하겠지만 고려시대 이래로 서운관의 주요한 업무였던 점술 문화의 역사적 흔적이라고 할 수 있다.

다섯째, 측후(測候)는 천변(天變)과 지이(地異), 즉 재이(災異)의 발생을 관측하여 보고하며 그 의미를 따지는 일을 의미한다. 하늘과 땅에서 일어나는 각종 재이는 국가와 왕실의 운명을 예고하거나 경고하는 것으로 여겨졌기에 서운관은 조선시대 내내 매일 낮과 밤을 기리지 않고 번을 서면서 천변을 관측하여 보고하는 작업을 계속하였다.

마지막으로 각루(刻漏)는 자격루 등의 물시계를 운영하여 시각을 정확히 알려주는 일을 의미하는데, 이 일은 특히 왕실의 각종 예식을 위해 뽑아낸 길한 시각을 정확히 측정하여 통보해주는 주시(奏時)의 업무도 포함되었다.

위에서 설명한 바와 같이, 『경국대전』에 규정된 서운관의 활동은 오늘날 우리가 보기에 순전히 과학적인 활동들이라기보다는 오히려 과학적 활동과 비과학적 활동이 통합된 술수문화와 관련된 활동들이라고 봐야 할 것이다. 그리고 서운관에 소속된 관원들은 국가에 의해서 수행된 술수문화 활동을 국가와 왕실의 차원에서 공식적으로 수행하는 이들이었다. 결국 조선 국가에서 술수문화를 가장 고급한 차원에서 영위하고 진작하면서 확산시킨 '중심적 주체'는 다름 아닌 왕실에 소속된 왕족들과 정부의 관료들이었다. 그리고 왕실과 정부에 술수 관련 서비스를 제공하는 곳이 바로 서운관이라는 관서였다. 게다가 국가와 왕실의 차원에서 이루어진 관상감의 업무와 소속 관원들의 활동은 민간에서 술수문화 전반이 확산되고 발전하는 데에 핵심적인 역할을 수행하였다.

2. 서운관에서 관상감으로

서운관(書雲觀)이라는 이름은 고려 충선왕(忠宣王) 시대에 이루어진 관제 개편 이후부터 사용되었으며 조선 초까지도 줄곧 사용해오던 명칭이었다. 서운관이라는 이름을 '관상감'으로 바꾼 것은 1466년(세조 12)에 이루어진 일이다. 물론 이때 서운관을 관상감으로 바꾸어 칭하면서 관제상의 변화도 일어났다. 여기에 대해서는 뒤에서 자세히 살펴볼 것이다.

하지만 그 전에 우선 고려시대 말부터 성종대 사이에 이루어진 서운관의 업무와 관련된 규정의 변화에 우선 주목할 필요가 있다. 사실 『고려사』 「백관지」에서는 '서운관'을 "천문(天文)과 역수(曆數), 측후(測候), 각루(刻漏)에 관한 일을 맡아본다."고 규정하고 있다. 이러한 내용을 1476년 (성종 7)에 편찬된 『경국대전(經國大典)』의 '관상감' 조와 비교해보면 흥미롭다. 즉, 『경국대전』에서는 관상감의 업무를 규정하면서 "천문과 지리(地理), 역수, 점주(占籌), 측후, 각루를 담당한다."고 적고 있는데,[3] 얼핏 보기에는 이 『경국대전』의 내용과 서술 방식이 『고려사』의 그것과 그다지 차이가 나지 않아 보인다. 하지만 『경국대전』의 관상감에 대한 규정에는 『고려사』의 서운관 규정에다 지리(地理)와 점주(占籌)의 업무, 즉 풍수지리와 점후와 같은 술수적 업무를 추가적으로 포함시켜서 서술하고 있음을 인식할 필요가 있다.

사실 『경국대전』의 관상감 조와 『고려사』 서운관 조의 기사 서술의 방식과 내용의 유사성은 아마도 『경국대전』의 기사가 『고려사』 「백관지」의 기사를 토대로 작성되었기 때문에 나타나는 특성일 것이다. 참고로 『고려사』는 1451년(문종 1)에 김종서와 정인지에 의해 편찬되었는데, 이는 『경국대전』의 「예전」(1466)이 완성되기 불과 15년 전의 일이다. 하지만 『경국대전』의 관상감 조목은 고려 말에서 성종대 초기 시기 동안 풍수지리나 점후와 관련된 업무가 관상감에 통합되었거나 혹은 추가된 상황을 반영하고 있는 것이다.[4]

한편, 1466년 서운관의 명칭이 관상감으로 바뀐 이후에도 '서운관'은 별칭으로 계속 사용되었다. 1818년 성주덕(成周悳)이 편찬한 관상감의 관서지에도 '서운관지(書雲觀志)'라는 이름이 붙었다. 서운관 근처에 있던 고개를 운현(雲峴)이라고 불렀는데, 19세기 말에 이르러 그곳에 자리잡고 있었던 대원군의 저택을 운현궁(雲峴宮)이라고 칭한 이유도 동일하게 서운관에서 비롯한 명칭이었다.

사실 '서운관(書雲觀)'이라는 용어는 '관상감'에 비해 술수문화의 흔적이 더 강하게 풍겨나는 말이다. '서운(書雲)'이라는 말은 『좌전(左傳)』 희공(僖公) 5년조에, "무릇 분지(分至)의 계폐(啓閉)에는 반드시 운물(雲物)을 기록한다."는 구절에서 유래한다.[5] 여기서 말하는 분지(分至)란 춘분·추분, 하지·동지를 의미하고, 계폐(啓閉)는 해가 지고 뜰 때를 의미한다.[6] 그리고 운물(雲物)을 기록하는 것은 "해 부근의 구름 빛깔을 보고서 하늘의 징조를 예견함", 혹은 "기운(氣運)의 색깔을 가지고 재변을 살펴서 기록하는 것"을 의미한다. 그러므로 '서운관'이라는 이름은 "천지의 변화를 읽고서 재변과 상서의 징조를 예견하고 해석하는 술수적인 작업을 수행하는 관서"라는 뜻을 지니고 있는 셈이다. 즉, 서운관이라는 명칭은 그 기관을 단순히 천문(天文), 즉 하늘을 관측하여 천체들의 위치를 살피고 계산하는 관서라고만 볼 수 없게 만든다. 이런 점에서 '서운관'을 영어로 번역할 때 '천문학 관서'를 의미하는 'Bureau of astronomy'나 'Office of astronomy'로 번역하는 것은 명칭의 정확한 의미를 반영하지 못하는 말이다. 그보다는 'Office for Observation of Natural Phenomena'로 번역하는 것이 서운관의 성격과 한자의 뜻을 생각하건대 보다 적절하다.[7]

한편, 서운관(書雲觀)의 명칭과 관련해서 또 한 가지 주목해서 봐야 할 지점은, 앞장에서도 논의한 바와 같이, 명칭의 마지막에 붙은 관(觀)이라는 글자이다. 서운관의 명칭에서 '관(官)'이나 '관(館)', 혹은 '감(監)'이라는 글자를 사용하지 않고 '볼 관(觀)'자를 붙인 것은 분명 계속 따져봐야 할 지점이다. 흥미롭게도 조선시대의 정부 조직을 통틀어 관서의 명칭에다 관(觀)자를 붙인 곳은 서운관 외에는 군사훈련 기관인 훈련관(訓鍊觀)뿐이다.[8] 훈련관(訓鍊觀)의 관(觀)은 말 그대로 병사들과 훈련의 상황을 살피고 감독한다는 뜻으로 사용되었다. 여기에 비해 서운관에 붙은 관(觀)이라는 단어는 '운물(雲物)', 혹은 징조를 관찰한다는 뜻으로 사용되었다고 볼 수도 있지만, 다른 한편으로는 고려시대에 존재하였던 도교 관련 기관들인 도관(道觀)들의 명칭에 사용되었던 단어이기도 하다. 즉, 앞의 고려시대 술수문화와 관련된 장에서 살펴본 바와 같이, 고려 예종대에 세워진 도교 사원인 복원관(福源觀)이나 충선왕대에 세워진 태청관(大淸觀) 등의 많은 도관들의 이름에는 '觀'이라는 단어가 사용되고 있으며, '서운관'은 고려시대에 널리 유행한 도교신앙의 흔적을 담고 있는 명칭이라고 짐작된다. 그리고 앞에서 설명한 서운관이 수행하는 "천지의 변화를 읽고서 재변과 상서의 징조를 예견하고 해석하는 일"은 도교신앙에서 천신(天神)과 교감하여 기복하고 미래를 예측하는 일과 그다지 멀지 않은 일이기 때문이다.

서운관이라는 이름은 결국 1466년(세조 12)에 '관상감(觀象監)'으로 바뀌었는데, 이 용어는 '관상수시(觀象授時)', 즉 "하늘의 상(象)을 관측하여 시각을 내려주다."는 구절의 뜻을 차용한 것이다. 물론 이 구절은 『서경(書經)』의 「요전(堯典)」에 등장하는 "일월성신을 역상(曆象)하여 삼가 백성에게 때를 알린다."는 구절에서 비롯된 것이다.[9] 이때 관상(觀象)은 주로 관천상(觀天象), 즉 하늘의 상(象)을 관찰하는 것을 의미하며, 이러한 관천상은 제왕이 하늘의 명, 즉 천명(天命)을 읽는 수단이 행위가 된다. 따라서 관상(觀象)의 실질적 주체는 하늘의 아들인 천자(天子), 혹은 제왕이며, 그 구체적인 내용은 주로 '관상수시(觀象授時)'의 수시(授時)는 "백성들에게 시각체계를 정해서 내려주는 행위"를 의미하는데, 그 구체적인 내용으로는 역서(曆書), 즉 달력을 발행하고 배포하는 행위를 의미한다.

이러한 논의를 토대로 관상감이라는 명칭을 다시 살펴보면, 그것은 서운관이라는 명칭과는 분명하게 대비되는 면이 있다. 즉, '서운관'이라는 용어에는 하늘과 땅을 포함한 모든 자연의 현상을 통해서 징조를 파악하고 천지의 기운을 감응하고 천신들과 소통하려는 도교적 영향과 술수문화의 향취가 다분히 배어 있다. 이에 비해 '관상감'이라는 명칭은 다분히 유교 정치사상의 핵심을 구성하고 있는 '관상수시'의 이념을 토대로 왕조국가의 정치적 정당성과 관련되는 천문학 관련 활동을 중심으로 표방하고 있다. 따라서 우리는 1466년 즈음에 이르러 서운관이라는 관서의 활동과 규정이 변화하였거나, 혹은 서운관에 대한 인식이 변화가 이루어졌으며, 그 결과로 관상감이라는 용어가 새롭게 부여되었을 것이라고 짐작할 수 있는 것이다.

3. 조선 초기 서운관의 관직체계

조선 초기 서운관의 관직체계는 『경국대전』에 규정된 관상감(觀象監) 조를 통해서 파악할 수 있다. 관상감은 『경국대전』의 이전(吏典)에서 경관직(京官職) 정3품의 관청으로 규정되어 있었으며, 아래와 같은 전체 26자리의 관직들이 설치되어 있었다.

> 정1품 영사 1명 영의정, 정3품 제조(提調) 2명
>
> 정3품 정(正) 1명, 종3품 부정(副正) 1명
>
> 종4품 첨정(僉正) 1명, 종5품 판관(判官) 2명
>
> 종6품 주부(主簿) 2명, 천문학(天文學), 지리학(地理學) 교수(敎授) 각 1명
>
> 종7품 직장(直長) 2명, 종8품 봉사(奉事) 2명
>
> 정9품 부봉사(副奉事) 3명, 천문학, 지리학 훈도(訓導) 각 1명, 명과학(命課學) 훈도 2명
>
> 종9품 참봉(參奉) 3명[10]

그런데 이들 관직 중에서 영사(領事)는 영의정이 겸직하는 자리였고 사대부 문관 출신이 임명되는 제조 2인의 자리도 일반적으로 겸직을 하는 경우가 많았으므로, 실질적으로 관상감에 전속되어 있었던 관원의 자리는 정3품 정(正) 이하의 23자리라고 말할 수 있다. 한편 『경국대전』의 「예전(禮典)」에서 생도(生徒) 조목에 따르면, 관상감에는 총 45명의 생도가 소속되었는데, 그중에서 천문학에 20명, 지리학에 15명, 명과학에 10명의 생도가 할당되어 있었다. 조선 후기에 이르면 관상감에 전속된 23자리의 관직은 차츰 몇몇의 전문적인 중인 집안에 의해 독점화되어가는 경향을 가지게 되며, 이를 통해서 기술직 중인 집단이 형성하는 기초가 되었다.

한편 『경국대전』의 관상감 조를 보면, 관상감의 조직은 천문학(天文學)과 지리학(地理學), 명과학(命課學) 부분으로 명확히 구분되어 있는 것으로 나오며, 관상감을 구성하는 이들 세 분과를 함께 통칭하여 삼학(三學)이라고 지칭하고 있음을 알 수 있다. 하지만 관상감의 조직이 국초부터 세 가지 분과로 명확히 나뉘어서 운영된 것은 아니다.

왜냐하면 『경국대전』에 규정된 관상감의 관직체계는 국초의 그것과 동일하지 않았으며, 1466년(세조 12)에 개편된 관직체계를 담고 있기 때문이다. 흥미로운 사실은 1466년은 『경국대전』이 완성되었던 해이면서도 서운관이 관상감으로 명칭이 개칭되기도 한 해이기도 하다. 즉, 『경국대전』은 서운관이 관상감으로 변화가 완료된 이후의 모습만을 담고 있는 셈이다.

조선이 건국되고 난 직후부터 1466년의 관직 개편 이전까지 서운관의 관직체계를 추정해보기 위해서는 우선 『고려사(高麗史)』 「백관지(百官志)」에 기술되어 있는 고려 말기 서운관의 관직체계들을 살펴볼 필요가 있다. 왜냐하면 조선은 건국 직후에도 고려의 관직체계를 그대로 계승하여 정부를 운영하고 있었을 것이기 때문이다. 『고려사』 「백관지」에 따르면,

1308년(충렬왕 34)에 충선왕의 관직 개혁 조치 이후에 고려 서운관은 아래와 같은 직제를 가지고 있었다.

> 提點(1명, 겸관), 令(1명, 정3품), 正(1명, 종3품), 副正(1명, 종4품), 丞(1명, 종5품), 主簿(2명, 종6품), 掌漏(2명, 종7품), 視日(3명, 정8품), 司曆(3명, 종8품), 監候(3명, 정9품), 司辰(2명, 종9품)

여기에는 겸관인 제점을 제외하면 총 19자리의 관직이 설치되어 있었다. 앞의 장에서 살펴본 바와 같이 고려 서운관은 1308년 이후에도 통합과 분리를 거듭하다가 최종적으로는 1362년(공민왕 11)에 아래와 같은 관직체계를 가지게 되었으며, 이후 조선의 건국 때까지는 크게 변화가 없었던 것으로 보인다.

> 판사(判事) 정3품. 정(正) 종3품, 부정(副正) 종4품, 승(丞) 종5품, 주부(注簿) 종6품, 장루(掌漏) 종7품, 시일(視日) 정8품, 사력(司曆) 종8품, 감후(監候) 정9품, 사신(司辰) 종9품.[11]

그에 따르면, 1362년에는 서운관의 관직체계에서 정3품의 영(令)을 판사(判事)로 고쳐 부르거나 정(正)이 종3품에서 정3품의 관직으로 승격되는 등의 자그마한 변화가 있었을 뿐이다. 그에 반해 각각의 관직에 배당된 관원 숫자를 적어놓지 않았는데, 짐작건대 1308년의 정원에서 크게 변하지 않았던 듯하다.

한편, 1818년에 저술된 『서운관지(書雲觀志)』의 권1 앞부분에는 국초(國初)의 관직체계들을 정리하고 있는데, 그 내용을 간략히 정리하면 아래와 같다.

국초에 고려의 제도에 따라 서운관(書雲觀)을 설치했는데, 천문(天文), 지리(地理), 역수(曆數), 점주(占籌), 측후(測候), 각루(刻漏) 등의 일을 담당했으며, 판사(判事) 2자리, 정(正) 2자리, 부정(副正) 2자리, 승(丞) 2자리, 겸승(兼丞) 2자리, 주부(注簿) 2자리, 겸주부(兼注簿) 2자리, 장루(掌漏) 4자리, 시일(視日) 4자리, 사력(司曆) 4자리, 감후(監候) 4자리, 사신(司辰) 4자리가 있었다.[12]

『서운관지』 권1 앞부분에 서술된 국초의 관직체계에 따르면, 서운관에 소속된 관직들의 정원이 무려 34명으로 적혀 있다. 이는 1308년에 규정된 19명의 정원에 비해서 16명이나 많은 숫자이고, 『경국대전』에 규정된 26명의 숫자보다도 8명이 많다. 게다가 과거에는 존재하지 않았던 새로운 관직으로 겸승(兼丞) 2자리, 겸주부(兼注簿) 2자리가 추가되어 있다. 이들 자리가 겸직이므로 서운관에 할당된 관직이 비록 34명이라고 하더라도 정원이 갑자기 많이 늘었다고 보기는 어려운 측면이 있다. 『서운관지』가 19세기 초에 지어진 것이기에 국초의 관직체계에 대해서 정확하지 않은 정보를 서술할 가능성도 있지만, 그 정확한 사정을 파악하기는 어렵다. 1308년 이래로 『경국대전』에 이르기까지 서운관 관직체계의 변화 과정을 정리하면 〈표 4-1〉과 같다.

〈표 4-1〉 조선 초기 서운관 관직체계의 변화

품계	1308년		1362년		『서운관지』 권1 서문		『경국대전』 (1466)	
정3품	提點	겸관	判事		判事	2명	提調	2명
	令	1명	正		正	2명	正	1명
종3품	正	1명					副正	1명
종4품	副正	1명	副正		副正	2명	僉正	1명
종5품	丞	1명	丞		丞2, 兼丞2	4명	判官	2명

종6품	主簿	2명	主簿		主簿2, 兼注簿2	4명	主簿2 천문학 교수 1, 지리학 교수 1	4명
종7품	掌漏	2명	掌漏		掌漏	4명	直長	2명
정8품	視日	3명	視日		視日	4명		
종8품	司曆	3명	司曆		司曆	4명	奉事	3명
정9품	監候	3명	監候		監候	4명	副奉事 3, 천문, 지리 生徒 각 1, 명과 生徒 2	7명
종9품	司辰	2명	司辰		司辰	4명	參奉	3명
합계		19명		?		34명		26명

1466년(세조 12)의 관직체계 개편의 결과로서 『경국대전』에 수록된 관상감의 관직체계를 이전의 것과 비교해보면 다음과 같은 몇 가지 사실을 알 수 있다.

우선 관직명이 상당히 많이 변화한 점이다. 정3품 판사를 제조로, 종5품 승을 판관으로, 종7품 장루를 직장으로, 종8품 사력이 봉사로, 정9품 감후가 부봉사로, 종9품 사신이 참봉으로 명칭을 바꾸었다. (이때 종7품의 장루 관직은 누각을 관리하는 관직이기에 소속을 서운관에서 다른 곳으로 변경한 결과일 수도 있다.) 이러한 관직명의 변화는 한편으로는 고려시대부터 이어진 관직체계의 흔적을 탈각하는 의미도 있겠지만 다른 한편으로 세종 시대부터 시작되어 1466년경에 완료된 서운관 업무 자체의 변화를 반영하는 것이라고 생각된다.

아울러 새로운 관직들을 설치하였는데, 종4품이던 부정(副正)의 품계를 종3품으로 바꾸고 종4품의 첨정 자리를 신설하였다. 또한 종6품의 관직으로 천문학 교수와 지리학 교수를 신설하였으며, 정9품의 자리에 천문학 1인, 지리학 1인, 명과학 2인의 생도 자리를 설치하였다. 『경국대전』에는 앞에서 말한 바와 같이 모두 26자리의 관직들이 설치되었는데, 이들 모두가 항시적인 녹을 받는 실녹관직은 아니었다. 정확히 말하면 관상감에 규정된 이들 자리 중에서 판관 이상을 지낸 관원들 중에서 취배를 통해 1인을 선발하여 맡기는 '구임(久任)'과 교수, 훈도를 제외하고는 모두 체아직의 벼슬이었다. 『경국대전』의 관상감 조의 앞부분에 서술되어 있는 규정을 인용하면 다음과 같다.[13]

観象監

천문, 풍수[地理], 책력, 술수, 기상 관측, 시간 측정 등의 일을 담당한다. 제주가 2명이다

○ 취재시험에서 높은 점수를 받은 사람으로서 판관 이상 관원 중에서 1명을 '구임'으로 삼는다. 구임과 교수(敎授), 훈도(訓導) 이외의 관직은 모두 체아 벼슬로서 1년에 두 차례 도목을 진행한다. 주부 이상으로는 모두 과거시험의 합격자[出身]를 임명한다.

○ 천문학의 습독관(習讀官)은 10명으로서 종6품 벼슬에서 물러난 후 수령 취재시험에 합격한 사람을 수령으로 등용한다. 본업에 정통한 사람은 이습관(肄習官)이라 부르는데, 의학의 전함은 무록관의 예에 의거하여 서용한다.

(전직 관리일 때에는 녹봉 없는 관리의 규례에 따라 등용한다.)

○ 삼학(三學)에서 천문과 책력 등에 모두 정통한 사람은 특별히 정직의 벼슬자리[顯官]에 임명하여 그대로 근무하게 한다.

○ 금루(禁漏)는 30명인데 출근 일수가 많은 사람을 벼슬에 임명하여 종6품에서 벼슬을 물러나게 한다. 그대로 근무하는 사람은 서반의 종6품 체아 벼슬을 주나 한 자리밖에 없다.

○ 일월식술관에게는 특별히 서쪽 반열의 체아 벼슬 한 자리를 준다.

○ 맹과맹[命課盲]은 서쪽 반열의 9품의 체아 벼슬로 두 자리인데, 1년에 네 차례의 도목이 있어 돌아가면서 임명하며, 출근 일수가 400일이 차면 품계를 올려주되 천인 출신은 종6품에서 그친다.

위에서 서술된 "구임과 교수(敎授), 훈도(訓導) 이외의 관직은 모두 체아 벼슬"이라고 규정한 구절을 통해서 볼 때, 관상감, 즉 서운관 소속 관원들에게 부여된 관직들은 주로 체아직의 자리들이었으며, 체아직 제도를 활용하여 정원을 증설하거나 축소, 혹은 이전하는 방식은 조선 초기 이래 서운관(관상감)의 조직을 운영하는 주된 형식이었음을 알 수 있다.

실제로 관상감에 설정되어 있었던 정(正)과 첨정(僉正)에서 참봉에 이르기까지의 모든 녹관직은 원칙적으로 체아직으로 운영되었다. 체아직 제도는 기본적으로 6개월마다 근무 성과를 평가하여 녹을 받는 자리를 번갈아가면서 맡게 하는 제도로서, 적은 숫자의 녹관직 자리를 돌려가며 맡게 하여 자리 숫자보다 훨씬 더 많은 관원들을 기관의 휘하에 보유하고 관리할 수 있게 만드는 제도이다. 다시 말해, 체아직 제도는 서운관과 같은 기술직 관서들에서 한정된 자원, 즉 관료의 정원과 예산을 가지고서 보다 많은 전문기술 관료들을 기관 아래에 보유하고 고용하며 관리하기 위한 제도라고 할 수 있다.

서운관(관상감)의 체아직 제도는 관상감에서 이미 관직과 녹을 받은 관원들을 대상으로 할 뿐만 아니라 아직 관직을 제수받지 못한 전함(前銜)들을 보유하고 관리하는 제도이기도 하였다. 특히 전함들에 대해서는 특정 직임에 대해 6개월의 근무 성적과 시험 성적을 함께 평가하여 녹을 받을 수 있는 관직, 즉 체아직의 자리를 제수하는 것이다. 이러한 과정은 기본적으로 취재(取才)라고 지칭하는데, 『서운관지』에 따르면 6개월마다 이루어지는 도목정사(都目政事) 때에 녹이 없이 6개월을 근무한 이들을 대상으로 천문학 교재를 토대로 시험을 치루고, 성적 우수자를 천문학 8명, 지리학과 명과학 각각 2명씩을 선발한다. 이후 이들의 성적과 근무 일수를 따져서 정(正) 이하의 녹관직 자리를 맡게 하는 것이다.

한편 구임제도는 많은 관직들이 체아직인 관서에서 업무의 연속성을 확보하기 위해 두던 제도로 관상감의 구임제도도 같은 취지의 것이었다. 관상감의 구임은 임기가 보통 2년 반이었으며, 관상감 내의 제반 사무를 일선에서 감독·처리하는 핵심적인 보직이었다.

2절 태일산을 담당하는 습산국

태일산(太一算)은 앞서 말한 바와 같이 태일(太一)의 운행을 계산하여 미래를 예측하는 술법으로서 고려시대는 물론이고 최소한 조선 초기까지는 군대의 운용과 전쟁의 개시 및 수행에 반드시 필요한 학문으로 여겨졌다. 이 태일산에 대한 계산법을 운영하는 일은 태일성(太一星), 혹은 태일신(太一神)을 모시고 제사를 지내는 도교에서의 태일신앙과도 직접 연관되었을 것으로 짐작된다.

태일산의 중요성에 대한 인식이 조선 초기까지도 여전히 강하게 유지되고 있었음을 드러내는 대표적인 기록은 바로 1502년(연산군 8)에 호군(護軍) 최호원(崔顥元)이 올린 상소의 내용이다. 이 상소에서 최호원은 태일경(太一經)을 간행하고 전수시키는 일을 계속하게 하자면서 아래와 같이 말한다.

> 『태일경』은 본디 병가(兵家)를 위하여 만들어진 것인데, 후세 사람들이 둔갑(遁甲)·피병(避兵)·흥공(興工)·동토(動土)·출행(出行)·이사(移徙)하는 데 쓰며, 귀인(貴人)을 만나보고 알현(謁見)을 청하는 데서도 모두가 이에 의해 길(吉)한 데를 찾고 흉(凶)한 데를 피하게 되니, 진실로 한 가지 이치로 관통되어 있으며 천만 가지 일이 모두 근원하게 되는 것이니, 또한 국가의 성쇠(盛衰)와 동정(動靜)의 길흉(吉凶)이 관계되는 바입

니다. 삼가 생각건대, 이원무(李元茂)가 신에게 말하기를, "전조(前朝) 말기에 태일국(太一局)이 아직도 있었으며, 우리 조정에 이르러서는 지난 기해년에 대마도(對馬島)를 정벌할 때, 태일국의 관원 장보지(張補之)가 태사관(太史官)이란 칭호로 도원수(都元帥)를 따라 갔었습니다."[14]

지금도 군대의 이동 및 전쟁의 수행을 위해서는 날씨와 기후를 관측하고 예측하며, 시각을 정확히 측정하는 일이 중요한데, 이는 당시에도 마찬가지였을 것이다. 그런데 당시에는 군대의 이동과 전쟁의 수행 등에 필요한 예측의 업무를 태일의 학문, 즉 태일산의 관리가 담당하였던 것이다. 그런데 태일의 학문, 혹은 태일산은 병가(兵家)와 관련된 일만이 아니라 피병(避兵)·흥공(興工)·동토(動土)·출행(出行)·이사(移徙), 알현(謁見) 등 다양한 일에도 동원되었는데, 조선 초기까지 그러한 모습은 계속 지속되고 있었음을 알 수 있다. 그리고 이러한 태일의 업무를 수행하는 태일국(太一局)이라는 기관이 고려시대 말까지도 존재하고 있었다고 적혀 있다.[15]

『태조실록』에 따르면, 습산국은 1394년(태조 3) 12월 10일에 도평의사사(都評議使司)의 건의에 따라 설치되었다. 관련된 기사에 따르면, 도평의사사에서 건의를 올리기를, "태일산(太一算)은 병가(兵家)의 중요한 것이오니, 국(局)을 설치하여 강습하게 하고, 훈련관(訓鍊觀)에 소속시켜 때때로 고찰(考察)하게 하여, 재주가 있는 자는 무과(武科)를 보일 때에 함께 시험 보여서 뽑아 쓰게 하소서."라고 주청하였고 이것이 받아들여졌다.[16]

당시 습산국이 맡은 일은 앞에서 말한 병가와 관련된 일뿐만 아니라 날씨를 관찰하고 기록하는 일, 물시계를 운용하는 일, 병력(兵曆)의 계산 등 천문(天文)과 역법(曆法)을 맡은 서운관(書雲觀)의 직무와도 겹치는 업무를 함께 수행한 듯하다. 게다가 1402년(태종 2) 2월에는 태일산법을 익히는 생도들에 대한 교육을 서운관에서 담당하도록 명하였다.[17] 이처럼 습산국의 업무와 생도의 양성은 서운관의 업무와 겹치는 부분이 많았다고 생각된다.

한편 1417년(태종 17)에 이르면 습산국에서 나라의 운수를 점치는 일을 혁파시켰는데, 이는 습산국의 업무가 군사적 거병과 관련된 것이기에 한편으로는 국가의 운명을 점치는 것으로까지 확대되는 것을 금지하는 조치였던 것으로 보인다.[18]

『조선왕조실록』의 기록들을 토대로 습산국에 소속된 관직들을 정리해 보면 다음과 같다. 우선, 습산국에는 제조가 1명 규정되어 있었던 듯한데, '동부대언습산제조(同副代言習算局提調)'라고 지칭하는 것으로 보아 동부대언(同副代言, 정3품)이 습산국의 제조를 겸했던 것으로 보인다.[19] 습산국에는 제조 아래로 별감(別監) 6명이 있었는데 이들이 부사직(副司直)의 체아(遞兒) 1자리를 돌아가며 맡으면서 녹을 받았고, 다시 그 아래로 훈도(訓導) 2자리가 있었던 것으로 파악된다. 그리고 이들 별감과 훈도 아래에 생도(生徒)가 30명 정도 소속되어 있었던 것으로 보인다.[20] 1457년에 이르러 습산국에 소속된 이들 6자리의 별감과 2자리의 훈도는 통합되어 모두 훈도로 일컬어졌고, 그 결과 8명의 훈도가 부사직 체아 1자리를 돌아가면서 맡게 된 것으로 보인다.

한편, 『세조실록』의 기록에 따르면, 태일습산국 외에 태일역산관(太一曆算官)이라는 관직도 설치되어 있었으며, 그들의 원 정액은 6명이며 사직체아(司直遞兒) 1자리를 돌아가며 맡았던 것으로 보인다. 이들 태일역산관은 북쪽의 국경지역인 양계에서 병력을 추산하는 임무를 맡고 있었는데, 평화의 시기가 지속되어서인지 그 업무가 유명무실해져 두 업무가 중첩된다고 하면서 1457년에 이르러 혁파되어 습산국에 합속시키는 조치가 이루어졌다.[21]

『세종실록』에 따르면, 습산국에서는 매일 훈도 한 명이 날씨의 흐림과

맑음을 기록하여 매월마다 흐리고 맑은 날의 통계를 모아 보고를 하게 규정되어 있었는데, 1428년(세종 10)부터는 날씨를 기록하는 사람을 윤번하게 하고, 습산국 안에서 계산에 정밀한 자와 함께 정리하여 한 해 동안의 날씨를 책력(冊曆)과 같이 정리하여 보고하게 하였다.[22]

1430년(세종 12) 12월에는 상정소(詳定所)에서 여러 학의 취재 과목에서 규정되어 있는 경서(經書)와 기예의 항목을 정리하여 보고하였는데, 이때 『태일산』은 『무경칠서(武經七書)』, 『진도(陣圖)』, 『장감박의(將鑑博義)』 등의 서적과 함께 무학(武學), 즉 무과의 취재시험과목으로 다시 한번 지정되었는데, 동시에 음양학(陰陽學)의 취재 과목의 하나로도 동시에 지정되었다.[23] 음양학은 서운관에서 근무하는 관리를 뽑는 시험을 통칭하는 말이었으므로, 이러한 기사를 통해서 당시 『태일산』에 대한 교육과 생도의 선발, 취재가 습산국과 더불어 서운관에서도 동시에 이루어졌음을 알 수 있다.

한편, 1451년에 이르러 문종(文宗)은 태일의 병학(太一兵學)을 맡고 있는 습산국을 금루(禁漏)의 업무와 병합하자는 제안을 하였으나 여러 사람의 반대에 부딪혀서 과거와 같이 별도로 운영하는 방식으로 결정되었다.[24] 그런데 습산국에 대한 문종의 병합 요구는 세종 시대부터 시작된 천문학의 발전과 그에 따른 역산 업무의 새로운 변화와 확대에 따른 자연스런 결과인 것으로 보인다. 『세조실록』에 따르면, 1437년(세종 19)에 세종은 역산소(曆算所)를 별도로 설치하여 총민한 자를 10명을 생도로 뽑아서 역법 계산을 정밀히 수행할 수 있는 인재로 길러내게 하였는데, 그 결과 세월이 흐르면서 여러 관청에서 산술과 관련된 일이 있으면 역산소의 역산학관에게 맡기는 바람에 업무가 과중되어 역산에 대한 학습에 전념할 수 없게 되었다는 것이다.[25]

이는 결국 역산과 산학의 업무가 그동안 태일산법을 위주로 하는 습산국으로부터 『칠정산내외편』을 운영하기 위한 역법 계산 위주로 하는 역산소로 그 중심이 변화하게 되었으며, 습산국의 태일병학의 업무는 유명무실해지기 시작하였음을 의미한다. 앞에서 살펴본 바와 같이, 평안도와 함길도에 파견되어 병력을 계산하는 일을 맡았던 태일역산의 업무도 이미 1457년에 폐지되었는데, 이러한 일도 태일의 병학이 실질적으로는 조정에서 더 이상 역할을 맡을 것이 없게 되었음을 말해준다. 이러한 변화의 결과 1463년(세조 9)에 이르러 습산국은 혁파되었으며, 여기에 소속되어 있었던 30명의 생도들 중에서 18명은 호조에서 회계와 관련된 수학을 익히는 산학중감(算學重監)으로 이속되었고, 나머지 생도 12명은 기타 관서에 배속되었다.

사실 이때 습산국에 소속된 30명의 생도 중에서 호조로 이속된 18명 외에 나머지 12명의 생도는 역산학관(曆算學官)으로 이속시키려고 하였다. 하지만 역산학관의 제조가 이들 12명의 생도를 역산학관에 배치하면 애초 역법을 권장하여 진흥시키고자 양반 자제들을 역산학도로 선발하고자 한 의도와 어긋나게 된다면서 반대하여, 12명의 생도는 기타 관서들에 분산하여 배속하게 된 것이다. 이러한 내용들을 보건대, 세종 시대로부터 진행된 역산학의 강화와 태일역산의 유명무실화로 인해, 습산국과 그에 소속된 관원들의 위상이 이미 저하되어 경시되고 있었음을 보여준다. 결국 1463년의 조치로 습산국은 그 주된 업무가 호조로 이속되었는데, 여기에 소속되어 있었던 생도 18인은 앞서 말한 바와 같이 호조의 산학중감에 배속되었지만, 그 위의 관직인 훈도 8인의 자리가 어디로 이속되었는지는 지금으로서는 정확히 알 수가 없다. 짐작건대 이 훈도 8인의 자리는 1466년(세조 12)의 관제 개편을 통해서 관상감(觀象監)으로 이속되었을 것이다.

3절 도관(道觀)의 통폐합과 소격서로의 일원화

조선 전기에는 서운관과 습산소 외에 정부의 조직 내에서 술수문화의 또 다른 중심으로 소격서가 존재하였다. 소격서는 고려시대로부터 이어져오던 도교(道敎) 신앙의 보존과 도교 의식(儀式)을 위하여 설치한 관서인데, 조선 초기에 이르러서는 주로 도교의 재초(齋醮)를 주로 거행하는 기관으로서 그 역할이 한정되었던 듯하다.

조선왕조는 개창된 직후인 1392년(태조 1) 11월에 고려 때의 재초를 수행하던 여러 도관들인 복원궁(福源宮)의 신격전(神格殿)과 구요당(九曜堂)의 소전색(燒錢色), 태청관(太淸觀)의 청계배성소(淸溪拜星所) 등을 모두 폐지하였는데, 그러면서 이들 폐지된 도관들에서 진행하던 초재를 개성의 소격전(昭格殿)에 통합하고 일원화하였다.

이후 한양으로 천도가 이루어진 이후인 1396년(태조 5) 정월에 좌우도(左右道)의 정부(丁夫) 200인을 징발하여, 지금의 서울시 종로구 삼청동 자리에 소격전을 새롭게 조성하였는데, 이는 개성에 있는 소격전을 서울로 이전하는 작업이라고 볼 수가 있다. 그런데 이렇게 소격전을 한양으로 이전하는 과정에서 고려시대로부터 내려오던 여러 도관들을 다시 소격전을 중심으로 통합하는 조치가 진행되었는데, 그 대표적인 조치로서 1397년(태조 6) 8월에 태일신을 모시는 태일전(太一殿)을 혁파하여 소격전에 통합하는 작업이 이루어졌던 것이다.[26]

당시 이와 같은 도관들의 대대적인 폐지를 단행한 명분으로 "도가(道家)에서 별에 제사지내는 초제(醮祭)는 간략하고 엄격히 함을 소중히 여겨 정성스러움과 공경함을 다하여 업신여기지 아니하여야 될 것인데, 고려 왕조에서는 초제(醮祭)의 장소를 많이 두고서 업신여기고는 전일(專一)하지 않았다."는 논리를 내세웠다.[27] 즉, 초제의 장소를 한군데로 집중하는 것이 도교의 천신(天神)들을 더욱 공경하게 모시는 조치라는 것이다. 하지만 이러한 조치의 이면에는 유교 성리학을 중심으로 조선 사회를 재구성하기 위해 도교 세력을 약화시키려고 하는 새로운 집권 세력의 의도가 반영된 것이라고 볼 수 있다.

조선 개창 이후에 비록 여러 도관들이 철폐되고 소격전으로 통합되었지만, 태조를 비롯한 국왕들과 왕실 인사들은 여전히 소격전에 행차를 계속하였고 제관(祭官)들을 보내 초재를 지내는 일을 빈번하게 진행하였다. 그와 관련해서 아래의 두 사건은 소격전이 조선 초기에 국왕과 왕실에게 어떠한 의미를 지니는 곳이었는지를 짐작하게 하는 예이다.

우선 1394년 8월에 태조는 한양 천도(遷都)를 결심하고 그에 대해서 여러 재상들에게 견해를 구하였다. 하지만 논의의 결과 반대의 의견이 우세하자 태조는 "내가 개경으로 돌아가 소격전에서 의심을 해결하겠다."라고 말하면서 한양으로의 천도를 강행하였다.[28] 태조에게 소격전은 이처럼 하늘의 뜻, 혹은 천신의 뜻을 확인하거나 혹은 천명(天命)의 품부(稟附)를 드러내는 장소였으며, 이를 통해 한양으로의 천도를 결심하게 된 장소였다.

이어서 『태조실록』에 따르면, 제1차 왕자의 난(1398년 8월)이 진행되던 와중에 정안군(靖安君)의 형인 영안군(永安君)은 "임금을 위하여 병을 빌어 소격전(昭格殿)에서 재계(齋戒)를 드리고 있었다." 『태조실록』은 왕자의 난의 와중에서도 소격전에서 천신에게 부왕인 태조의 안위를 기원한 영안군의 '덕'을 강조하면서 그가 태조의 왕위를 잇는 세자로 추대되었던 일을 분식하고 있는 셈이다. 비록 실권자인 정안군에 의해 추대되었지만 영안군은 이듬해인 1399년에 부왕에 이어 왕위를 잠시 동안 이어받을 수 있었다. 이처럼 『태조실록』에 남아 있는 기사들을 통해서 소격전이 국왕과 왕실의 안위를 비는 주요한 장소였으며, 나아가 당대인들에 의해 소격전에 행차하여 천신에게 뜻을 묻고 비는 행위가 정치적으로 어떠한 의미를 지닌 것으로 인식되었는지 짐작할 수가 있는 것이다.

소격서에서 거행하였던 재초란 도교의 행사로서 주로 천신들에게 제사를 지내는 행사를 의미한다. 초재, 혹은 제초를 엄밀하게 구분하여 말하면, 재(齋)는 흉사(凶事)를 피하거나 감소하기 위해서 지내는 제사이고, 초(醮)는 길사(吉事)를 기원하기 위해서 지내는 제사를 의미하였다. 고려시대 이래 왕실에서는 도교의 재초를 통해서 천재지변이나 전란 등의 재앙을 피하고 국가에 안녕을 가져오기를 빌었으며, '우순풍조(雨順風調)', 즉 풍우가 순하게 내리고 화기(和氣)가 충만하여 백성들이 기뻐하고 나라가 풍요롭게 해달라고 기원하였으며, 민간에서는 질병을 치료하고 수복(壽福)을 향유하며 죽은 자의 영혼을 구제할 것을 빌었다. 이러한 재초의 행사는 조선시대에 들어와서도 계속 행해졌으며, 특히 왕실을 중심으로 도교의 신들인 천신(天神)들에 대한 제사가 지속되었다.

조선의 소격전에는 삼청전(三淸殿)과 태일전(太一殿), 직숙전(直宿殿), 십일요전(十一曜殿)이 있었으며, 각 전마다 모시는 천신들의 영험(靈驗)에 맞추어 초제(醮祭)를 지냈다. 이 중에서 삼청전에서는 삼청(三淸)의 성신(星辰)들인 옥황상제, 태상노군(太上老君), 보화천존(普化天尊)을 현현한 남자 모습의 신상(神像)을 모시면서 제사를 지냈다고 한다. 또한 태일전(太一殿)은 태일성, 혹은 태일신을 모시면서 제사를 지내는 곳이었는데, 앞의 장에서 살펴본 바와 같이 고려 후기에는 이 태일에 대한 신앙이 더욱더 강화되었다. 태일(太一)은 상천(上天)의 중심에 있는 별자리로서 하늘의 모든 별자리와 신들을 관장하는 존재라고 여겨졌다. 태일전에는 이 태일신뿐만 아니라 북두칠성(北斗七星)을 비롯한 여러 별들에 대해 제사를 아울러 지냈다.

태일에 대한 신앙은 이미 중국의 진나라 시대에서부터 시작되었는데,

진나라를 이은 한나라에서도 전대의 의례를 계승하여 오제(五帝)에 대해 제사를 지냈으나, 무제(武帝) 때에 이르러서 태산에서의 봉선(封禪) 의식이 강화됨과 더불어 태일(太一)이라는 신격에 대한 제사가 새롭게 추가되면서 하늘에 대한 제사가 보다 강화되었다. 『사기』 천관서(天官書)에 의하면, 태일은 천극성(북극성)의 가장 밝은 곳에 거하며 오제와 북두(北斗), 일월(日月)을 통괄하는 천신으로서 『사기』 봉선서에 "볼 수는 없지만 직접 인간계에 내려와 말을 전하는 존재"로 묘사되고 있다. 천신에 대한 도교적 숭상의 성격을 지니고 있었던 태일에 대한 신앙은 이후 차츰 유교가 지배적 정치사상으로 확립되면서 유교적 경전에 근거한 하늘에 대한 제사 의례로 정비되었는데, 그러면서 제천의 대상도 오제와 태일에서 천(天) 자체로 바뀌었고 장소도 장안(長安)의 남교로 정해졌다. 이로써 매년 정월에 천자가 남교(南郊)로 가서 하늘, 즉 천(天)에 제사를 지내고 북교(北郊)로 가서 지신(地神)에 제사를 지내는 교사(郊祀)의 형식이 확립되었다. 그리고 이와 같은 천신과 지신에 대한 교사에서의 제사는 고려왕조에서 계속 진행되었으며 유교적 이념을 표방한 조선왕조가 성립한 이후에도 한동안 지속되었다.

소격전에는 이 외에도 여러 전각(殿閣)에서 사해용왕(四海龍王)과 명부십왕(冥府十王) 등을 모시며 제사를 진행하였는데, 이러한 신앙과 제사를 위해서 도류(道流)라고 칭해진 관리들이 소속되어 있었으며 그들은 백의(白衣)와 오건(烏巾)을 착용하여 영보경(靈寶經) 등 경문(經文)을 외우며 치성을 드렸는데, 축원하는 글을 푸른 종이에 써서 불사르는 등 의식의 절차는 엄숙하고 복잡하였다고 한다.

한편, 조선의 소격전은 다시 1466년(세조 12)의 관제 개편 때에 이르러 소격서(昭格署)로 개칭되었는데, 이와 더불어 그 규모도 다시 축소된 것으로 보인다. 1466년 무렵까지의 관제 개편의 결과를 담고 있는 『경국대전』

에는 소격서가 종5품 관청으로서 규정되어 있고, 그 앞머리에 "삼청이라고 하는 별들에 지내는 제사를 담당"하는 관서라고 규정되어 있다.[29] 소격서에는 제조(提調)가 1명, 종5품인 영(令)이 1명, 6품인 별제가 2명(한 명은 정6품, 한 명은 종6품), 종9품인 참봉 2명이 소속되어 있었다. 이들 중에서 영(令)이나 별제는 모두 문관으로 임명하도록 규정되었다.[30] 이들 외에 잡직(雜職)으로 종8품 상도(尙道)와 종9품 지도(志道)가 각 1인씩 규정되어 있었는데, 이들에 대해서 『경국대전』에서는 아래와 같이 서술하고 있다.

> 도류(道流)가 15명인데 4품에서 벼슬을 물러나는데, 근무는 서반체아로 6품 1자리, 8품 1자리, 태일전(太一殿)의 참봉자리 1자리로 서용한다. 둔갑도류(遁甲道流)도 8명인데 서반체아로 8품에 1자리, 9품에 1자리로 서용한다. 그중에서 공적이 있는 사람을 승급시켜 임명한다.[31]

즉, 소격서에는 잡직으로 도류 15인과 둔갑도류 8인이 소속되어 있었는데, 이들 중에서 도사 15인은 6품과 8품의 서반체아직 각 1자리와 태일전 참봉자리 1자리를 돌아가면서 맡으며 임무를 수행한다. 또한 둔갑도류 8인은 또 다른 8품과 9품의 서반체아직 각 1자리를 돌아가면서 맡는다. 그리고 이들 중에서 공적이 있는 사람을 승급시켜서 녹관직인 종8품 상도(尙道)와 종9품 지도(志道)의 벼슬을 내렸다.

또한 서원(署員) 이외에 도학 생도(道學生徒)가 10여 인 있었고, 금단(禁壇)을 낭송시키고 『영보경(靈寶經)』을 읽혔으며, 과거는 『연생경(延生經)』, 『태일경(太一經)』, 『옥추경(玉樞經)』, 『진무경(眞武經)』, 『용왕경(龍王經)』 가운데 3경을 골라서 시행한다고 되어 있다.

소격서의 초제에 직접 참여하였던 성현(成俔)은 『용재총화(慵齋叢話)』에서 그 내용을 소개하고 있는데, 그에 따르면 소격서에는 태일전(太一殿)과 삼청전 및 내외제단(內外諸壇)이 있어서 옥황상제를 비롯한 수백 개의 신위(神位)와 상(像)들이 마련되어 있고, 헌관(獻官)과 서원(署員) 및 도류(道流, 조선의 도사)들이 분담하여 재초를 집행하였다 전한다.

4절 사원과 소격서의 철폐, 술수문화의 비판 및 술수 기관의 통폐합

사실 조선은 고려 말 이래 성장해온 신진 유학자들이 중심이 되어서 세운 나라라고 할 수 있다. 이들 신진 유학자들은 새롭게 성리학(性理學)을 자신들의 새로운 학문과 이념으로 내세우며, 성리학의 이상을 토대로 조선 사회를 새롭게 건설하고자 하였다. 그 결과 그들은 성리학의 관념을 토대로 정치사상 외에 종교와 사회문화에까지 비판의 논의를 확대하였으며 과거 고려시대로부터 이어져 내려오던 종교와 관념 그리고 술수문화들에 대해 광범위한 사상적, 사회적 비판을 진행하였다.

이러한 맥락에서 조선 초기의 유학자들과 정부는 우선 불교를 대상으로는 강력한 억불정책을 시행하였는데, 바로 정도전(鄭道傳)의 『불씨잡변(佛氏雜辨)』으로 대표되는 불교사상에 대한 대대적인 비판과 불교 사원의 대폭적인 축소와 정리 작업이 그것이었다.

『태종실록』과 『서운관지』에 따르면, 1406년 무렵에 이르러 조선 정부는 전국에 산재한 수만 개의 사찰들을 대폭 축소하여 조계종 70개, 천태종(天台宗)과 소자종(疏字宗), 법사종(法事宗)은 합하여 43개, 화엄종(華嚴宗)과 도문종(道文宗)은 합하여 43개, 자은종(慈恩宗) 36개, 중도종(中道宗)과 신인종(神印宗)은 30개, 남산종(南山宗)과 시흥종(始興宗)은 10개 등 총 192개의 사찰을 제외한 나머지의 사찰을 모두 철폐하고, 소속된 토지와 노비를 일정 수만을 남겨놓고서 모두 몰수하는 조치를 발표한다. 즉, 수만 개의 사찰들을 혁파하여 단지 192개만 남겨놓고, 이들 수많은 사찰들에 소속된 토지를 몰수하고 노비도 양민화하는 혁명적인 조치를 취하였던 것이다.

그런데 흥미로운 점은 이 사원 철폐의 조치가 처음 주청된 기관은 『태종실록』과 『서운관지』에 따르면 서운관이라는 점이다. 『태종실록』에 따르면, 우선 1402년(태종 2) 4월에 서운관에서 아래와 같이 기록되어 있다.

> 선교(禪敎)의 각종(各宗)은 전지와 백성이 있는 절을 다투어 가지려고 하여 비보(裨補)의 문부(文簿)에다 등재(登載)하기를 청하고, 중의 무리들은 그 전조(田租)를 거두고 노공(奴貢)을 거두어 중에게는 이바지하지 않고 살찐 말을 타고 가벼운 옷을 입게 되었으며, 심한 자는 주색(酒色)에 빠져 그 욕심이 세속의 배가 되었습니다. 그렇다면 절이 비록 수천이 되고, 중이 수만 명에 이른다 하더라도 그들이 하는 바가 이와 같다면, 비록 불도(佛道)에 혹시 나라를 편안케 하는 이치가 있다 하더라도 어찌 일호(一毫)의 보탬이 있겠습니까?[32]

수많은 사찰을 철폐하고 사사전(寺社田)을 혁파하여 군자(軍資)로 소속시킬 것을 주장하는 상소를 올렸던 것이다.[33]

이후 불교와 사원에 대한 비판이 이어지고, 결국 1406년 3월에 의정부에서 "선교(禪敎) 각 종파(宗派)를 합하여 남겨둘 사사(寺社)를 정하도록 청하여 아뢰었다."고 하면서 앞서 서술한 192개의 사원 외에 모든 사원들을 철폐하고 소속된 토지들을 몰수하는 조치가 이루어진다.[34] 이 외에도 국왕이 죽으면 후궁 등의 왕실 여인들이 비구니로 들어가서 기거하던 인수원을 혁파(1661)한 사실 등도 기록되어 있다.

이와 더불어 태종대와 세종대에 이르러서 도교와 술수문화에 대한 비판이 차츰 강하게 등장한다. 특히 음양설과 풍수설, 풍수지리(風水地理) 이론에 대해서는 국왕들이 비판하면서 풍수서를 불태우는 조치들이 계속 진행된다. 예를 들어, 1417년에 태종은 서운관뿐만 아니라 서울과 지방에 소장하고 있는 요사스럽고 허황된 서적들을 관가에 바치도록 하여 불태우라고 명하였다는 기록이 그것이다.

> 이조판서(吏曹判書) 박신(朴信)이 아뢰기를, "음양가(陰陽家)가 제가(諸家)의 장서(葬書)[35]를 모으자 기이한 이론이 벌떼같이 일어나서 백성을 속이고 어지럽히고 있습니다. 청컨대 서운관에 명하시어 장서를 모두 모아 크게 요긴한 것들만 추리고 그 밖의 괴이한 서적들은 모두 없애게 하십시오." 하니, [임금이] 좌의정 박은(朴訔)[36]과 지신사 조말생에게 명하여 서운관에 가서 음양서(陰陽書) 중에서 요사스럽고 허황되어 도리에 어긋나는 것을 찾아서 모두 불사르게 하였다.[37]

이처럼 풍수지리와 관련된 장서(葬書)들을 수거하여 불태우는 일 외에도 태종은 1418년에 성녕대군의 장사 날짜를 잡는 과정에서도 아래 인용문에서 보는 바와 같이 음양가들의 말을 따르는 것을 거부하였으며, 서운관으로 하여금 음양술수나 사주의 길흉을 따지면서 날짜 잡는 일을 행하지 말 것을 명하기도 하였다.

> "무릇 사람이 장수하고 요절하는 것은 하늘이 정한 바이다. 이제 내가 성녕(誠寧)[38]의 장사는 '석 달의 제도'를 따라 행하려 하는데, 서운관은 음양의 금기에 얽매여서 '4월에는 오직 초닷샛날이 조금 길하나 태세(太歲)[39]가 내 본명(本命)에 압(壓)이 된다.'[40] 하여 내년 정월 초나흗날

로 다시 잡았다. 그러나 나는 이 말을 믿지 않는다. 이미 지난 일을 가지고 말하자면, 신미년(辛未年, 1391, 공양왕 3)에 선비(先妣)[41]께서 편찮으시어 내가 일찍부터 곁에서 모셨으나 끝내 상(喪)을 당하여 날을 잡아 장사지냈는데, 이 해는 나에게 태세압이 되는 해였다. 무자년(戊子年, 1408, 태종 8)에 우리 태조께서 안릉(安陵)하신 날은 상왕(上王)의 본명(本命)에 압(壓)이 되는 때였다. 또 내가 즉위한 이후로 혹 하천이 마르기도 하고 바다가 붉어지기도 하며 돌이 절로 이동하기도 하는 등 여러 괴이한 일이 많았는데, 점서(占書)에서는 혹 임금이 바뀔 조짐이라고도 하였다. 그러나 내가 이제까지 재위한 18년 동안에 오히려 흉해(凶害)가 없었으니, 이것은 다 [점서를] 믿을 수 없음을 말해주는 명백한 증험이다."

한편, 세종대에는 궁성(宮城)의 지맥을 보(補)할 것을 청하는 풍수가의 말을 물리치는 일이 있었는데, 1444년에 풍수를 잘한다고 말하는 자가 궁성의 북쪽 길을 막고서 안의 가산을 만들어서 지맥을 보하고 또한 서울 안의 하천과 도랑에 더러운 물건을 버리는 것을 금하여 명당의 물을 맑게 할 것을 주장하였다. 여기에 대해서 집현전(集賢殿) 교리(校理) 어효첨(魚孝瞻)[42]이 상소하기를, "전하께서는 천명(天命)으로 주맥(主脈)을 삼고 민심(民心)으로 안대(案對)를 삼아서, 민심이 험악하지 않는가를 늘 살펴보고 두려워하시며, 더욱더 정교(政敎)를 닦고 밝히소서."라고 하면서 풍수 사상에 빠져서 궁성에 공사를 행하는 것을 반대하였다. 그러자 세종은 "어효첨의 논의가 정직하니 내가 그 글을 보고 마음으로 감동하였다."고 하면서 '마침내 술자(術者)의 말을 채용하지 않았다.[43]

풍수에 대한 비판과 더불어 무당과 중을 동원하여 굿을 하거나 비 내리기를 비는 행위에 대한 비판도 등장하는데, 일례로 1413년에 가뭄이

심하게 지속되며 비가 내리지 않자 김여지(金汝知) 등이 중과 무당 등을
동원하여 신명에게 제사를 지내자고 주청하자, 태종은

> "예로부터 홍수와 가뭄의 재앙은 모두 임금의 부덕(不德)이 부르는 바
> 인데, 이제 중과 무당을 모아서 비를 비니 부끄럽지 않은가? 나는 비를
> 비는 제사를 그만두고 사람의 일을 닦는 것이 옳다고 생각한다. 내가
> 성인의 글을 대강이라도 읽어서 중과 무당의 거짓됨과 허망함을 아는
> 데, 이제 도리어 잘못된 도(道)에 의지하여 하늘의 은택을 바라는 것이
> 옳겠는가?"

라고 하여 거부하면서, 만약 중들을 동원하여 빌고 난 뒤에 비가 내리면
석가의 힘으로 비가 내리게 되었을 것이니, 유학자인 "경들이 부처를 헐
뜯지 못할 것이다."고 말하였다. 태종은 스스로 "가뭄의 재앙이 모두 임
금의 부덕(不德)이 부르는 바"라면서 유교적인 재이관을 토대로 중과 무당
을 모아 비를 비는 모습을 비판하기 시작한 것이다.

 풍수와 더불어 음양학의 대표적 분야인 사주추명에 대해서도 비판이
이루어지기 시작한다. 예를 들어 1467년(세조 13) 3월에 서거정(徐居正)[44]
이 왕명을 받아 『오행총괄(五行總括)』을 지어 바쳤는데, 세조가 서거정에
게 "경(卿)은 녹명(祿命)을 어떻게 생각하는가?"라고 질문을 하였고, 서거
정은 아래와 같이 대답하면서 사주성명학의 원리를 비판하였다.

> "연월일시(年月日時)로 유추하면 명(命)의 사주는 51만 8천 4백에서 다
> 하고 더는 없는데, 천하가 번성할 때의 호구(戶口)는 5천 6만이나 되니,
> 억조로 많은 무리가 어찌 51만 8천 4백에서 그칠 뿐이겠습니까? 사람
> 의 고유한 사주(四柱)가 다 같아도 화복(禍福)은 서로 같지 않으니, 녹

명(祿命)의 글은 믿을 만하지 않습니다. 어떤 사람은 '이순풍(李淳風)과 소요부(邵堯夫)[45]는 말한 것마다 맞지 않는 것이 없으니, 어찌 죄다 그르게 여길 수 있겠느냐.'고 하나, 이순풍과 소요부 등은 그 마음이 본디 허령(虛靈)하기가 거울의 밝음과 같으므로 길흉과 화복이 절로 밝혀져 피할 수 없었으니, 후세의 술사가 한갓 51만여 개의 사주로 억조나 되는 사람의 명(命)을 추단하는 것과 같은 것이 아닙니다."[46]

세조는 "경의 말이 옳다."고 하면서 사주 추명에 대한 비판을 수용하였다.

한편 풍수와 술수문화에 대한 비판이 이루어짐과 더불어 차츰 도교의 초제에 대한 비판적 태도로 차츰 등장하기 시작하는데, 예를 들어, 1417년 11월 17일 예조 참판(禮曹 參判) 허조(許稠)가 좁은 소격전(昭格殿)을 고쳐 짓도록 청하였는데, 태종이 말하기를,

"내가 불법(佛法)을 깊이 알지 못하기 때문에 믿지도 않고 훼방도 하지 않고 하는 대로 내버려 둔다. 지금 천제(天帝), 성신(星晨)에게 초례(醮禮)를 행하는 일도 또한 그 실지 이치를 알지 못한다. 그러나 역대 제왕과 지금의 중화(中華)와 고려국의 왕씨(王氏)가 모두 이 예가 있었기 때문에 일찍이 예조(禮曹)와 제조(提調) 김첨(金瞻) 등에게 명하여 예전 문적을 밝게 상고하여 그 사전(祀典)을 정하고, 번잡하고 허위인 것은 버리게 하였다. 만일 좁은 곳이 있거든 내년 봄을 기다려서 고쳐 지으라."[47]

라고 하면서 소격전의 수리를 연기하였던 것이다. 이는 소격전에서 이루어지는 천신들에 대한 제사가 역대로부터 중국과 고려에서 행하였기 때

문에 따를 뿐이지, "그 실제의 이치는 알지 못하"면서 관행처럼 행하는 조치라고 인식되었다는 것이다.

이러한 일에도 불구하고 소격전에서 초제는 계속 이루어졌는데, 가뭄이 들어 기우(祈雨)를 행하거나 혹은 비가 많이 와서 날이 개기를 기원하는 초제(1459년 6월)와 뇌변(雷變)이 심하게 일 경우에도 초제를 행하여 재변이 그치기를 기원하였다(1468년 6월).

하지만 성리학이 확산되면서 도교와 소격서에서 이루어지는 초제에 대한 비판이 보다 강력하게 제기되었고, 특히 신진 유학자들은 소격서의 폐지를 강하게 요구하기 시작하였다. 1466년(세조 12)에 소격전이 소격서로 격하되고 축소된 것도 그러한 비판의 결과라고 할 수 있을 것이다.

특히 연산군과 중종 2대에 걸친 시대에는 소격서의 혁파 문제를 둘러싸고 국왕을 중심으로 하는 왕실과 유학자인 신하들 사이에 극심한 대립이 벌어지기도 하였다. 그러한 비판의 결과 연산군 때에는 소격서가 일단 형식적으로나마 혁파되었으나, 소격서에서는 천신의 위판들이 여전히 보존되고 있었고 초제도 계속 집행되었다.

연산군을 몰아내고 중종이 왕위에 오른 이후 소격서의 혁파 문제가 본격적으로 거론되어 논란이 계속되었다. 조광조(趙光祖)를 선두로 한 신진 사류들은 소격서의 혁파를 중종에게 강력히 요청하였으나, 중종은 조종(祖宗)대 이래로 지켜 내려온 제도이므로 경솔하게 없앨 수는 없다면서 거부하였다. 이에 신진 사류들은 "도교는 세상을 속이고 세상을 더럽히는 좌도(左道)", 즉 이단이고, 또한 소격서에서 지내는 하늘에 대한 제사는 천자만이 할 수 있는 일인데 일개 제후인 조선의 국왕이 행하는 것은 예에 어긋난다고 하면서 소격서의 철폐를 주장하였다. 이와 같은 쌍방의 완강한 대립으로 인하여 심지어 과거(科擧)의 시행까지 어렵게 되자 중종은 1518년에 결국 뜻을 굽혀 소격서의 혁파에 동의하게 되었다. 이때 소격서에서 사용하던 제복(祭服)과 제기(祭器), 신위(神位) 등은 모두 땅에 파묻혔다.

하지만 다시 그 이듬해인 1519년(중종 14)에 조광조를 위시한 신진 사류들이 기묘사화로 숙청되었는데, 신진 사류의 비판이 사라진 이후인 1525년에 중종은 모후(母后)의 병중 간청이라고 하면서 소격서를 부활시키고 초제와 기도를 다시 행하게 하였다. 결국 소격서는 이때 부활하였으나 유학자들의 비판은 계속 이루어졌고 결국 1592년(선조 25) 임진왜란 뒤에 완전히 폐지되었다.

소격서의 축소와 철폐의 과정이 진행됨과 더불어 1466년 무렵에 이르러서는 앞에서 살펴본 태일습산국의 술수 관련 업무가 서운관으로 통합되고, 서운관이라는 이름이 관상감으로 개칭되는 작업이 일어났다. 사실 조선 전기에는 술수문화를 담당하는 기관이 서운관 하나만이 아니라 소격소와 습산국 등의 관서들이 존재하였기에, 이들 기관에서는 관련된 업무가 중첩되기도 하였으며 소속 관리를 선발하는 취재의 과목 또한 기관별로 중첩되기도 하였다. 이러한 상황을 잘 보여주는 기사가 1430년(세종 12)에 상정소(詳定所)에서 올린 여러 학의 취재에 규정된 경서들과 기예들에 관한 규정에서 음양학과 성명복과에 관련된 부분이다.

음양학(陰陽學):

천문은 『보천가(天文步天歌)』, 『선명보기삭보교회(宣明步氣朔步交會)』, 『수시보기삭보교회(授時步氣朔步交會)』, 『태양태음(太陽太陰)』, 『금성(金星)』, 『목성(木星)』, 『수성(水星)』, 『화성(火星)』, 『토성(土星)』, 『사암성보중성(四暗星步中星)』, 『태일산(太一算)』이요,

성명복과(星命卜課)는 『주역점(周易占)』, 『육임점(六壬占)』, 『성명서(星命書)』, 『대정삼천수(大定三天數)』, 『범위수(範圍數)』, 『자미수(紫微數)』, 『황

극수(皇極數)』, 『원천강오행정기(袁天綱五行精紀)』, 『전정역수(前定易數)』,
『응천가(應天歌)』, 『오총귀(五摠龜)』, 『삼신통재란(三辰通載欄)』, 『강강관
매수(江綱觀梅數)』, 『해저안(海底眼)』, 『벽옥경(碧玉經)』, 『난대묘선(蘭臺妙
選)』, 『금연신서(禽演新書)』, 『삼거일람(三車一覽)』, 『지리대전(地理大全)』,
『지리전서(地理全書)』, 『천일경(天一經)』, 『영경(靈經)』이다.[48]

여기에 따르면, 1430년 무렵에는 음양학이라는 과목 아래에 크게 천문
(天文)과 성명복과(性命卜課)의 두 가지 하위 분과를 설정하였고, 다시 천
문 분과 아래에는 천문역산(天文曆算)과 태일산이 같은 영역에 묶여 있음
을 알 수 있다. 또한 성명복과 아래에는 점복와 성명학(性命學)과 더불어
풍수지리학의 과목들이 하나로 묶여 있음을 알 수 있다.

1430년 무렵에 나누어진 이런 식의 분류는 이후 몇 차례의 논의를 거
쳐서 1466년(세조 12) 1월의 관제 개정[更定官制]을 통해 과거 음양학으로
통칭되던 분야는 새롭게 천문학과 지리학, 명과학의 삼학(三學)으로 개편
되었으며,[49] 이 삼학이 서운관(書雲觀)의 새로운 명칭인 관상감(觀象監)의
하위 분과로 확정되었다.[50]

> 풍수학(風水學)은 지리학(地理學)으로 이름을 고쳐서 교수·훈도 각각
> 하나씩을 두었다. 천문학(天文學)은 교수·훈도 각각 하나씩을 두고 음
> 양학(陰陽學)은 명과학(命課學)으로 이름을 고쳐서 훈도 둘을 두었다.
> 한학(漢學)은 교수 둘, 훈도 넷을 두고 몽학(蒙學)·왜학(倭學)·여진학(女
> 眞學)은 훈도 각각 둘씩을 두었다.[51]

이러한 삼학으로의 개편 과정에서 흥미로운 점은 과거 서운관에 명확
하게 소속되지 않았던 풍수지리학이 지리학(地理學)이라는 이름으로 관

상감의 업무에 통합되었으며, 성명학이나 추명학이 명과학(命課學)으로 이름이 변경되어 천문학의 업무와 분리되었다는 점이다. 이러한 변화와 더불어 과거 태일산의 업무를 담당하던 습산국의 업무 일부도 관상감으로 통합이 된 듯한데, 이를 위해 습산국의 정원 중 훈도의 자리 일부가 관상감에 이속되었다고 짐작된다.

이러한 변화는 1466년에 편찬된 『경국대전(經國大典)』에 그대로 반영되어 관상감의 업무 규정으로 남았다.[52] 이러한 이유로 우리는 『고려사』(1451)에 서술된 고려 서운관의 업무 범위(掌天文, 曆數, 測候, 刻漏)와 『경국대전』(1466)에서 규정된 관상감의 업무 범위(掌天文, 地理, 曆數, 占算, 測候, 刻漏 等事)의 차이를 확인할 수 있다.[53] 결국 『경국대전』의 관상감 조목은 고려 말에서 성종대 초기의 시기 동안 풍수지리나 점후와 관련된 업무가 관상감에 통합되었거나 혹은 추가된 상황을 반영하고 있는 것이다.[54] 즉, 고려시대 이래로 이어지던 여러 술수 기관들의 업무는 세종대와 세조대를 거치면서 관상감으로 통폐합되었다고 볼 수 있다.

5장

조선시대 관상감과 관료 술사

조선시대 사람들은 삶의 다양한 국면에서 점쟁이와 지관(地官), 무당을 찾아가 일종의 '종합적인 과학, 보건의료 서비스' 받았으며, 이를 통해 현세적 삶의 고난을 극복하고 미래에 대한 희망을 얻었다. 이러한 술수문화의 영위는 열악한 삶의 조건 속에 놓여 있었던 하층부 민중들에게만 한정되는 일이 아니었다. 술수문화의 영위는 오히려 왕실과 사대부 양반 계층에게서부터 시작되고 발전되었던 일이며, 많은 경우에는 국가적 차원에서 지원되고 제도화되었던 일이다. 그리고 이와 같은 술수문화는 조선 후기에 이르면 다양한 국면으로 확장되고 발전한다. 그렇다면 조선시대에 술수문화의 담지자들, 혹은 행위자들은 누구였을까?[1]

조선시대에는 점복 행위, 나아가 술수문화가 직업적 전문성과 계층의 상하와 상관없이 사회에 광범위하게 퍼져 있었고 영위되었다. 그로 인해 현대 한국 사회의 모습으로부터 역으로 유추해 조선시대에도 점복문화, 나아가 술수문화가 단지 하층부를 중심으로 담지되었고 또한 향유되었다는 오해를 하기가 쉽다.

하지만 조선시대에 술수문화는 단지 중하층 계급(지식인들)에 의해서만 향유되거나 생산되지는 않았다. 조선시대 술수문화의 일차적 향유자이자 생산자는 다름 아닌 조선 정부와 왕실이었다. 그리고 왕실과 정부의 관료들이 향유하였던 상층부의 술수문화는 차츰 양반사대부들과 일반 상민들에게까지 확산되고 공유되었다.

이러한 문제의식을 토대로 5장과 6장에서는 조선의 술수문화 담지자를 크게 정부와 왕실에 소속된 관료 술사들과 민간의 술사들로 나누어 살펴보고자 한다. 조선시대를 통해 정부와 왕실은 생도들을 선발하여 술사들을 양성하고 관상감의 관료로서 채용하였으며 그들로 하여금 술수 관련 업무를 수행하도록 했다. 그리고 관상감에서 활동하였던 이들 관료 술사는 다양한 경로를 통하여 민간에서 활동하였으며, 나아가 민간의 술사들로 스스로 전환되거나 하는 방식 등을 통해 민간 술수문화에 큰 영향을 주었다.

1절 조선의 술수과학 기관, 관상감

조선 정부 내에서 술수문화와 관련된 업무를 수행하는 기관은 예조(禮曹)에 소속된 관상감이라는 관서(官署)였다. 관상감은 매년 동짓날에 역일의 정보뿐만 아니라 길흉신의 방위와 길흉일의 정보를 담은 역서(曆書)를 간행하여 전국에 배포하였으며, 하짓날에는 단오부(端午符)를 만들어 내전과 세자궁 등의 왕실의 구성원들에게 진상하는 일을 수행하였다. 이 역서는 조선의 왕실과 조정뿐만 아니라 민간 사회에서 술수문화의 향유와 확산에 중요한 역할을 담당하였다.

조선의 정부와 왕실은 국왕이 죽어 장례를 치를 때에는 관상감으로

<그림 5-1> 창덕궁 옆 관상감. 돈화문 옆 현재의 현대 사옥 자리에 있었다.

하여금 풍수지리 지식을 동원하여 좋은 땅을 골라 능지(陵地)로 선정하도록 하였다. 관상감은 왕실에서 왕자가 태어나면 왕손의 기운을 담고 있다고 여겨지는 태를 보관하기 위해 태실의 터를 정하고 태봉을 짓고서 관리하는 작업을 수행하였다. 이처럼 관상감(觀象監)은 조선시대에 이루어진 다양한 과학 활동에서 가장 중심적인 위치를 차지했을 뿐만 아니라 조선의 술수문화에서도 중심적 위치를 차지하였던 국가 기관이었다.

조선시대 관상감의 업무를 규정해놓은 법전의 조문들을 술수학의 관점에서 다시 바라보면 이 점이 더 분명히 드러난다. 조선의 기본 법전인 『경국대전』의 「이전(吏典)」 경관직(京官職) 부분에서 관상감에 대해 "천문(天文), 지리(地理), 역수(曆數), 점산(占算), 측후(測候), 각루(刻漏) 등의 일을 담당한다."고 규정하고 있는데,[2] 여기에서 열거한 6가지 업무들을 항목별로 상세히 살펴보면 다음과 같이 말할 수 있다.

우선, 천문(天文)은 오늘날의 천문학 일반과 비슷한 의미를 갖기도 하지만, 그보다는 천상(天象)을 관측하여 국가와 왕실의 운명을 살펴보는 점성(占星)의 활동을 의미한다고 보는 것이 정확하다. 천문의 뜻은 하늘의 무늬, 곧 하늘의 상을 의미한다. 두 번째로 적혀 있는 지리(地理)는 풍수지리, 특히 길한 땅을 찾아 왕릉의 터를 정하는 업무를 의미한다. 세 번째, 역수(曆數)는 역법을 연구하여 달력을 발행하는 업무인데, 여기에는 특정한 행위에 마땅한 길일[宜]과 길하지 못한 날[不宜]을 살펴서 알려주는 업무도 포함된다. 넷째, 점산(占算)은 추명(推命), 즉 운수(運數)를 계산하여 운명을 점치는 일과 길흉의 날짜를 정하는 택일의 업무를 포함한다. 다섯째, 측후(測候)는 천변(天變)과 지이(地異), 즉 재이(災異)의 발생을 관측하여 보고하며 그 의미를 따지는 일을 의미한다. 마지막으로 각루(刻漏)는 자격루 등의 물시계를 운영하여 시각을 정확히 알려주는 일을 의미하는데, 이 일은 특히 왕실의 각종 예식을 위해 뽑아낸 길한 시각을 정확히 측정하여 통보해주는 주시(奏時)의 업무도 포함되었다.

위에서 설명한 바와 같이 『경국대전』에 규정된 관상감의 활동은 오늘날 우리가 보기에 순전히 과학적인 활동들은 결코 아니었다. 관상감은 오늘날의 관점에서 과학적인 활동과 비과학적인 활동이 통합된 술수문화와 관련된 활동들을 수행하는 기관이었던 셈이다.

그렇다면 관상감에 소속된 관원들은 국가에 의해 수행된 술수문화 활동을 국가와 왕실의 차원에서 공식적으로 수행하는 이들이라고 봐야 한다. 사실 조선 국가에서 술수문화를 가장 고급한 차원에서 영위하고 진작하며 확산시킨 '주범'은 다름이 아닌 왕실에 소속된 왕족들과 정부의 관료들이었다. 그리고 왕실과 정부에 술수 관련 서비스를 제공하는 곳이 바로 관상감이라는 관서였다. 게다가 국가와 왕실의 차원에서 이루어진 관상감의 업무와 소속 관원들의 활동은 민간에서 술수문화 전반이 확산되고 발전하는 데에 핵심적인 역할을 수행하였다.

조선시대에 관상감의 조직과 활동은 크게 세 개의 부문으로 나누어져 행해졌는데, 천문학(天文學)과 지리학(地理學), 명과학(命課學)이 그것이다. 관상감을 구성하는 이들 세 부문은 흔히 세 분과(分科), 혹은 삼학(三學)이라고 지칭되었다. 관상감의 관원들은 천거를 통해서 처음 소속되는 '입속'의 단계나 혹은 음양과 과거에서부터 이 삼학에 나뉘어 선발되었고 또한 소속되었다. 위에서 정리한 『경국대전』 업무들을 위의 세 분과별로 분류하면 천문(天文), 역수(曆數), 측후(測候)는 천문학 분과에 속하는 업무이고, 지리(地理)는 지리학 분과, 점산(占算)은 명과학 분과의 업무였다. 나머지 각루(刻漏)는 물시계를 가지고 시각을 측정하여 알려주는 금루(禁

漏)의 업무로, 보다 하위의 관리들이 담당하였다.

　조선시대 관상감의 세 분과 중에서 천문학 분과의 업무가 가장 중요하게 취급되었고 또한 가장 많은 자원이 지속적으로 투여되었다. 관상감 소속된 전체 관원들 중에서 최소 2/3 이상이 천문학 분과에 소속되어 활동하였다. 관상감의 천문학 관서에서 맡은 주요한 업무는 아래와 같이 크게 두 가지로 구분할 수 있다. 첫째, 하늘에서 일어나는 천변과 기상 재이를 관측하고 보고하는 일이었다. 이를 천문(天文)과 측후(測候)이라고 한다. 관상감에서는 매일 번을 정하여 낮과 밤을 가리지 않고서 전체 하늘을 관측하는 작업을 지속적으로 수행하였다. 만약 천변이 발생하면 측후단자(測候單子)를 작성하여 보고하여야 했으며, 특히 혜성이나 객성과 같은 특별한 천문 현상이 발생하면 문관까지도 포함된 별도의 관측 조직인 '성변측후청'을 구성하여 관측을 행하고 보고서를 제출하도록 하였다.

　둘째, 오늘날의 계산천문학에 해당하는 역법(曆法)을 연구하여 역서(曆書), 즉 달력을 간행하여 배포하는 일이다. 역법 연구는 주로 태양과 달, 오행성(수성, 금성, 화성, 목성, 토성)의 궤도를 계산하여 예측, 관측하고 일식과 월식을 계산하여 예보하는 일이다.

　앞에서도 언급하였지만, 조선시대 관상감의 세 분과 중에서 천문학 분과가 가장 중요하게 취급되었고 소속 관원들도 많았다. 관상감에서 천문학 분과의 업무가 가장 중요하게 취급된 이유는 '천문학'이 유교 왕조체제 하에서 중요한 활동이었기 때문이다. 조선과 중국을 비롯한 동아시아 유교국가 체제 하에서는 관상수시(觀象授時), 즉 '하늘의 상을 파악하여 백성들에게 시각을 내려주는 활동'은 하늘을 대신하여 천하를 통치하는 천자, 혹은 왕천하자의 일차적인 의무라고 생각되었다. 여기서 하늘의 상, 즉 천상을 파악하는 작업은 하늘의 명인 천명(天命)을 읽고 파악하는 작업으로 여겨졌다. 따라서 조선과 중국의 천문학 관서는 천자, 혹은 황제,

국왕의 관상수시(觀象授時) 활동을 대행하는 기관이었다. 다시 말해 중국 명청(明淸)시대의 흠천감(欽天監)이나 조선의 관상감(觀象監 = 書雲觀)은 바로 천자, 즉 왕천하자(王天下者: 천하에서 왕노릇을 하는 자)가 행하는 관상수시(觀象授時) 활동을 대행하는 핵심적인 기관이었다. 이러한 이유로 조선의 관상감 중에서도 천문학 분과의 활동이 가장 중요하게 여겨졌고 관원들의 정원도 대부분 여기에 할당되었던 것이다. 그런데 이들 천문학 분과의 활동은 그 상당 부분의 내용이 술수문화와 관련된 활동이었다. 그 대표적인 활동이 천문을 읽고서 국가적 차원에서 발생하였거나 발생할 재난을 미리 예견하고 판단하여서 정책과 인사에 반영하는 활동이었다. 또한 천문학 분과에서는 역서를 간행 때에 여러 일상생활에 관련되는 길흉의 날짜를 정하여 포함시키는 일도 수행하였다.

한편 관상감의 천문학 분과에 비해 지리학 분과와 명과학 분과의 활동은 조선시대의 술수문화와 직접 관련되는 활동이었다. 우선 지리학 분과는 주로 조선 왕실의 능지(陵地)를 선정하는 풍수지리의 업무를 담당하였다. 이외에도 국왕의 태를 보관하는 태실(胎室)을 조성하는 작업도 수행하였는데, 이를 위해서는 길한 땅을 정하여 태실의 후보지로 선정하는 작업을 행하여야 하였다. 명과학 분과의 관원들은 왕실의 여러 행사에 필요한 길흉의 날짜와 시각을 정하여 내려주는 일을 행하였다. 이러한 관상감의 지리학과 명과학 분과의 업무들은 기본적으로 술수문화의 활동에 해당한다.

일반적으로 관상감의 천문학 분과에 속한 관원을 지칭할 때에 일관(日官)이라고 지칭하였고, 지리학 분과에 소속된 관원은 지관(地官), 혹은 상지관(相地官)이라고 지칭하였으며, 명과학에 소속된 관원들은 술자(術者) 등으로 별칭하였다.

한편, 1818년에 성주덕이 지은 『서운관지(書雲觀志)』에서는 관상감의 담당업무를 정리한 권2의 내용을 치력(治曆), 측후(測候), 교식(交食), 구식례(救食禮), 감여(堪輿), 선택(選擇), 진헌(進獻), 반사(頒賜)의 순서대로 서술하고 있다. 이들 중에서 치력과 측후, 교식과 구식례는 천문학 분과 소속 관원들이 담당해야 하는 업무였다. 다음으로 감여는 지리학 분과의 업무였고, 선택은 명과학 분과의 업무에 해당하였다.

2절 관상감의 중인 조직체계

조선시대 관상감의 총책임자인 영관상감사(領觀象監事, 줄여서 領事라고 하였음)는 오늘날의 국무총리에 해당하는 영의정(領議政)이 맡았다. 이러한 사실에서 알 수 있는 바와 같이 관상감의 업무는 조선의 왕실과 국가 활동에서 핵심적인 역할을 수행하는 곳이었다. 영사 아래에는 종2품의 제조(提調) 2인을 두는 것으로 되어 있다. 여기까지는 양반 사대부들의 관직이었다. 제조 아래에는 정3품의 정(正)과 종4품의 첨정(僉正), 종5품의 판관(判官), 종6품의 주부(主簿) 각 1인을 관원으로 두었는데, 정(正) 이하의 관원들은 사대부가 아닌 음양과 출신의 중인들이 주로 맡았다. 조선의 기본 법전인 『경국대전(經國大典)』과 그 이후에 편찬된 『속대전(續大典)』(1746, 영조 2), 『대전통편(大典通編)』(1785, 정조 9), 『대전회통(大典會通)』(1865, 고종 2)의 이전(吏典) 경직조(京職條)에 수록된 '관상감(觀象監)'의 관직들을 비교해서 시대적 변화의 추이를 살펴보면 다음과 같이 정리할 수 있다.[3]

正 1員, 正3品

副正 1員, 從3品, 『續大典』에 이르러 없어짐.

僉正 1員, 從4品

判官 2員, 從5品, 『續大典』에 이르러 1자리로 줌

主簿 2員, 從6品, 『續大典』에 이르러 1자리로 줌

天文學教授 1員, 從6品

地理學教授 1員, 從6品, 『大典通編』에 이르러 없어짐

* 天文學兼教授 3員, 從6品 『續大典』에 이르러 등장함. 3員 내에 1자리는 천문학에 배당, 1자리는 天文, 地理, 命課學에서 돌아가면서 배당, 나머지 1자리는 禁漏官과 書員들 중에서 윤회함.

* 地理學兼教授 1員, 『續大典』에 이르러 설치, 나중에 혁파됨

* 命課學兼教授 1員, 從6品, 『續大典』에 이르러 설치, 중간에 혁파되었다가 다시 복구됨. ○ 典醫監의 治腫教授와 돌아가면서 윤회함

直長 2員, 從7品

奉事 2員, 從8品

副奉事 3員, 正9品, 『續大典』에 이르러 2員이 줄어 1員이 됨

天文學訓導 1員, 正9品

地理學訓導 1員, 正9品

命課學訓導 2員, 正9品, 『續大典』에 이르러 1員이 줄어 1員이 됨

參奉 3員, 從9品, 『續大典』에 이르러 1員이 줄어 2員이 됨

〈표 5-1〉『경국대전』과 『속대전』, 『대전통편』, 『대전회통(大典會通)』에서의 관상감의 중인 관직 비교

職名	品階	經國大典 1476	續大典 1746	大典通編 1785	大典會通 1865
正	正3品	1員	1員	1員	1員
副正	從3品	1員	革	–	–
僉正	從4品	1員	1員	1員	1員
判官	從5品	2員	1員	1員	1員
主簿	從6品	2員	1員	1員	1員
天文學教授	從6品	1員	1員	1員	1員
地理學教授	從6品	1員	1員	革	–

天文學兼敎授	從6品	–	3員	3員	3員
地理學兼敎授	從6品	–	1員	革	–
命課學兼敎授	從6品	–	1員	革	1員
直長	從7品	2員	2員	2員	2員
奉事	從8品	2員	2員	2員	2員
副奉事	正9品	3員	1員	1員	1員
天文學訓導	正9品	1員	1員	1員	1員
地理學訓導	正9品	1員	1員	1員	1員
命課學訓導	正9品	2員	1員	1員	1員
參奉	從9品	3員	2員	2員	2員
合計		23員	21員	18員	19員

『경국대전』에서 『대전회통』에 이르기까지 관상감의 중인 관직들의 변화를 정리한 〈표 5-1〉을 살펴보면, 몇 가지 직제에서 변화가 있었지만 그 변화의 양상이 그다지 복잡하지는 않음을 알 수 있다. 도중에 설치와 정원의 증가와 축소, 혁파는 주로 겸교수(兼敎授)의 직책과 관련되어서 일어난 일이었다. 게다가 위에서 간략히 정리한 직제들의 변화 추이를 요약하자면, 기실 관상감의 여러 직책들에서 장기적인 '정원 감축'의 과정이 진행되고 있었음을 알 수가 있다. 즉, 『경국대전』에 규정된 23원(員)의 자리가 『대전회통』 때에는 4자리가 줄어든 19자리가 되었다. 대신 겸교수의 자리가 최종적으로는 4자리가 늘어났을 뿐이며, 그중 명과학 겸교수(命課學兼敎授)는 전의감(典醫監)의 치종교수(治腫敎授) 자리와 교대로 급료가 나오는 체아직(遞兒職)의 자리였다.

비록 겸교수의 직위가 중인들에게 다시 배당되었다고 하더라도, 전체적으로 관상감의 중인들에게 할당된 직책은 『경국대전』과 『속대전』, 『대전통편』, 『대전회통』에 수록된 법조문 자체로만 따지자면 약간의 축소의 과정에 있던 것으로 나타난다. 즉, 『속대전』 이후 『대전회통』까지의 법전 조문은, "국조(國祖)의 법을 쉽게 바꾸지 않는다."는 원칙을 겉으로라도 지

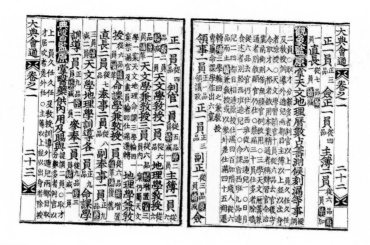

〈그림 5-2〉 『대전회통』의 관상감 조목

키려는 듯, 조선 후기 관상감의 관직체계에서 발생한 실질적인 변화의 내용을 드러내고 있지는 않고 있다. 다시 말해 조선의 기본 법전들에는 특히 조선 후기에 일어난 관상감 중인 조직의 변화를 제대로 반영하고 있지 않다는 것이다.

사실 위에서 정리한 직책들은 주로 실녹관직의 자리들이다. 이들 실녹관직 자체만으로는 관상감의 중인 관직체계의 변화를 제대로 이해할 수가 없다. 왜냐하면, 조선 후기 들어서 관상감에서는 특히 산원직에 해당하는 관직의 정원들이 새롭게 설정되었으며 확장되었기 때문이다. 그러한 변화의 구체적인 내용에 대해서는 아래에서 상술할 예정이다.

다음으로 『경국대전』에서 『대전회통』에 이르기까지 법전들에서 관상감에 소속된 중인 관직명과 각각의 정원을 각 분과별로 모아서 정리해보면 〈표 5-2〉와 같다. 여기에는 삼학의 이름이 부여되지 않은 정, 부정, 첨정, 주부, 직장, 봉사, 부봉사, 참봉 등의 관직명은 제외한다.

분과	경국대전	속대전	대전통편	대전회통
천문학	교수 1 훈도 1	교수 1 겸교수 3 훈도 1	교수 1 겸교수 3 훈도 1	교수 1 겸교수 3 훈도 1
지리학	교수1 훈도1	교수 1 겸교수 1 훈도1	교수 1 훈도1	교수 1 훈도1
명과학	훈도2	겸교수 1 훈도 1	훈도 1	겸교수 1 훈도 1

〈표 5-2〉를 보면, 관상감 삼학의 실녹관직은 천문학 분과의 경우『경국대전』에서 교수와 훈도 각 1자리로 합이 2자리가 배정되었지만,『속대전』이후 천문학 겸교수가 3자리가 신설되면서 5자리로 늘어난 이후『대전통편』과『대전회통』에서도 그대로 유지되었다. 여기에 비해 지리학 분과의 경우에는『경국대전』에서 교수와 훈도 각 1자리로 합이 2자리에서『속대전』에서는 지리학 겸교수 1자리가 추가되었다가 다시『대전통편』에 이르러 철폐되어 애초의 2자리로 돌아왔다. 마지막으로 명과학 분과의 경우에는『경국대전』에서는 교수는 없고 훈도 2자리만이 배정되었지만,『속대전』이후 명과학 겸교수 1자리가 신설되었다가『대전통편』에 이르러서는 철폐된다. 그러다가 다시『대전회통』에서 명과학 겸교수 1자리가 복원되었다. 이러한 내용들은 관상감의 삼학들에 배정된 실녹관직의 정원에서 천문학 부문이『속대전』이후 2자리에서 5자리로 늘어나고, 나머지 지리학과 명과학 부문은 겸교수 1자리가 늘었다가 줄어드는 일이 반복되었음을 보여준다. 그럼에도 전체적으로 관상감의 중인 관직들은 조선 후기로 내려오면서 그 정원이 조금씩 늘고 줄기는 했지만 대체적으로 크게 변하지 않았음을 알 수 있다. 하지만 위에서 정리한『경국대전』과『대전회통』등의 법전에 수록된 관상감 관직들에 대한 규정은 기본적으로 관상감이 천문학 분과를 중심으로 운영되고 있었음을 드러내고 있다. 다시 말해

천문학 분과에 할당된 관직들이 가장 많았으며, 천문학에 비해 지리학과 명과학 분과의 관직 숫자는 아주 적다는 사실이다. 게다가 〈표 5-2〉에서 계수되지 않은 정, 부정, 주부 등의 실녹관직 관직들도 주로 천문학 분과 출신자들이 역임하였다. 이러한 사정은 관상감의 관리를 선발하는 천거와 과거의 과정에서부터 나타나는 모습이었다.

3절 조선 후기 관상감 산원직(散員職)의 설치와 확장

조선 후기의 관상감 관련 자료를 살펴보면 위에서 정리한 실녹관직(실제 녹을 받는 자리)들 외에도 별도의 업무 조직이 있었음을 파악할 수 있다. 이 별도의 업무 조직은 품계와는 다른 체계를 지닌 것으로서 관상감에서 자체적으로 설정된(공식적으로) 조직체계였다. 그리고 이러한 조직체계는 18세기 말에 이르러 보다 구체화되고 확립되었다. 특히 명과학 분과의 경우 정조대에 이르러 아래 〈표 5-3〉의 체계와 같은 모양으로 조직이 확대되고 확립되었다.

1818년에 편찬된 『서운관지(書雲觀志)』의 권1의 관직(官職)의 조문과 권2의 치력(治曆) 등의 업무 관련 조문에는 『경국대전』과 『속대전』, 『대전통편』, 『대전회통』에 규정되어 있지 않은 관직명들이 나타난다. 그것은 바로 삼력관(三曆官), 수술관(修述官), 삼력수술관(三曆修述官), 칠정추보관(七政推步官) 등의 직명들인데, 『서운관지』의 내용을 대략적으로라도 훑어본 사람이라면 이들 관직이 관상감의 운영과 업무 수행에서 핵심적인 역할을 담당하고 있었음을 짐작하게 될 것이다. 그런데 이들 직책에 대해서는 정확한 이해가 쉽지 않은데, 이것이 조선 후기 관상감의 관직체계, 나아가 조선 후기 관상감의 업무와 활동을 연구하는 데에서 큰 난관으로 작동

〈그림 5-3〉 『서운관지』 서문 (규장각 소장)

하고 있다.[5]

그 이유는 우선, 앞서 말한 바와 같이 이들 직명은 조선의 기본 법전들에는 등장하지 않는 것들이어서 그것이 정규적인 직책인지 비정규적인 직책인지를 아는 것도 쉽지가 않기 때문이다. 또한 그 직명 자체도 혼란스럽게 사용되고 있는데, 예를 들어, "삼력관과 수술관, 삼력수술관은 정확히 어떤 직책을 의미하고 또한 그것들은 서로 어떠한 관계를 가지며 어떻게 다른가?" 혹은 "이들 직책은 언제부터 설치되었고 어떻게 변화하였는가?"라는 질문들에 답하기란 쉽지가 않다. 현재 전해지는 사료들 중에서 관상감에 관한 규정과 역사를 상세하게 수록하고 있는 『서운관지』에서도 삼력관과 수술관 등의 직책과 업무용 직명 등이 혼돈스럽게 사용되고 있다. 사실 김계택이 "창신하고 혁파한 것이 무상했다."는 그 변화는 바로 이 직책들에서 일어난 변화를 가지고 말한 것이다. 그 변화가 무상하였기에 김계택과 김검 그리고 성주덕도 이들 관직의 설치와 역사적 변화의 과정을 정확히 파악하지 못하였으며 또한 일목요연하게 정리하기도 어려웠던 것이다.

하지만 이 『서운관지』의 내용과 더불어 관상감에 대한 또 다른 주요 사료인 『삼력청완문(三曆廳完文)』(1777-1795)과 『삼력청헌(三曆廳憲)』(1826) 등을 살펴보고 여타의 사료들과 비교 조사하다 보니 필자는 이들 직책의 설치와 과정과 변화의 추이에 대해 '비록 잠정적인 수준이지만' 나름대로 합리적인 추론에 도달할 수가 있게 되었다. 아래의 내용은 그러한 조사의 결과와 추론의 내용들을 정리한 것이다.

우선, 조선의 기본 법전에도 수록되지 않은 직책들에 대한 통칭은 무엇으로 해야 할까? 이들 관직을 통칭하는 명칭과 정원들을 일목요연하게 정리한 첫 번째 법전 자료는 1867년(고종 4)에 편찬된 『육전조례(六典條

例)』인데, 여기서는 '산원(散員)'으로 호칭하고 있다. 산원이라고 통칭되는 직책들은 관상감 외에 내의원(內醫院) 등에서도 발견된다. 『육전조례』에 실린 관상감의 산원직들을 정리하면 다음과 같다.

三曆官 30員 掌推步星曆

修述官 6員 掌推步交食

推步官 10員 掌推步內篇

別選官 24員

聰敏 10員

習讀官 1員 遞兒

赴燕日官 1員 三曆官取吉官每年輪回差送

○ 以上天文學

相地官 7員 掌奉審各陵泛鐵等事

相禮官 4員 國恤時御用祭服裁製

別選官 6員

聰敏 2員

○ 以上地理學

命課學敎授 1員

諏吉官 7員 掌選擇日辰

修選官 6員

別選官 4員

○ 以上命課學

日課監印官 1員

印曆勾官 10員 ○ 三曆官 8員, 相地官 1員, 諏吉官 1員

禁漏官 15員, 兼敎授 1, 司正 1, 司猛 1, 參下實遞兒 2, 散料 3

軍職, 三學 共 16窠, 付之入直末官

吏胥, 書員 10人, 掌務書員 1人, 禁漏書員 7인, 庫直 1名, 大廳直 2名

工匠, 刻手匠 2名, 均字匠 1名, 印出匠 6名, 冊匠 1名, 自擊匠 6名

徒隸, 使令 9名, 驅從 3名, 軍士 4名, 茶母 3名, 房直 1名, 時童 2名, 汲水軍 2名

　　군직(軍職) 이하의 이서(吏胥), 공장(工匠) 등의 관직들은 관상감 내부의 천거나 음양과를 통과한 중인들이 맡는 자리가 아니었고, 그보다 하위의 신분들이 담당하는 자리였다. 이와 더불어 위에서 금루관(禁漏官) 15원(員)은 중인들에게 배당된 자리가 아니었다.(그 아래에 있는 겸교수와 사정(司正), 사맹(司猛) 등은 중인들에게 배당된 자리였다.) 『서운관지』에서도 이들 관직을 권2의 이예(吏隸)조에다 모아서 정리하고 있다.

　　위에서 정리한 『육전조례』의 관상감 산원 직책들에 대한 규정을 살펴보면, 우선 각 각 산원의 직책에는 품계가 정해져 있지 않다는 점이 특징적으로 나타난다. 이는 『경국대전』 이후의 기본 법전들에 설정되어 있는 관상감의 감정(監正) 이하의 모든 관직들에 정3품 이하의 품계가 붙어 있는 모습과 대비된다. 이는 『육전조례』에 열거된 각각의 산원 관직들이 엄격하게 품계에 구애되지 않고서, 혹은 특정 품계의 이상의 관원들에게 부여되었음을 의미한다.

　　『육전조례』의 관상감 산원 직책들에서 드러나는 또 다른 중요한 사실은 그 숫자가 상당히 많다는 점이다. 군직 이하의 이예들과 금루관 15원을 제외하고 그 관직들의 숫자를 정리하면, 천문학 82명, 지리학 19명, 명과학 18명, 일과감인관(日課監印官) 이하 19명으로 모두 합하면 138명에 이른다. 이들 직책이 각각 언제 설치되었는지, 언제 숫자가 이렇게 늘어났는지 등은 『서운관지』와 『삼력청완문』, 『삼력청헌』을 살펴보건대, 그야말로 '창혁(創革)이 무상(無常)'하여 정확하게 파악하기가 어려운 상황이다.

한편, 『경국대전』의 관상감 조의 서문에는 천문학습독관 (天文學習讀官) 10명, 천문학생도(天文學生徒) 20명, 일월식술자 (日月食述者) 1명, 금루(禁漏) 30명, 지리학생도(地理學生徒) 15명, 명과학생도(命課學生徒) 10명, 명과맹(命課盲) 2명이 규정되어 있다. (이들을 합하면 모두 88명이다.) 그리고 이들 하위직의 관직들은 『속대전』, 『대전통편』, 『대전회통』 등에서도 계속 변화하면서 등장하는 자리이다. 하지만 『경국대전』 등의 법전들에서 이들 관직에 대해 산원이라는 호칭을 사용하지는 않았다. 다만, 일월식술자 1명이라는 기록과 『경국대전』의 천

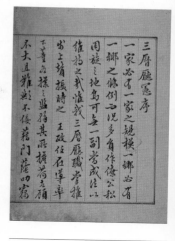

<그림 5-4> 「삼력청헌」 서문 (규장각 소장)

문학습독관 10명이 『육전조례』에서는 1명으로 줄어있다는 사실 등을 살펴보건대, 이들 『경국대전』에 규정된 추가적인 관직 중의 일부, 혹은 상당수는 분명 『육전조례』에서 규정된 산원직들의 역사적인 연원에 해당하는 직책들이었을 것이다. 하지만 아직까지 그 정확한 연원 관계를 제대로 파악하기는 힘들다.

여기서 말하고 싶은 한 가지 분명한 사실은 이들 산원직 자리의 정원은 조선 후기 동안에 장기간에 걸쳐서 점차적으로 증가하였으며, 그 최종적 결과가 『육전조례』에 규정된 138원의 자리라는 점이다. 필자는 이러한 산원직의 설치와 정원의 확장이 시헌력(時憲曆)의 도입 이후 기본 법전에서는 축소된 관상감의 실녹관직 정원을 보충하거나 혹은 실질적으로는 관상감 중인 관원의 정원을 증가시키는 의미를 지녔던 것으로 판단한다. 그리고 조선 후기에 이르러 이러한 별도의 업무 조직을 유지한 이유는 관상감이 전문적인 지식을 토대로 과학기술 활동이 행해지는 관서였기 때문일 것이다. 즉, 전문적인 지식을 지닌 관원들을 실녹관직의 숫자보

다도 많이 보유하고 양성할 필요가 있었기 때문이다.

이러한 변화를 거쳐서 형태가 잡힌 관상감의 산원직 조직을 삼학의 분과별로 정리해보면 〈표 5-3〉과 같다. 이들 삼학에 소속된 산원직 관직들이 조선 후기에는 관상감 업무의 수행과 삼학의 조직운영에 실질적인 역할을 담당하게 되었다.

〈표 5-3〉 관상감 산원직 삼학의 분과별 구분

천문학	지리학	명과학
삼력관(三曆官)	상지관(相地官)	추길관(諏吉官)
수술관(修述官)	상례관(相禮官)	수선관(修選官)
추보관(推步官)	–	–
별선관(別選官)	별선관(別選官)	별선관(別選官)
총민(聰敏)	총민(聰敏)	총민(聰敏)

이들 산원직 관직 중에서 천문학의 삼력관직이 제일 먼저 설치되었고 그 정원도 처음 정해졌다. 이후 정조대 이후 수술관의 관직이 정확히 자리잡게 되었고 그 정원도 규정되기에 이른다. 삼학의 분과별로 할당되어 있는 산원직의 정원을 살펴보면, 천문학 82명, 지리학 19명, 명과학 18명으로서 천문학 분과가 압도적 다수를 차지하였다. 이는 천문학 분과가 관상감의 중심으로서 관상감의 인적, 물적인 자원의 대부분이 배정되었음을 의미한다.

한편, 앞서 서술한 바와 같이 관상감에서 명과학 분과는 삼학(三學) 중에서 가장 정원이 적게 배정되었다. 즉, 『경국대전』에서는 명과학교수가 규정되어 있지도 않았고 훈도 2자리만이 배정되었다. 물론 『경국대전』에 규정된 관상감의 실녹관직 중에서 정9품 '부봉사' 3원과 정9품 명과학훈도 2원, 종9품 '참봉' 3원의 자리에도 이들 중 명과학 출신자가 임명되었을 가능성은 있다. 하지만 이들 자리에 임명될 가능성은 천문학 분과 출신자의 경우 더욱 높았을 것이다.

그러다가 중종대에 관상감에 겸교수라는 자리가 만들어지면서 명과학 부문에도 명과학 겸교수(命課學兼教授) 자리가 1자리(從6品) 배정되었다. 이러한 내용은『속대전』에 수록되었다. 하지만 이 명과학 겸교수 자리는 『대전통편』에 이르러서는 다시 철폐된다. 그러다가 다시『대전회통』에서 명과학 겸교수 1자리가 복원되었다. 관상감의 삼학들에 배정된 실녹관직의 정원에서 천문학 부문이『속대전』이후 2자리에서 5자리로 늘어나는 것에 비하면 명과학 부문에 대한 지원이 미미했음을 알 수 있는 것이다.

그러다가 18세기 말, 특히 정조대에 이르러 관상감에서는 과거까지 부실하게만 운영되었던 명과학 부문에 대한 개혁과 지원이 이루어진다. 그것은 바로 산원직에 추길관의 자리를 설정하는 일이었다. 즉, 정조대에 이르러 지리학과 명과학의 산원직들에 대해 상지관과 상례관, 추길관(諏吉官)과 수선관의 자리가 설치되고 그 정원을 정하는 일이 비로소 이루어졌던 것이다. 추길관의 정원은 7명이었으며, 이들 추길관이 모이는 추길청(諏吉廳)이 삼력청과 같은 차원에서 설치되었다.

명과학에 대한 개혁과 지원의 가장 중요한 계기는 1789년에 이루어진 사도세자 묘의 이전, 즉 현륭원 원소의 조성 과정을 통해서였다. 당시 정조는 아버지 사도제사의 묘를 새롭게 이장하면서 택지는 물론 택일을 신중하게 수행하였는데, 그 과정에서 관상감의 명과학 분과의 업무를 추명에서 택일, 추길(諏吉)의 업무로 확실하게 바꾸는 작업을 수행하였다. 그러면서 명과학에 대한 인적, 물적인 지원이 확대되었는데, 그 결과가 바로 1791년 신해절목에 정리된 관상감의 개혁이었다.

한편, 명과학 부문에 대한 산원직의 설치와 더불어 과거시험에서 합격자 정원이 기존의 2명에서 4명으로 증가하였다. 그 결과 19세기 이후 시행된 과거시험에서 명과학 부문은 항상 지리학 부문에 대해 2배가량의 인원을 선발하고 있었다. 이 점에 대해서는 아래에서 다시 상술한다.

4절 관상감의 관원 선발과 양성

1. 천거와 입속

조선 후기 관상감 소속 중인들은 아래와 같이 크게 세 가지의 관문을 통과해야만 관직 생활을 계속하면서 품계를 높일 수가 있었다.

입속(入屬) → 음양과 입격(入格) → 삼력관 취재(取才)

관상감에 처음 생도로 소속되는 완천의 과정을 통과한 이후에 관직 생활에서 가장 중요한 관문은 바로 음양과 과거에 입격하는 일이었다. 왜 냐하면 관상감의 실녹관직 자리들 중에서 종6품인 주부(主簿) 이상의 관 직은 반드시 과거 합격자로만 임명하도록 하였기 때문이다.[6] 이러한 기준 은 다른 기술직 기관들의 경우에도 마찬가지로 적용되었다.

음양과 과거를 통과하지 않고서 관상감에서 종6품 이상의 관직을 맡 은 경우는 오로지 천문학 겸교수의 자리를 통한 것이었는데, 이 겸교수 의 자리는 조선 중기에 문신들 중에서 천문학에 조예가 깊은 자에게 관 직을 내리고 이후 참상관(參上官)으로 나아가는 승육(昇六)의 기회를 제공 하고자 설치된 것이었다.[7] 하지만 이 천문학 겸교수의 자리도 이후 무자 격자, 무실력자들이 승육을 하는 통로로 이용되는 등의 문제가 발생하기 시작하였으며, 그 결과 겸교수의 자리 또한 조선 후기에 이르러 엄격한 취재의 과정을 거쳐서 뽑기 시작하였고 나아가 관상감 소속 중인 천문학 자들에게 취재에 응할 기회를 제한하는 등의 조치가 이루어졌다.

관상감에서 관직 생활을 계속하고 품계를 올리기 위해서는 음양과 입격 다음으로 중요한 과정이 바로 삼력관 취재를 통과하는 일이었다. 사실 삼력관은 『경국대전』에는 규정되거나 설치되지 않았던 관직이다. 이 삼력관의 직위가 엄격하게 규정되고 정원과 취재의 방법이 정해진 것은 영조 신유년(1741)이었다. 당시 삼력관의 정원은 30명으로 인원이 정해졌다가 이듬해에 5명이 더 늘어나 35명으로 정해졌다. 이후 정조 22년(무오, 1798)에 다시 정원을 5명 줄여서 30명으로 돌아갔다.[8] 삼력관은 결원이 생길 때에 취재(取才)를 통해서 선발되는데, 1787년 이후에는 수술관들만이 후보로 응할 수가 있었다. 삼력관의 결원은 선임자들의 질환이나 사망 등의 이유에 의해 퇴임하는 경우에만 생겨나고 또한 채워지는 일이었기에 우수한 관원들이라고 하더라도 모두 삼력관의 지위에 오를 수는 없었던 듯하다. 삼력관 취재는 우선 삼력관들이 소속되어 있는 삼력청(三曆廳)에서 후보 추천을 받아서 관상감 소속 당상(堂上) 이하가 전부 모여 3명의 지지를 받아야 응시가 되었으며, 최종적으로 영의정인 영사와 제조가 시관(試官)으로 들어갔다.[9] 이와 같은 선발의 과정은 삼력관들이 철저히 관상감 내부의 중인 인맥과 교육의 전통 속에서 양성되고 활동하였음을 의미한다.

관상감에는 삼력관 취재 외에도 각종 취재시험이 일상적으로 시행되었다. 우선 관상감의 녹관직인 정(正, 정3품), 첨정(僉正, 종4품), 판관(判官, 종5품), 주부(主簿, 종6품), 직장(直長, 종7품), 봉사(奉事, 종8품), 참봉(參奉, 종9품)을 비롯하여 천문학 교수(종6품), 지리학 교수, 명과학 교수 등의 자리들은 모두 취재를 통해서 선발되었다. 이를 녹취재(祿取才)라고 하였는데, 관상감에서는 이 녹취재를 6개월마다 한 번씩, 일 년에 두 번씩 시행하였다. 관상감의 중인 관원들은 이 녹취재를 통해서 성적을 어느 정도 이상 취득하고 근무 일수를 쌓은 이후에야 상위의 녹관직으로 근무를 할 수가 있었으며, 다시 이 녹관직의 자리에서 근무를 해야 근무 일수를 착실히 쌓아서 순조롭게 승진이 될 수가 있었다.

한편, 관상감에서는 이 녹취재 외에 여러 특별한 직임을 맡은 관원을 선발하는 별취재(別取才)를 부정기적으로 시행하였는데, 천문학의 겸교수 자리와 삼력관, 수술관(修述官), 별선관(別選官), 부연관(赴燕官)을 선발하는 취재시험이 그것이었다.[10] 이들 중에서 북경에 보내는 사신을 따라서 중국에 가는 기회를 부여하는 부연관 취재는 중요한 선발 시험이었다. 만약 부연관으로 나아가 중국의 황력을 받아 옴과 더불어 흠천감(欽天監)의 관리들과 접촉하여 각종 천문학 서적을 구해 오고 역법을 배워 오는 등의 업적을 쌓으면 다시 포상과 더불어 승진의 혜택이 주어졌기 때문이다.

앞서 말한 바와 같이, 관상감 소속 중인들의 관직 생활에서 가장 중요한 시험은 바로 음양과 과거와 삼력관 취재시험이었는데, 이들 시험은 우선 관상감에 입속(入屬), 즉 소속이 된 이후에 이루어지는 일이었다. 관상감에 입속되기 위해서는 천거(薦擧)의 과정을 거쳐야만 하였는데, 이는 별도의 시험이 아닌 추천과 심사만으로 선발이 진행되었음을 의미한다. 관상감 관련 자료들에서는 천거(薦擧)가 이루어지는 것을 '완천(完薦)'이라고 표현하였고, 완천을 통해 선발된 인원들은 생도(生徒)라고 지칭하였다.

관상감에서 이루어지는 천거에 관한 과정은 1818년에 편찬된 『서운관지』 권1의 '천거(薦擧)' 편에 상세하게 정리되어 있는데, 그에 따르면 1813년 이전의 규정과 1813년에서 1818년까지의 규정, 그리고 1818년 이후의 규정이 조금 달랐다. 또한 『서운관지』의 1818년 천거 규정은 다시 1826년에 만들어진 『삼력청헌』과 1891년에 묶인 『완천절목(完薦節目)』의 내용과 비교해보면 변화한 것을 알 수 있다. 이처럼 완천의 규정을 포함한 관상감의 운영 규정은 시기에 따라서 계속 조금씩 변화하였는데, 여기서는 그러한 변화의 일부만을 소개한다.

『서운관지』에 따르면, 관상감에 입속이 되기를 원하는 자는 우선 부모와 처의 사조단자(四祖單子)와 보거단자(保擧單子)를 제출해야 했다. 여기서 말하는 사조단자는 아버지, 할아버지, 증조할아버지, 외할아버지의 본관과 성명, 생년월일과 관직 등을 적은 문건을 의미하고, 보거단자는 보거인, 즉 추천인의 관직과 성명을 적은 문건을 의미한다.

관상감에 입속되기를 원하는 사람은 기본적으로 세 명의 보거인(保擧人)[11]을 갖추어야 했는데, 천문학 분과에 지원할 때는 관상감에서 판관(判官) 이상의 관직을 지낸 관원 2명과 삼력관 1명의 추천이 필요하였다. 이때 삼력관을 상보(上保), 나머지 2인을 중보(中保)와 하보(下保)로 연공에 따라 구분하여 지칭하였다. 이에 비해서 지리학이나 명과학에 지원할 때는 판관 이상의 관직을 지낸 관원 3명의 추천이 필요하였는데, 그중 1명은 반드시 해당 분과에 소속된 관원이어야 하였다. 완천의 과정에서 보거인은 완천 지원자의 신분을 보증하는 사람이기도 하였다. 따라서 만약 응시자나 지원자의 신분이나 자격에 문제가 있음이 완천이 완료된 이후에라도 발견되면 보거인이 연대 책임을 져야만 하였다. 『서운관지』에는 "이미 근무하고 있거나 과거에 입격했어도 만약 그 부모처의 사조에게 허물이 있거나 그 자신이 죄를 범한 자는 드러나는 대로 녹안에서 [이름을] 삭제하고, 천주(薦主)도 연좌한다."고 적고 있다.[12]

보거단자와 사조단자를 제출한 이들에 대해서 진행하는 완천의 과정은 1813년 이전까지 천문학 분과의 경우에는 본청에서의 1차 심사와 삼력청에서의 최종 심사를 거쳐서 진행되었고, 지리학과 명과학은 본청에서의 1차 심사와 해당 분과의 2차 심사, 삼력청에서의 최종 심사의 순으로 진행되었다.

분과		본청 심사	해당 분과 심사	삼력청 심사
천문학	선생 자제	–	–	○
	방외	○	–	○
지리학과 명과학		○	○	○

이러한 규정에 따르면, 지원자는 이들 서류를 구비하여 관상감의 본청 (本廳)인 녹관청(祿官廳)에 제출하면 본청의 임관(臨官)들이 1차 심사를 진행한 후에 서류를 삼력관들의 집합소인 삼력청(三曆廳)에 제출하였다.[13] 만약 지원자가 관상감의 기존 선배 관원을 의미하는 선생(先生)[14]의 자제 (子弟)와 조카, 사위일 경우에는 이 녹관청에서 행하는 1차 심사는 생략 되었고, 지원 서류는 곧바로 삼력청에 올라갔다.

본청에서의 1차 심사는 삼학(三學)[15]의 교수, 훈도, 동반체아녹관들이 모여서 진행하였는데, 참석자가 10명 이상이 되어야지 개좌(開坐)하여 심사를 진행할 수 있었다. 입속을 원하는 자는 미리 여러 녹관에게 명함을 돌리며 인사를 해야 했는데, 이를 '향풍(向風)'이라 하였다. 심사는 고직(庫直)이 가자(可字)와 부자(不字)를 쓴 종이를 미리 참석자의 자리 앞에 나누어 바치고 사조단자와 보거단자를 읽어서 보고하고 이후 항통(缸筒)을 가지고 돌면서 '가(可)' 또는 '부(不)'라고 쓴 종이를 받아 와서 가부의 숫자를 센다. 만약 부(不)자가 세 개 이상인 자는 입록(入錄)이 허락되지 않았으며, 부자(不字)를 두 개 이하를 받은 자들의 명단은 그들의 보거단자, 사조단자와 함께 삼력청으로 보내어 최종 심사를 거치도록 하였다. 한편, 앞서 말한 바와 같이 천문학 분과의 경우에는 본청에서의 1차 심사와 삼력청에서의 최종심사로 심사가 진행되었지만 지리학과 명과학 분과는 자체 분과의 2차 심사를 별도로 거쳐야만 하였다.

삼력청에서 이루어지는 최종 심사는 우선 본청에서의 1차 심사와 지리학, 명과학의 2차 심사를 통과한 이가 최소 3명이 되어야 개최가 되었다. 게다가 이 최종 심사는 30명이 정원인 삼력관들이 모여서 진행하였는데, 만약 참석자가 20명이 되지 않으면 역시 개좌하지 못하였다.[16] 그리고 이 최종 심사의 합격 여부는 1차 심사와 마찬가지로 부(不)자가 3개 이상인 자는 탈락, 2개 이하인 자는 합격하게 하는 방식이었다. 합격으로 결정된 자는 명부에 이름을 올리는데, 각 분과의 임관(任官)이 수본(手本), 즉 보고서를 만들어 올리고, 생도 임명 첩(帖)[17]을 만들어준다.

이상의 내용을 정리해서 살펴보면 다음과 같다. 조선시대 관상감에서 새로운 관원을 선발하는 절차는 크게 천거(薦擧)와 과거(科擧)로 나누어진다. 이 중에서 천거(薦擧)는 관상감과 같은 중인 기술 관서에서는 생도(生徒)를 선발할 때 사용하는 방법이었는데, 이미 관상감의 관원이 되어 있는 선배나 집안의 어른들로부터 추천을 받은 지원자들을 대상으로 심사를 거쳐서 관상감에 입속(入屬), 즉 소속시키는 방법이었다. 천거를 통해서 입속된 관원은 생도가 되어 관상감에서 훈련을 받게 되었다.

관상감에 입속(入屬)되기를 원하는 자는 우선 부, 모, 처의 사조단자(四祖單子)와 보거단자(保擧單子)를 준비하여 제출해야 하였다. 이 중에서 사조단자(四祖單子)는 아버지와 할아버지, 증조할아버지, 외할아버지의 본관과 성명, 생년월일, 관직 등을 적은 단자로서 후보자의 신원을 파악하기 위한 수단이었다. 다음으로 보거단자란 오늘날의 추천서와 같은 의미를 지닌 문건이었는데, 반드시 세 명의 추천인을 갖추어야 했다. 추천인은 보거인(保擧人), 보거주(保擧主), 거주(擧主), 천주(薦主)라고 칭해졌다.

추천인은 아무나 될 수가 없었다. 반드시 관상감의 관원들이어야 했는데, 삼학에 따라 요건이 조금씩 달랐다. 우선 천문학에 지원하는 자는 판관 이상의 직을 지낸 관원 2명과 삼력관 1명을 보거인으로 내세워야 했고, 지리학이나 명과학에 지원할 때는 3명 중에서 1명은 반드시 해당 분과, 즉 지리학과 명과학에서 판관 이상의 직을 지낸 관원이어야 했다. 추천인에 대한 심사는 각 분과의 교수와 훈도, 동반체아녹관들이 모여서 행하는데, 만약 참석자가 10명이 되지 못하면 회의를 개최하지 못한다. 심사위원의 숫자가 10명 이상을 초과하여 천거회의가 개최된 이후에는 가부(可否)를 상의한 이후에 각자 '가(可)' 또는 '부(不)'라고 써서 투표함에 넣는데, 만약 개표를 하여 부(不)가 세 표 이상일 경우는 탈락하였다. 탈락한 후보자에게는 다시 2번의 천거심사 기회가 추가로 주어지는데 합하여 3회 이상 탈락한 후보자는 다시는 천거에 지원할 수가 없었다.

2. 과거와 취재

천거로 관상감에 입속이 되면 생도가 되어 삼학의 교수와 훈도로부터 교육을 받으며, 경우에 따라서는 취재의 기회를 통해서 관상감의 공식 업무에 참여하기도 하였다. 하지만 관상감의 기본적 운영원칙은 기본적으로 음양과 과거를 통과한 이들로서 업무를 수행하는 것이었다. 조선시대에 과거 중에서 잡과시험에는 역과(譯科)와 의과(醫科), 음양과(陰陽科), 율과(律科)가 있었다. 별도로 계사(計士)를 뽑는 주학(籌學)이 있었지만, 주학은 과거가 아닌 취재를 통해서만 관리를 선발하였다. 관상감의 관원을 뽑는 음양과(陰陽科)는 다른 말로 운과(雲科)라고 칭하기도 하였는데, 이 음양과 과거시험은 다시 천문학(天文學)과 지리학(地理學), 명과학(命課學)으로 나누어졌다.

조선시대에 잡과는 1397년(태조 6)부터 시행되어 고종 31년(1894)에 폐지되었는데, 잡과 과거는 1399년(정종 1)에 역과, 의과, 음양과, 율과로 정비되어 『경국대전』에 반영되었다. 조선시대 잡과는 총 233회 실시되었을 것으로 추정되는데, 그중에는 3년마다 실시된 식년시가 163회, 증광시가 69회, 미상이 1회 있었던 것으로 보인다. 그중에 선발 인원이 확인된 잡과가 177회(식년시 116회, 증광시 61회)이다. 현재까지 전하는 잡과 방목을 회수로 보면 76.4%가 전하는 셈인데, 17세기 이후의 잡과 방목은 모두 전해지고 있다. 지금까지 확인된 잡과 합격자는 역과 2,976명, 의과 1,548명, 음양과 865명, 율과 733명을 합하여 6,122명이다.[18] 산학은 정조 즉위년(1756)부터는 주학(籌學)이라 칭하였는데 1,627명 이상이 취재(取才)로서 선발되었다. 이는 거의 매년마다 1~90명을 뽑았음을 의미하는데, 특히 18세기부터 취재 인원이 급격히 증가하였음을 알 수 있다. 관상감의 관리를 뽑는 음양과(陰陽科)는 운과(雲科)라고도 지칭하였는데, 현재까지 남아있는 『운과방목』들에 수록되어 있는 과거 합격자는 총 865명이다.

음양과의 시험은 관상감에서 주관하였으며 크게 초시(初試)와 복시(覆試)로 나누어서 두 번 시행되었다. 복시를 통과하는 경우 뽑게 되어 있는 최종 합격자의 정원은 식년시(式年試)와 증광시(增廣試)의 경우에는 모두 9명을 뽑았고, 대증광시(大增廣試)에서는 21명까지 뽑을 수 있는 것으로 규정되어 있었다. 하지만 현재 남아 있는 『운과방목』들을 살펴보면, 기록으로 남아 있는 총 96회의 식년시와 증광시, 대증광시의 시험 중에서 정원을 지켜서 뽑은 경우는 식년시에서 9회, 증광시에서 1회에 불과하였다. 이들 10회를 제외한 대개의 경우 규정된 정원보다 적게 선발하였던 것이다.

관상감의 삼학의 전공별로 보면 최종 선발하는 인원수는 천문학이 5명, 지리학과 명과학이 각 2명이었는데, 이 합격자 수는 18세기인 1798년의 식년시에서부터 천문학 5명, 지리학 2명, 명과학 4명으로 변화하였다. 1818년에 간행된 『서운관지』에도 복시를 통과한 삼학(三學)의 정원을 천문학 5명, 지리학 2명, 명과학 4명으로 규정해놓고 있다. 이는 18세기 말, 구체적으로 말하자면 정조대인 1791년의 『신해이정절목』을 통해서 관상감 정조대에 이르러 명과학에 대한 자원 배분을 급격히 늘인 결과일 것이다.

한편, 복시를 통과한 최종 합격자들에게는 등위에 맞춰서 품계가 부여되는데, 1등에게는 종8품을 주고, 2등에게는 정9품을 주고, 3등에게는 종9품계를 주었다. 최종 합격자들 중에서 원래 품계를 부여받고 있었던 자에게는 애초 받기로 한 품계보다 1계급을 더 올려서 부여하였다. 예를 들면, 최종 합격자가 이미 품계가 있는 자이면, 1등에게는 정8품, 2등에게는 종8품, 3등에게는 정9품을 부여하는 것이다. 게다가 이렇게 더하여 부여하는 품계가 이미 가지고 있는 품계와 같거나 그에 미치지 못하면 응당 주어야 할 품계에 또 한 품계를 더하여 부여하였다. 결국 이미 품계를 지닌 채로 과거에 합격한 이들은 합격 전에 자기의 품계보다 1단계 이상 높은 품계를 부여받게 되어 있었던 것이다.

3. 관상감의 과거 및 취재의 과목과 서적들

관상감의 음양과 과시와 취재에서 사용되는 서적은 천문학과 지리학, 명과학에 따라 별도로 규정되었지만, 과거와 취재 모두 일반적으로 동일한 서적을 과목으로 만들어 시험을 치렀다. 『경국대전』에 따르면, 천문학 분과의 경우 과거와 취재에서는 『보천가』와 『천문』, 『역법』의 과목으로 시험을 쳤고, 지리학 분과는 『청오경』과 『금낭경』, 『명산론』, 『호순신』을 가지고 시험을 쳤다. 명과학은 『원천강』과 『서자평』, 『응천가』, 『범위수』의 책들을 과목으로 채택하였다.

그런데 이들 중에서 천문학과 명과학의 취재 과목, 즉 서적은 조선 후기에 이르러 바뀌게 된다. 이에 비해 지리학 분과에서는 『청오경』과 『금낭경』, 『명산론』, 『호순신』 네 가지 책을 가지고 계속 배우고 시험을 치르게 하였다.

천문학과 지리학 분과의 과거 및 취재 과목이 바뀌기 시작한 것은 이미 18세기 이후일 것으로 짐작된다. 하지만 그것이 명확하게 규정화되어 채택된 것은 1791년의 『신해이정절목(辛亥釐正節目)』을 통해서였다.[19] 이후 천문학 분과는 『수리정온(數理精蘊)』[20]과 『역상고성(曆象考成)』[21]으로 시험을 쳤고, 명과학은 『협길통의』로 바꾸었다.

천문학 분과의 과목을 바꾸는 것은 역법이 대통력에서 시헌력으로 바뀌었기 때문이다. 즉, 당시 천문학에서는 이미 시헌력을 쓰는데도 『경국대전』에서 규정한 『보천가』와 『천문』, 『역법』에서는 여전히 태초력(太初曆)[22]과 대연력(大衍曆)[23]을 강의하였기 때문이었다. 또한 명과학은 당시 추길(諏吉)[24]을 중심으로 업무가 변화하였는데, 『원천강』과 『서자평』, 『응천가』, 『범위수』와 같은 책들은 오로지 녹명(祿命)[25]만을 가르치는 책이었기 때문이었다.

4. 관상감 천거 완천자들과 가문

조선시대에 관상감에서 관리가 되기 위한 첫 번째 단계는 관상감에 소속, 즉 입속(入屬)이 되어 생도(生徒)가 되는 것이었다. 관상감에서 관리 후보생인 생도를 선발하는 과정을 완천(完薦)이라고 지칭하였는데, 조선 후기에 진행된 완천의 과정과 완천자들의 명단은 아래의 세 가지의 완천록에 실려서 오늘날까지 전해지고 있다. 이들 완천록들에는 완천의 결과 입속이 최종적으로 허락된 이들의 명단만을 신고 있을 뿐이다.

  1) 『삼력청완천록(三曆廳完薦錄)』, 규장각도서번호 古5120-136
     1742-1824년 입속자 명단
  2) 『본청완천안(本廳完薦案)』, 규장각도서번호 古5120-139
     1825-1860년 완천자 명단

3) 『삼력청완천안(三曆廳完薦案)』, 규장각도서번호 古5120-138
   1872년-1893년 완천자 명단

이들 완천록 중에서 첫 번째의 『삼력청완천록』에는 영조 18년(1742, 壬戌年) 7월부터 순조 24년(1824, 甲申年) 8월까지의 완천된 관원 590명의 이름과 부친의 이름, 완천 연월이 간략히 기록되어 있으며, 천문학뿐만 아니라 지리학과 명과학 소속 관원들의 이름도 함께 올라와 있다. 이 『삼력청완천록』은 후대에 다시 필사되어 정리된 것이라고 짐작된다.

다음으로 두 번째의 『본청완천안(本廳完薦案)』에는 순조 25년(1825, 乙酉) 8월부터 철종 11년(1860, 甲申年) 10월까지 총 23차례에 걸쳐 진행되어 완천된 266명의 명단이 실려 있다. 이 완천안에는 후보자의 본관과 생년, 부친과 조부, 증조부, 외조부의 성명과 관직 품계, 그리고 보거인 3인의 성명과 관직, 몇 순의 완천을 거쳤으며 최종의 순에서 가부표를 얼마를 얻어서 완천이 이루어졌는지 상세하게 적혀 있다.

세 번째의 『삼력청완천안』에는 고종 9년(1872, 壬申年) 3월부터 고종 30년(1893, 癸巳年) 9월까지 총 15차례에 걸쳐 진행되어 완천된 355명의 명단이 실려 있다. 이 완천안에는 앞의 것과 마찬가지로 후보자의 본관과 생년, 부친과 조부, 증조부, 외조부의 성명과 관직 품계, 그리고 보거인의 성명과 관직, 몇 순의 완천을 거쳤으며 최종의 순에서 가부표를 얼마를 얻어서 완천이 이루어졌는지 상세하게 적혀 있다. 한 가지 특이한 점은 보거인의 숫자가 3인이 아닌 1인만이 실려 있다는 점인데, 이는 당시 보거인의 숫자를 3인에서 1인으로 줄인 것이 아니라 아마도 상보인의 이름만을 적은 것이라고 짐작된다. 이 당시에 보건인의 숫자를 여전히 3인으로 규정하였음은 1891년에 작성된 『완천절목』에 의해서 확인되는 바이다.

완천록에 실려 있는 입속자들이 완천이 이루어진 나이는 대체적으로 8

세에서 20세 사이에 해당한다. 관상감의 과거인 운과에 입격한 연령이 11세에서 56세까지 분포해있는데, 이를 통해서 입속의 연령대가 보다 낮았으며 연령대의 분포도 과거 입격자들에 비해서 넓지 않음을 알 수가 있다. 한편 완천이 이루어진 이들 가운데 가장 나이가 많은 자는 1773년에 완천된 56세의 진의량(陳宜良, 1717년생)이라는 인물이었는데, 그는 이해에 운과 과거에도 합격한 것으로 보아서 아마도 입격한 이후에 완천이 진행된 경우가 아닐까 짐작된다. 이와 더불어 1780년(庚子年)에 완천된 안기상(安基祥)의 경우에는 생년이 기해(己亥, 1779)년으로 적혀 있는데, 만약 완천록의 기록에 착오가 생긴 것이 아니라면 2세의 나이에 완천이 된 셈이 된다. 1780년의 완천에서는 안기상보다 7살이 많은 형인 안규상(安圭祥, 1772년)이 9살의 나이로 함께 완천이 되었다.

마지막으로 관상감의 완천자들 중에서 과거에 입격한 비율은 어느 정도일까? 혹은 관상감의 과거 입격자들 중에서 완천자들이 차지하는 비율은 얼마나 될까? 음양과 입격자들 중에는 관상감에 완천되어 소속된 채로 교육을 받은 이들이 다수를 차지하지 않을까 생각하기 쉽지만, 완천록과 입격자 명단을 비교해보면, 반드시 그러하지는 않은 듯하다. 사실 이 비율이 정확히 얼마인지 파악하는 일이 생각 외로 쉽지 않은데, 이는 완천록에 기록된 입속자들이 향후 개명을 하고서 운과에 합격한 경우가 많았기 때문이다.[26] 현재까지 필자가 파악한 바로는 완천자의 명단을 파악할 수 있는 1743년의 기점으로 정조 말년인 1798년까지 치러진 음양과 과거시험의 합격자들 211명 중에서 최소 102명 이상이 완천을 거쳐서 관상감에 입속되어 있던 자들이었다. 이는 관상감의 완천을 통과하고 생도(生徒)로서의 경력을 지니지 않았음에도 음양과 과거에는 합격한 이들이 상당수 있었음을 말해주는 것이다. 하지만 그렇다고 해서 이들 입속자가 아닌 자로서 입격한 자들이 관상감의 중인 집단, 나아가 기술직 중인 집

안과는 무관한 사람들이었다고 말하기는 어렵다. 김양수에 따르면, 운과 과거 합격자들 중에서 부친(父親) 대에 잡과 과거에 합격한 비율은 41.9%에 달하였으며, 관직에 이름을 올린 이들까지로 범위를 확대한다면, 그 비율은 75.8%에까지 올라갔다. 비록 입속은 되지 않았지만, 부친과 조부, 외조부 등이 관상감에서 벼슬을 한 가계 출신으로서 음양과 과거에 합격한 이들이 많았다는 말이다. 이러한 비율은 음양과에만 특이한 것이 아니었다. 위의 수치들은 관상감의 중인 관원들의 혈연적 폐쇄성을 보여주는 것으로 평가되고 있다.[27]

6절 조선의 맹인 점복자와 관상감 명과맹

1. 조선의 맹인 점복문화

조선의 점복(占卜)문화, 특히 추명(推命) 점복에서 주요한 특징은 맹인 점복자들의 존재 자체와 점복자들 전체에서 맹인이 높은 비율을 차지하고 있었다는 사실이다.[28] 무라야마 지준(村山智順)은 "조선 말기까지 남성 복술자의 약 8할이 맹인이었고 이는 조선의 특이한 현상"이라고 하였다.[29] 무라야마 지준이 어떠한 근거로 이러한 이야기를 하였는지는 확실하지 않다. 하지만 조선 후기까지 점복문화를 기록한 여러 일기류 자료들과 풍속기 등에는 맹인 점복자들에 대한 이야기가 거의 빠짐없이 등장한다는 점을 통해서도 점복자들 중에서 맹인들이 높은 비율을 점하고 있었음을 어느 정도 확인할 수가 있다.

예를 들어, 이규경은 『오주연문장전산고』에서 맹인들이 도성에서 점복을 행하는 모습과 더불어 그들이 점복의 활동을 업으로 삼게 된 이유를 아래와 같이 흥미롭게 묘사하고 있다.

맹인은 사민(四民, 사농공상)의 반열에 들지 못하여 호구지책이 없다. 그러므로 그들은 반드시 역리(易理)로 점(占)치는 것을 배우고 더불어 경문(經文)과 주문(呪文)을 외는 것을 익혀서 살아가는데, 스승과 제자의 구분이 아주 엄격하다. 산통을 차고서 서로 번갈아 가며 저잣거리에 "문수(問數: 점치시오)"라고 외치는데, 그 소리가 노래와 같다. 그러면 사람들이 맹인이 지나가는 것을 알고서 불러서 점을 물어보는데, 그 대가로 양식을 받는 것으로서 본업을 삼는다.[30]

여기서 '사민' 즉 사농공상의 반열에 들지 못한다는 것은 곧 맹인들에게 사농공상에 속하는 일반적인 직업을 부여하기 어려웠기 때문이었다. 이와 더불어 맹인들이 사물을 볼 수 있는 시각은 잃었지만, 그 대신 눈앞에 보이는 사물과 사건 너머의 본질이나 진리, 혹은 그 어떤 것을 보는 별도의 능력을 갖추고 있을 것이라는 생각도 함께 작용하고 있었다. 이러한 이유로 맹인들, 즉 시각 장애인들은 주로 앞날의 길흉화복을 내다보는 능력을 갖출 수 있다고 생각하였으며, 이러한 이유로 점복의 업을 부여하였던 것이다. 게다가 맹인들에게는 단지 점을 쳐서 운명을 읽는 점복의 행위만이 아니라 세계의 너머, 혹은 신적인 세계와 소통하는 무당과 비슷한 능력이 갖추어져 있다고 여겨지기도 하였다. 이러한 이유로 위에서 인용한 이규경의 언급에서도 맹인 점복자들은 주역점뿐만 아니라 경문을 외우거나 주문을 외우는 등을 통해서 추명과 같은 점복뿐만 아니라 축귀와 기복까지도 행하는 종합적 술수문화를 수행하는 행위자로서 그려지고 있음을 알 수 있다.

맹인 점복자들의 기원은 이미 고려시대 이전으로 거슬러 올라가는 듯한데, 본격적으로 그 이름까지 기록되어서 전하는 것은 조선 초기부터라고 생각된다. 이규경은 국초의 유명한 맹인 점복자로 홍계관, 유은태, 함

순명 등을 소개하고 있으며, 이들을 '복맹의 시조'라고 지칭하고 있기도 하다.[31]

맹인 점복자의 활동에 대한 또 다른 흥미로운 기록으로는 황윤석의 『이재난고』를 들 수가 있다. 여기에서 이규경은 점복 활동과 관련된 여러 기록들을 남기고 있는데, 그중 한 기사에서는 당대에 장안에 소문이 났던 맹인 점사를 찾아간 사건이 기록되어 있다. 1764년 여름 36세의 황윤석은 서울에서 성균관 식당을 출석하고 있으면서 정승동에 사는 맹인 점사(盲占) 박춘형(朴春亨)에 대한 명성을 듣고서 직접 찾아가서 사주풀이를 청하기도 하였다.[32] 황윤석이 찾아간 박춘형은 사주 보는 일을 주업으로 삼으며 살아가는 사람이었는데, 그를 황윤석에게 소개한 이에 따르면 박춘형은 장안에서 명과(命課)를 가장 잘한다고 소문이 난 점쟁이였기에 사주를 묻기 위해 사람들이 몰려들었다고 한다.

이와 같은 맹인 점복문화의 흔적은 현대 한국어에도 여전히 남아 있는데, 지금까지도 맹인을 호칭할 때에 '장님', 혹은 '봉사'라고 부르는 관습이 그것이다. 맹인을 장님이라고 부르는 것에 대해서 이능화는 "지팡이(杖)를 짚고 다니며 점을 친다."는 뜻이라고 적고 있는데,[33] 이는 대부분의 맹인들이 점복을 업으로 살아갔던 조선시대의 전통과 관련이 깊다. 또한 경상도와 전라도에서 맹인을 일반적으로 '봉사'라고 부르고, 경기도, 황해도, 평안도에서는 존칭해서 '참봉'이라고 부르는데. 이러한 명칭들은 조선시대의 관직명인 봉사(奉事, 종8품)와 참봉(參奉, 종9품)에서 비롯된 것이며, 이는 후술할 관상감의 명과맹들에게 부여된 관직과 관련이 있는 일이었다.[34]

한편, 맹인 점복자를 '판수'라고 부르기도 했으며, 이 판수라는 용어는 '判數', 즉 운수(數)를 판단[判]한다는 의미에서 비롯된 것이라는 설이 있으며, 다른 한편으로는 관서의 우두머리를 지칭하는 명칭인 판사(判事)에서 비롯된 것이라는 설도 있다. 판수가 판사에서 비롯되었다는 설은 맹인들의 조직이었던 명통사의 책임자를 '판수(判數)'라고 지칭한 것과 관련이 있는 주장이다. 하지만 우선, 판수가 맹인 점복자만을 지칭한 용어인지에 대해서도 다른 의견이 존재한다. 또한 판수가 한자 용어 判數에서 비롯된 것이 아니라 '남자무당'을 의미하는 알타이어 '박시(Paksi)'에서 나왔다는 설도 있다. 일반적으로 우리말에서 '박수'는 맹인이 아닌 남자 무당을 지칭하는데, '판수'라는 용어가 '박수'와 같은 어원에서 비롯된 비슷한 발음의 용어라는 것이다. 조선시대에는 무당이 굿을 통해서 축귀를 할 뿐만 아니라 추명(推命), 즉 운명을 점치는 일도 하였기에 남자 무당에서 판수라는 용어가 비롯하였다는 주장도 충분히 일리가 있어 보인다.[35] 이처럼 현재까지도 사용되고 있는 맹인들에 대한 호칭들에서 우리는 맹인들이 점복에 능숙하거나 점복으로 생업을 이어왔던 오래된 문화의 흔적들을 찾아볼 수가 있는 것이다.

2. 관상감의 명과맹 관직

맹인 점복자들 중에서 관상감에 명과학 부분에 소속되어 정부에서 공식적으로 활동하였던 이를 명과맹(命課盲)이라고 한다. 조선에서는 국초부터 점술에 뛰어난 맹인을 관상감(觀象監, 천문 지리를 담당한 기관) 소속 관원인 명과맹(命課盲)으로 선발하여 산명(算命) 업무를 담당하도록 하였다. 그런데 관상감의 명과맹 관직과 관련해서 한 가지 지적하고 넘어가야 할 사실은 그동안 명과맹을 언급했던 연구자들이 마치 관상감의 명과학 부문의 대부분이 맹인들로 채워졌던 것처럼 서술하고 있다는 사실이다.[36] 하지만 이러한 서술은 뚜렷한 근거가 없는 추정적인 서술일 뿐이다. 마루야마 지준의 언급에서 알 수 있는 사실, 즉 조선의 복술인들 중에서 대부분이 맹인들로 구성되었다는 것은 단지 민간의 점복자들에게 국한되었던 사실일 뿐이다. 민간이 아닌 국가에 고용된 관원들로서 점복문화를 수행하였던 주된 행위자들은 관상감의 명과학에 소속된 관원이었는데, 이들 관상감 명과학 관원 중에서 대부분이 맹인이었던 것은 결코 아니었으며 오히려 소수였다고 생각된다. 게다가 후술하겠지만, 이 명과맹, 즉 관상감 명과학에서 맹인 점복자들에게 배정되는 관직에 대한 서술은 조선 중기 이후에는 편년사에서 명시적으로 등장하지 않는다.

　　명과맹(命課盲)에 대한 규정은 『경국대전(經國大典)』에서부터 찾아볼 수 있다. 『경국대전』의 이전(吏典) 경관직(京官職) 관상감조의 맨 마지막 구절에 명과맹에 대해서 아래와 같이 공식적으로 규정되어 있었다.

　　　　명과맹(命課盲)에게는 서반 9품 체아직 2자리가 할당된다. 이들에게는 4도목(24개월)마다 근무 성과를 평가하여 서로 바꾸어가면서 관직을 제수한다. 근무일이 4백 일을 채우게 되면 품계를 더해주었는데, 천인(賤人) 출신일 경우에는 종7품까지만 승진할 수 있다.[37]

　　그런데 '명과맹'의 관직에 대해서는 『경국대전』에서도 관상감조의 서문에 해당하는 부분에만 서술되어 있을 뿐이다. 게다가 그들에게는 실녹관직이 아닌 체아직 2자리가 할당되었으며 24개월의 근무 성적을 평가하여 자리를 교체한다고 적고 있다. 이러한 내용은 관상감의 명과맹의 관직이 영구적인 자리가 아니라 일종의 임시직에 비슷한 자리였음을 말해주는 것이다.

　　『경국대전』의 관상감 조목에 기술된 9품의 서반체아직이 정확히 어떠한 관직이었는지 명확하지는 않지만, 조선 후기에 편찬된 『서운관지』 등의 관상감 관련 자료들을 통해서 추정해볼 수 있다. 『서운관지』에 자세히 서술되어 있는 관상감의 관직들을 살펴보면, 이 서반체아직은 정9품의

'사용(司勇)'이었거나 혹은 그에 해당하는 관직이었을 가능성이 많다.[38] 이러한 내용은 명과맹의 관직들이 애초 설치될 때부터 관상감의 관직체계 내에서 맨 아래의 위치에 해당하는 관직이었음을 의미한다.

『조선왕조실록』을 검색해보면, 이 명과맹의 관직은 공식적으로 성종대에 이르러 처음 설치되었음을 알 수 있다. 1474년(성종 5) 11월에 관상감 제조의 이름으로 명과학을 폐지하고 대신 맹인을 모아서 취재를 하여 선발할 것을 건의하는데, 이 내용이 명과맹에 대한 최초의 기록이다.

> 관상감 제조(觀象監提調)가 아뢰기를, "당초에 명과학(命課學)을 설립할 때에 체아직(遞兒職) 2자리, 훈도(訓導) 2자리, 생도 18자리를 설치하였는데, 이제 설립한 지 이미 오래되었는데도 학업을 성취한 자가 적고 또 새로 소속될 자가 없어서 장차 폐지하게 되었습니다. 청컨대 체아직 2자리를 도로 지리학(地理學)에 소속시키고, 금루(禁漏)의 그 전함 생도(前銜生徒)는 지리학 훈도(地理學訓導)로 옮겨 소속시키며, 체아직 2자리를 전례(前例)에 의하여 잡직(雜職)을 더 설치하여 맹인(盲人)을 모아서 오로지 연업(鍊業)을 위임하고, 사맹삭(四孟朔)에 취재(取才)하여 제수하게 하소서." 하니, 그대로 따랐다.[39]

흥미로운 사실은 당시 명과맹의 설치가 관상감에서 명과학과 관련된 정원을 축소하고 관직을 줄이는 작업의 결과였다는 사실이다. 다시 말해, 이러한 내용은 조선 전기에 추명, 혹은 산명(算命)을 주로 수행하였던 관상감의 명과학에 소속된 관원들의 수준이 낮았으며 이는 명과학 학업에 대한 유인도 적었음을 말해준다. 게다가 명과학을 전공해서 능숙한 지경에 이른 이가 적었으며, 그 결과 명과학의 정원을 축소하고 그 정원을 지리학과 금루의 부분으로 돌려서 배당하고 명과학에는 맹인들 중에서 취재를 통하여 체아직 관직을 부여하였음을 알 수 있다. 이는 관상감의 명과학 부분의 운영이 제대로 이루어지지 않은 시대에 명과맹의 관직이 설치되었고 운영되었음을 의미하는 것이다.

사실 명과맹 제도에 대한 기술은 법전으로는 조선 초기의 자료인 『경국대전』에서만 보일 뿐 그 후에 간행된 『속대전』과 『대전통편』, 『대전회통』 등에서는 전혀 기록이 되어 있지 않다. 이러한 이유로 조선 전기에 관상감에 설치된 명과맹의 자리가 계속 유지가 되었는지, 혹은 만약 폐지되었다면 정확히 언제 폐지되었는지를 파악하기란 쉽지가 않다. 하지만 『경국대전』에서 관상감에 대한 규정의 서문에 해당하는 마지막에 남아 있는 구절, "명과맹(命課盲)에게는 서반 9품 체아직 2자리가 할당된다."는 구절에 대해 『속대전』과 『대전통편』, 『대전회통』 등에서는 이 구절 아래에 '혁파되었다'[罷]는 보주가 달려 있지 않다. 다른 구절에서 혁파된 관직에 대해서는 '혁파되었다'[罷]는 보주를 정확히 달고 있는 것을 보건대, 명과맹에 대한 규정은 조선 말까지도 혁파되지 않고 계속 존재하였다고 볼 수도 있다.

하지만 한 가지 중요한 사실은 관상감의 제도와 연혁 등에 대해 상세히 기록하고 있는 『서운관지』(1818)에는 명과맹에 대한 언급이 전혀 남아 있지 않으며, 이어서 관상감의 관직에 대해 그 세세한 내용까지 체계적으로 정리하고 있는 『육전조례』(1865)에도 명과맹에 대한 규정이 남아 있지 않다는 사실이다. 이런 사실들을 통해 짐작하건대, 조선 초기 맹인 술자들을 특별히 고려해서 그들에게 정9품의 체아직의 자리를 붙여주던 관행은 조선 후기에 이르러서는 분명히 약화되었거나 혹은 유명무실해졌을 가능성이 보다.

조선 후기와 말기에 편찬된 법전 자료와 관상감의 규정집 등에서 명과맹에 대한 기록이 일체 기술되어 있지 않은 점과 더불어 흥미로운 사실은 중종대 이후 복맹(卜盲)에 대해 비판하는 기록들이 실록에서 자주 등장한다는 점이다. 특히 중종대에 이르러 관상감에 양반 집안 출신자들을 유인하기 위해 겸교수의 관직이 설치되었을 때에 겸교수의 관직들 중 하나라로 명과학 겸교수의 정원이 1자리 배정되었는데, 이때에 명과학에 상위 직급의 자리를 배정하는 대신에 하위직의 자리를 축소하는 조치가 있었다. 그리고 이때 관상감에 배정된 서반체아직의 정원이 축소되었던 듯하다. 이러한 사실들을 보건대, 관상감의 명과맹의 관직은 조선 중기 이후 차츰 유명무실해졌거나 심지어 폐지되었을 가능성도 있다고 짐작된다. 다만, 국조(國祖)에 의해 만들어진 기본 법전의 조문을 가능하면 건드리지 않고 또한 그 조문을 만든 정신을 존중하고자 하는 전통이 유지되었음을 생각하건대, 조선 후기까지도 관상감에서 관원들을 뽑을 때에는 맹인들을 배려하는 관행이 여전히 남아 있었을 것이다.

하지만 시헌력의 도입 이후 명과학 업무의 중심이 추명(推命)에서 택일(擇日), 택시(擇時)로 옮겨졌으며, 또한 명과학 관원이 섭렵해야 할 지식의 범위가 추명과 선택(選擇)은 물론이고 천문학 지식으로까지 확산되었다. 또한 과거와 달리 명과학에서 행하는 선택의 업무는 추명과 달리 역서를 만들기 위한 역산(曆算)의 결과와 보다 밀접하게 연관이 되었다. 이렇게 명과학 관원이 섭렵해야 할 지식의 양이 늘어났으며 또한 역산 분야와의 관련성이 증가한 상황에서, 과거와 같이 맹인들이 과거와 취재 등에서 관상감의 명과학 관원으로 선발되기는 더욱 어려웠을 것이다. 게다가 18세기 후반에 이르면 명과학 분과의 운영이 본격적으로 궤도에 오르기 시작한 상황에서 국초와 같이 맹인들을 특별히 채용하여 업무를 행하게 하는 명과맹의 제도가 실질적으로 유지되기는 어려웠을 것으로 짐작된다.

한편, 조선의 맹인들은 도성 안의 명통사(明通寺)라는 곳에 소속이 되어서 활동하였는데, 이 명통사는 일종의 길드적인 조직이었다.[40] 성현에 따르면, "도성 안에 명통사(明通寺)라는 곳이 있는데 맹인들이 모이는 곳이다. 맹인들은 초하루와 보름날에 한 번씩 모여 경(經)을 외며 수(壽)를 비는 것을 일로 삼는다."고 하였다. 맹인들이 맹통시에 모여서 독경을 하고 기도를 하는 모습은 『태종실록』에서부터 찾아볼 수가 있다. 1402년(태종 2) 7월에 가뭄이 심해지자 태종은 죄수를 석방하게 하고, "무녀(巫女)들을 사평부(司平府)에, 소경[瞽者]들을 명통사(明通寺)에, 승도(僧徒)를 연복사(演福寺)에 모아 비를 빌"도록 하였으며, 1411(태종 11)과 1413년에도 맹인들을 명통사에 모아서 비를 빌었다고 기록되어 있다. 태종은 명통사에 대한 지원을 여러 차례 행하였는데, 1413년 11월에는 명통사에 모인 맹인들에게 쌀을 나눠주기도 하였으며, 다시 1417년에는 "선공감(繕工監)에 명하여 명통사(明通寺)를 다시 짓게 하고, 이어서 노비를 합하여 10구(口)를 내려주"기도 하였다.[41] 명통사라는 조직이 정확히 언제 설치되었는지 확실하지 않지만, 최소한 태종대 이래로 맹인들이 모여서 기우를 하고 독경을 하며 국가로부터 보상을 곡식과 베 등으로 상을 받는 공식적 조직으로서 역할을 수행하였던 듯하다.

또한 명통사는 지방의 맹인 조직들을 하위 조합으로서 거느리고 있었으며, 서울의 명통사는 이들 지방 맹인 조직들의 중앙 조직에 해당하였던 듯하다. 명통사는 지금의 남산 기슭 신당동 근처에 위치해 있었으며, 그 뒤 맹청(盲廳)으로 이름을 바꿨다. 명통사에 소속된 맹인들은 그 위계질서가 아주 엄격하여 지위가 높은 자는 청에 올라가고 낮은 자는 문을 지키며, 여러 겹의 문에 창을 든 수위를 세워서 다른 사람이 함부로 들어갈 수 없도록 하였다고 한다. 명통사는 국가의 공식적인 관아는 아니었지만, 마치 관서와 같은 체계를 만들어서 운영을 하였으며, 여기에 소속된 맹인들도 마치 관원과 같이 행동하였다고 전한다. 앞서 서술한 바와 같이, 명통사의 책임자를 '판수(判數)'라고 지칭하였다고도 하는데, 이 판수라는 명칭은 관서의 우두머리를 판사(判事)라고 지칭한 것을 모방하여 사용한 데에서 비롯되었다는 것이다.

태종대 이래 맹인들이 명통사에 모여서 매월 초하루와 보름에 독경을 하는 행사는 국가에 의해서 줄곧 지원되었는데, 영조는 이 맹인독경제와 같은 행사들을 폐지하라는 명을 내린다. 1756년(영조 21)에 국왕의 특명으로 맹제(盲祭), 독경제(讀經祭), 맹인기우제(盲人祈雨祭), 무녀기우제(巫女祈雨祭) 및 임금의 거처를 옮길 때에 행하는 맹인독경제를 모두 폐지하라고 명하였다.[42] 『문헌비고』에 따르면, 이들 행사는 "이미 폐지한 지가 오래되었지만 태상제안(太常祭案)에 아직도 수록되어 있었으므로 이제 와서 그 제안에서 그 이름을 없애게 되었다."고 한다. 하지만 이 당시의 조치에도 불구하고 맹인독경제가 완전히 사라지지 않았고 계속 시행되었던 것으로 보인다.

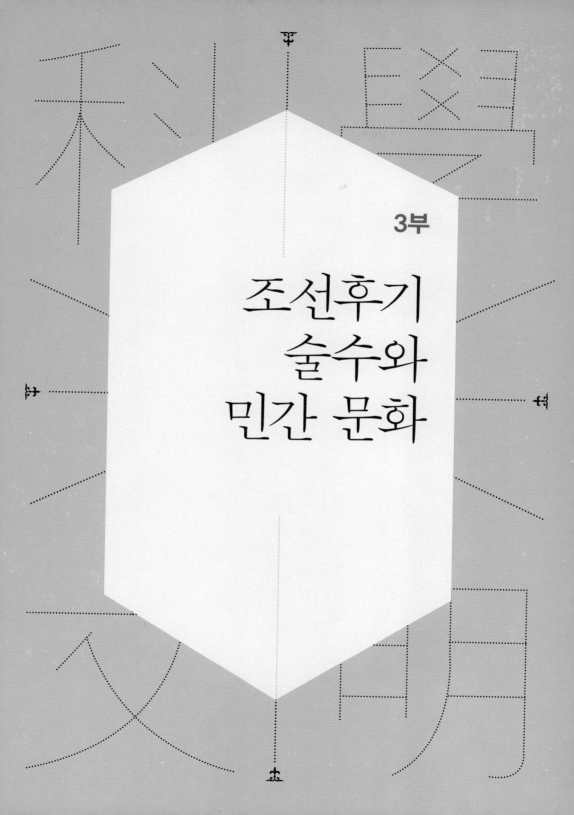

3부

조선후기
술수와
민간 문화

6장

조선 후기 유교와 술수문화

조선 정부와 왕실에서 술수문화를 향유하는 것을 따라서 일반 사대부 유학자들도 일반 민(民)들과 마찬가지로 사주를 보면서 궁합을 따지고 신년점을 쳐서 한해의 운수를 예측하였으며 지관(地官)을 불러 길지(吉地)를 정하여 조상의 묘를 쓰기 마련이었다. 뿐만 아니라 그들은 이사나 혼인 등 집안의 대소사를 치를 때도 길일(吉日)을 잡아서 거행하고자 하였으며, 심지어 무당을 찾아가 축귀(逐鬼)을 행하고 질병을 치료하고자 하였으며, 나아가 다가올 앞날에 대한 확신을 얻고자 자문을 구하며 복채를 주었던 것이다. 특히 사주 보는 법과 점치는 법은 의학과 마찬가지로 사대부 유학자들에게 실생활에서 요긴하게 사용하기 위해 익혀두어야 할 기본적인 교양과 같은 것으로 여겨지기도 하였다.

하지만 술수문화는 상층민 양반 사대부들뿐만 아니라 하층민들에게도 중요한 영향을 미쳤다. 그렇다면 조선 후기라는 시대에, 그리고 하층민들에게 술수문화는 어떠한 모습으로 존재하면서 기능하였는가? 사실, 세계에 대한 완전한 이해를 향한 열정은 단지 유학자들의 독점물은 아니었을 것이며, 생활에 쫓기는 하층민들이라고 해서 쉽게 포기하는 문제라고만 여겨지기 쉽다. 다른 한편으로 생각하면, 삶이 고단하면 할수록, 신분제 사회의 근본적 불평등과 '벽'을 체감할수록, 그리고 그것에 대한 불만이 체제의 완고성으로 인해 받아들여지기 힘들수록, 그로부터 벗어나고자 하는 희망, 피안의 세계에 대한 동경, 심지어 세상을 발칵 뒤집고자 하는 생각, 혁명에 대한 욕망은 강해지기 마련이며, 나아가 보다 '근본적 문제'에 대한 의문이 강하게 솟아나기 마련이다. 이렇듯 현실 세계에 대한 전반적 불만과 '전복'의 욕구는 말세적 위기감과 결합하는데, 많은 경우 술수의 이론과 방법들은 손쉽게 묵시론적 예언과 변혁의 이론을 제공하는 것이다.

그런데 점을 치는 유학자들의 모습에 대해서는 많이 주목받지 못하고 있으며 않으며 관련된 연구도 그다지 풍부하게 제출되어 있지 않다. 다만, 최근 들어 조선시대 유학자들의 일기류 자료들이 새롭게 소개되고 그로 인해 이른바 '조선인의 일상생활'에 주목하여 재구성하고자 하는 연구들이 속속 진행되고 그 결과물들이 제출되고 있음은 주지의 사실이다. 이른바 '조선인들의 실생활'을 주목하고 자세히 소개하는 것이 유행이라면 유행인 셈이다. 하지만 이들 연구 중에서 일기류 자료들에 상당량으로 실려 있으며, 또한 조선시대 사대부 유학자들의 일상생활에 커다란 영향을 주고 있었던 점복(占卜) 활동과 관련된 내용에 대해서 특별한 관심을 갖고서 분석을 수행한 경우는 아주 드물다고 할 수 있다.

그나마 이런 식의 관심을 토대로 분석이 이루어진 자료로는 16세기 자료인 이문건(李文楗, 1494-1567)의 『묵재일기(默齋日記)』와 유희춘(柳希春, 1513-1577)의 『미암일기(眉巖日記)』를 들 수 있다. 이들 자료를 분석한 연구들이 공통적으로 취하고 있는 방식은 과거에는 대개 민속학적인 관점을 토대로 관련 기사들을 몇 가지로 분류하여 정리하고 있다.[1] 하지만 최근 들어 이들 자료에 실려 있는 다양한 의료 생활과 더불어 무속과 점복 행위들이 일상사, 혹은 생활사에 대한 관점에서 자세하게 소개되고 있기도 하다.[2] 이를 통해서 우리는 조선시대 유학자들이 점복 활동에 다양한 방식으로 관여되고 향유하였음을 알 수가 있다.

그렇다면 조선시대 일기류 자료들에 나타난 사대부의 점복 활동 기록들을 가지고 어떠한 질문들이 가능할까? 유학자들의 점복 활동에 대한 연구는 '조선시대 사람들의 삶'의 일상적 모습, 혹은 '일상생활'의 구체성을 자세하게 드러내는 데에 일조하는 것일 뿐인가? (필자가 생각하기에 이 자료들을 어떻게 다룰 것인가 하는 문제는 우리가 조선시대의 술수학, 점복 활동들을 어떻게 바라볼 것인가 하는 문제와도 관련이 있다고 생각한다.)

이 글은 조선시대 일기류 자료에 나타난 점복 활동의 기록들에 대한 또 하나의 분석 보고서이자 조선시대 유학자들의 점복 활동, 혹은 술수적(術數的) 지식 활동에 대한 해석적 논의를 시도를 시도한 결과물이다.

1절 점을 치는 유학자들

1. 16세기 유학자의 점복 행위

조선의 유학자들도 일반 상민들과 마찬가지로 민간의 점복자를 찾아가서 운명을 점쳤었다. 유학자들의 점복 행위를 보여주는 흥미로운 자료로서 16세기 유학자 이문건(李文楗, 1494-1568)에 의해 작성된 『묵재일기(默齋日記)』를 들 수 있는데, 이 자료는 조선 중기 유학자의 일상생활 속에서 행해진 의료 활동과 점복 활동을 다양하게 보여주는 흥미로운 자료이다. 여기에는 이문건 본인을 비롯하여 여러 가족들의 질병에 대한 기록과 치료에 대한 내용들이 풍부하게 기록되어 있는데, 이러한 의료적 처지와 더불어 다양한 형태의 점복과 무속 활동들이 함께 동원되었음을 알 수가 있다. 신동원은 조선시대 사람들의 일상생활 속에서 이루어진 의료 활동을 『묵재일기』 등을 통해 풍부하게 소개하고 있는데,[3] 그에 따르면 이문건은 아들 온(熅)의 질병에 대해 약을 쓰는 방식의 치료 외에도 무당의 굿이나 승려의 구명시식 등을 시행하였다. 하지만 그의 아들은 전광, 즉 오늘날의 정신병에 해당하는 질병과 간질에 해당하는 질병이었기에 약을 이용한 치료가 쉽지 않았다. 이문건은 특히 아들의 간질에 대해서 초자연적인 힘에 의지하여 치료하고자 하였는데, 이를 위해 하늘에 제사를 지내거나, 병점과 무당굿을 십여 차례 행하였다. 그리고 그는 아들의 운명이 향후 어떻게 될 것인가를 묻고자 수시로 점쟁이와 무당을 찾아가서 점을 치고 굿을 했는데, 신동원이 정리한 내용을 인용하여 몇 가지를 소개하면 다음과 같다.[4]

- 점쟁이 김자수(金自粹)가 와서 온(熅)의 수명을 물었더니, 12월에 액운이 있다고 하여 북두칠성에 제사를 지내라고 하였다. (1552. 10. 9.)
- 근처의 점쟁이에게 점을 쳤는데, 온의 목숨이 불길하다고 했다. (1554. 12. 14.)
- 맹인 점쟁이 막동(莫同)에게 점을 쳤는데, 액운이 끼었기 때문에 병이 그렇다는 말을 들었다. (1555. 6. 10.)
- 점을 잘 치는 김자수에게 가서 병을 물으려 했더니 부재중이어서 공쳤다. (1555. 6. 11.)
- 맹인 마당(馬堂)에게서 점을 쳤더니 죽음에는 이르지 않을 것이라 했다. (1555. 6. 15.)
- 무녀(巫女)에게 역시 물었더니, 17일 이후 차도가 있을 것이라 했다. (1555. 6. 15.)

- 김자수에게 아들 병에 대해 점을 치게 하였는데, 점괘로 산지박(山地剝), 산수몽(山水蒙) 괘가 나와서 바로 죽지는 않는다는 말을 들었다. (1556. 3. 15.)
- 승려 보명(普明)에게 병자의 행년수(行年數)를 물었다. (1556. 11. 28.)

이문건은 아들의 병을 빌기 위해서 안봉(安峯)에서 북두칠성에 초제를 지냈으며, 안봉에 있는 절에서 구명시식(救命施食)을 벌이거나, 무당을 불러서 굿도 행하였다. 이문건의 이런 노력에도 불구하고 아들 온은 1557년 40세의 나이로 죽게 된다.

이복규의 분석에 따르면, 『묵재일기』에는 무점, 혹은 무속과 관련된 행위가 약 30년간 79건가량이 발견된다.[5] 뒤에서 살펴보겠지만, 『이재난고』와 비교해보면, 『묵재일기』의 경우에는 무점과 관련된 기사의 길이가 짧고 간단한 것들이 대부분을 차지한다. 이에 비해 사주점(四柱占)에 대한 기사는 단 한 군데에서 간단하게 적혀 있다.[6] 사주점에 대한 기사가 거의 나타나지 않는 상황은 유희춘(柳希春, 1513-1577))의 『미암일기(眉巖日記)』에서도 마찬가지이다. 『미암일기』에는 무녀(巫女)를 불러서 굿을 하고 병을 치료하고자 했다는 내용이 2군데의 기사에서 나타나는 데 반해,[7] '사주(四柱)'라는 글자는 아예 등장하지도 않는다. 이런 점은 황윤석의 『이재난고』의 경우와는 완전히 반대되는 사실이다. 필자가 분석한 바로는 『이재난고』에 적혀 있는 점복 활동과 관련된 대부분의 내용은 사주(四柱)를 중심으로 운명을 논하는 점법을 담고 있을 뿐이다.

그렇다면 이처럼 16세기에 저술된 일기류 자료들에서 무당을 불러서 점을 치거나 치료를 하는 기사가 빈번히 등장하는 데에 비해 사주점(四柱占)을 사용하는 기사가 나타나지 않는 이유는 무엇일까? 이는 아마도 사주를 이용한 점법이 조선 후기에 이르러서야 본격적으로 유행하였기 때문일 것이다. 물론 이러한 추측은 보다 많은 자료로서 뒷받침해야 할 사항이며, 사주 점법이 조선 후기에 이르러서야 유행하게 된 이유는 무엇인지도 또한 앞으로 연구해봐야 할 주제이다.

사실 사주(四柱)를 이용한 점법은 중국에서 오대(五代) 말에서 남송(南宋)대에 걸쳐서 체계가 만들어진 점법으로 13세기 후반에 이르러서야 본격적으로 고려로 전파된 것으로 보인다. 하지만 고려시대에는 사주 점법이 사대부들의 사적인 차원에서 행해지다가 조선 초에 이르러서는 서운관의 취재 과목으로 등장하기 시작하는데 『난강강』, 『응천가』 등의 서적을 이용한 시험이 그것이다. 특히 『난강강』은 명대의 신원미상의 인물이 지은 사주 명리학(命理學) 서적으로 알려져 있는데, 조선으로 정확히 언제 수입되었는지 알 수는 없지만, 세종 12년의 상명소가 올린 초기에 처음으로 음양학(陰陽學)의 복명학(卜命學) 부분의 취재 과목으로 등장한다.[8]

2. 주역점을 치는 유학자들

앞에서 소개한 바와 같이 이문건은 점쟁이 김자수를 찾아가 아들의 병을 물었을 때 김자수는 『주역(周易)』의 괘인 산지박(山地剝), 산수몽(山水蒙)을 들어서 아들의 운명을 풀이하였다. 그런데 조선시대의 유학자들은 이처럼 점쟁이를 통해서 주역의 점괘를 얻기도 하였지만, 자신이 직접 주역점을 행하여 괘를 얻어서 운수를 점치고는 하였다. 유학자들은 주역점, 혹은 작괘점(作卦占)의 과정에 대해서도 연구를 하였으며 자신이 생각하기에 옳다고 생각되는 방식으로 작괘의 과정을 변형해서 사용하기도 하였다. 유학자들이 주역점을 연구하고 실행한 데에는 유학의 기본 경전인 『주역(周易)』과 주희가 서술한 『역학계몽(易學啓蒙)』의 영향 때문이었다. 일반적으로 작괘점, 혹은 시초점(蓍草占)은 기본적으로 『주역(周易)』 「계사전(繫辭傳)」과 이를 해설해놓은 주희의 『역학계몽(易學啓蒙)』에 수록된 방법을 이용하여 괘를 뽑는 방법이다. 그런데 이 시초를 이용하여 괘를 얻어 내는 구체적인 과정에 대해서는 논자들과 학자들에 따라서 약간씩 차이가 났다. 비록 약간의 차이가 나기는 하였지만 시초를 이용하여 주역점을 치는 행위는 조선시대 유학자들에게 광범위하게 공유되었던 모습인 듯하다. 이는 조선시대 유학자들이 남긴 여러 문집들에서 시초를 이용하여 점을 친 내용들을 통해서 짐작할 수 있다.

2절 18세기 유학자 황윤석의 점복 행위

18세기 전라도 함평에 살았던 황윤석(黃胤錫, 1729-1791)의 『이재난고(頤齋亂稿)』는 조선 후기 사대부의 학문과 일상생활을 자세하게 들여다볼 수 있는 중요한 자료이다. 『이재난고』는 조선 후기 유학자들의 술수문화, 혹은 점복 행위를 잘 보여주는 자료이기도 하다. 아래에서는 우선 황윤석이 사주(四柱) 추명(推命)을 하는 모습을 묘사할 것인데, 이러한 모습에서 나타나는 몇 가지 특징들은 앞 절에서 서술한 16세기의 일기류 자료인 『묵재일기』와 『미암일기』의 그것과 비교해서 살펴보면 흥미롭게 읽힌다. 이어서 『이재난고』에 실린 기사들을 통해 황윤석의 주위에서 점복 행위를 수행한 실행자들이 어떠한 이들이었는지를 논할 것이다. 마지막으로 황윤석이 점복과 술수 지식 자체에 대해서 탐구한 모습을 보여줄 것이며, 이를 통해 조선시대의 점복, 술수 지식이 천문학과 경학의 지식과 어떤 식으로 중첩되고 있었는지를 보여주고자 한다.

1. 16세기와 18세기의 차이: 무점, 사주점, 자미두수, 주역점

『이재난고』를 살펴보면, 전라도 흥덕에서 서울로 과거시험을 보러 올라와서 맹인 점복자 박춘형(朴春亨)을 만난 황윤석의 모습을 아주 흥미롭게 발견할 수가 있다. 1764년 36세의 황윤석은 서울에서 성균관을 다니며 식당 출석을 하고 있었다. 8월 1일 아침, 식당 출석을 마치고 돌아온 그는 이주부(李主簿)로부터 정승동에 사는 맹인 점사(盲士) 박춘형(朴春亨)에 대한 이야기를 듣고서 직접 찾아간다. 그는 점 값으로 2전을 내고서 자신의 사주(四柱)를 이야기 해주면서(기유년, 기사일, 임인일, 무신시) 사주풀이를 해줄 것을 청하였다.

맹사는 황윤석의 사주를 듣고서 "대운(大運)의 수가 7인데, 7세, 17세, 27세의 대운은 그다지 좋지가 않고, 내년인 37세부터는 대운이 아주 좋으니 병술년간(丙戌年, 1766)에 반드시 대과(大科)에 급제할 것이다."라며 사주풀이를 시작한다. 맹사는 황윤석에게는 자식이 둘이 있는데, 한 아들은 필시 귀하게 될 것이라고 말하였다. 황윤석은 당시 이미 1759년에 소과(小科)를 통과하여 진사(進士)가 되어 있었는데, 시험 삼아 "자신이 소과라도 통과할 수 있을 것인가?"라고 묻자, 맹사 박씨는 "기묘년(己卯年, 1759)과 임오년(壬午年, 1762)에 이미 그렇게 되었을 것이 틀림없다."고 말한다. 그러자 황윤석은 자신이 기묘년에 과연 소과에 통과하였고, 임오년에는 둘째 아들을 얻었다고 이야기해준다. 박사(朴師)는 황윤석의 큰아들 사주를 묻고서 "큰아들이 26세인 정유년(丁酉年, 1777) 무렵 반드시 대과(大科)에 합격할 것이고, 작위가 초헌(軺軒)에 이르며,[9] 수명은 65세 이상에 이를 것입니다. 그 귀함이 부친보다 나을 것이나, 수명은 부친의 74세만큼은 되지 않을 것입니다."[10]라고 말한다. 황윤석은 이 이야기를 듣고 상당히 기뻐하였다. 이어서 자신의 둘째 아들의 사주까지 물었으며, 마지막에는 자신의 동생인 온제(溫弟)의 운수를 묻고자 하였으나, 맹사 박씨는 갑자기 바쁘다며 일어난다. 황윤석은 자신이 낸 점 값이 지나치게 적어서 그런 것임을 직감하고 더 이상 조르지 않고서 헤어졌다. 이날 저녁 황윤

석은 맹사를 다시 찾아가 빗 하나를 내놓으며 동생의 사주를 물었다.[11]

『이재난고』는 황윤석이 1738년(9세)에서 1791년(63세)까지 작성한 일기를 담고 있는데, 필자가 간략히 분석한 바로는 『이재난고』에는 최소 64건의 기사가 사주(四柱) 점법과 관련된 것들이며, 그들 대부분은 상당한 분량으로 작성되어 복술가(卜術家)에게 사주를 보여주고 운명을 점친 과정을 자세히 담고 있다. 위에서 소개한 기사의 내용은 『이재난고』에 실려 있는 황윤석의 점술 활동의 형태를 전형적으로 보여주는 것이라고 할 수 있다. 황윤석은 항상 자신과 자신의 두 아들, 그리고 동생의 사주를 외우고 다니면서 사주나 성명에 뛰어난 자들이 있다는 소리를 들으면 찾아가서 자신과 자식들의 과거운(科擧運)과 관운(官運), 그리고 수명(壽命) 등의 문제를 중심으로 운명을 묻는 일을 계속하였다.

그런데 『이재난고』에 실려 있는 황윤석의 점복 활동에서 우선적으로 드러나는 특징은 무점(巫占), 혹은 무속(巫俗)과 관련된 기사가 거의 등장하지 않는다는 점이다. 황윤석은 무당(巫堂)을 부르거나 혹은 무당에게 찾아가서 앞날의 길흉을 묻지를 않았으며, 무당을 집에다 불러서 굿을 행하지도 않았던 듯하다. 무당에 대해, 그리고 무점에 대해 황윤석이 어떻게 생각했는지를 이해하려면 『이재난고』의 기사 등을 보다 자세히 살펴봐야 하겠지만, 몇 가지 자료에서 드러나는 인상을 말하자면, 그는 수령이나 방백(方伯)들이 무당을 불러 굿을 행하면서 치료나 기복을 행하는 행위에 대해서 상당히 비판적이었던 것으로 보인다. 이런 점은 앞에서 살펴본 16세기 이문건의 『묵재일기』의 경우와는 확연히 차이가 나는 사실이다.

16세기의 일기류 자료들과 비교할 때에 황윤석의 『이재난고』에서 드러나는 또 한 가지의 중요한 특징은 자미두수(紫微斗數) 점법에 대한 내용이 자주 등장한다는 점이다. 황윤석이 만나는 점술사(占術士)들 중에는 일반적인 사주 점법만을 사용하는 이도 있었지만,[12] 그 상당수가 자미수(紫微數)도 함께 이용하면서 명운(命運)을 점치고 있었음이 드러난다. 자미두수 점법은 일종의 호로스코프 점성반을 이용하는 서양식의 점성술이 동아시아에 전래된 것이다.[13] 『이재난고』에서는 이 점성반에다 본인의 성명(星命)을 열거해놓은 것을 "자미열록(紫微列錄)"이라고 칭하고 있다. 이 자미열록, 즉 호로스코프를 작성하기 위해서는 본인의 사주(연월일시)를 정확하게 알아야 한다. 이런 점에서 자미수 점성법도 크게 말하면 사주 점술법에 속한다고 말할 수 있는데, 황윤석 역시 이 둘을 크게 사주 점술법의 범주에서 파악하고 있는 듯하다.

황윤석은 자신이 만나는 자미두수 술사들이 사용하는 방법에 대해 대자미수(大紫微數)와 소자미수(小紫微數)를 분명하게 구별하면서 적고 있다. 즉, 『이재난고』에는 누구는 대자미수를 잘하고 누구는 소자미수를 잘한다고 구별해서 적혀 있는 것이다. 황윤석에 따르면, 대자미수는 진희이(陳希夷)가 쓴 『자미두수전서(紫微斗數全書)』의 방법을 이용한 점법이라고 한다.[14]

황윤석의 『이재난고』을 살펴보면, 사주를 이용한 점술사의 태반이 자미수의 점법을 병행하고 있음을 알 수 있다. 그리고 이러한 자미수 점법은 앞서 언급한 16세기의 일기류 자료에는 전혀 사용되지 않았던 것이다. 심지어 『묵재일기』와 『미암일기』에는 '자미(紫微)'라는 글귀조차도 등장하지 않는다. 결국 이 자미두수 점술법 역시 16세기에는 알려지지 않았거나 유행하지 않았던 것이 18세기 황윤석의 시대에서는 유행을 하고 있었던 점법임을 알 수 있는 것이다. 물론 자미두수 점술법에 대한 기사가 많은 이유가 황윤석의 개인적인 취향 탓일 가능성도 있을 것이다. 즉, 지금까지 분석된 일기류 자료들에 수록된 점복 활동들이 분석되지 않은 상태에서 『이재난고』 하나만을 분석한 결과를 가지고서 18세기의 전체적

경향이라고 쉽사리 추측하기는 어렵기 때문이다.

한편, 황윤석의 『이재난고』에 남아 있는 점술 활동 중에서 가장 빈번하게 등장하는 것은 주역점(周易占), 혹은 작괘점(作卦占)의 방법을 이용한 점술 행위이다. 이 작괘점법은 『주역』의 64괘 중에서 본괘(本卦)와 지괘(之卦)를 얻어 그 괘사나 효사의 내용을 가지고서 길흉을 점치는 법을 말한다. 이때 괘나 효를 얻어내는 방법은 원칙적으로는 시초(蓍草)를 이용하는 방법에서부터 돈을 던져서 앞뒷면이 나오는 것으로 음양을 정해서 얻는 방법 등이 있다. 이 중에서 시초점(蓍草占)은 50여 개의 시책(蓍策)을 이용해서 효와 괘를 얻어내는 방법이다. 황윤석은 이 주역점, 혹은 작괘점을 이용하여 괘를 얻어내는 일을 평생 동안 행하였다. 그리고 주역점 활동은 굳이 술사를 찾아가서 행할 필요가 없으므로 직접 행한 것이다. 황윤석은 나중에 늙어서는 힘들고 번거로워졌는지 작괘하는 과정을 아들이나 혹은 손아랫사람으로 하여금 대신하게 하여 수행하였지만, 죽을 때까지 며칠마다 한 번씩, 그리고 큰 대사가 있을 때마다 괘를 뽑아내며 운세를 점치는 일을 멈추지 않았다. 예를 들면, 그는 아침에 일어나 여행을 출발하는 것이 나은지 머무르는 것이 나은지를 점치기 위해서 작괘의 과정을 수행하여 '건지기제(蹇之旣濟)'의 결과를 얻어내었다.15 시초를 이용해서 괘를 얻어내는 것이 많은 시간을 소요하고 번거로웠기에 황윤석은 동전을 던져서 괘를 얻어내는 모습도 자주 보여주고 있다.

이 작괘점술법은 16세기 이문건의 『묵재일기』와 유희춘의 『미암일기』에서도 그대로 나타나는 점법이다. 이문건과 유희춘 역시 수시로 이 작괘점술법을 이용하여 점을 쳤다. 이런 사실은 작괘점술법이 조선시대 전후기를 막론하고 유학자들에 의해 꾸준히 행해졌음을 알 수 있게 한다. 이 작괘점술법은 『주역』 「계사전」과 주희의 『역학계몽』을 통해서 그 방법을 배울 수 있는 것이었기에, 『성리대전』을 통해 『역학계몽』의 내용이 조선의 유학자들에게 널리 알려지고 연구되기 시작한 15세기 이후부터는 유학자들이 작괘점법을 행할 수 있었을 것이다. 다만, 그들이 사용하는 작괘법에서 어떠한 차이가 있는지는 앞으로 더 자세하게 분석해봐야 할 문제이다.

2. 조선 후기 점복 행위의 실행자들: 점술가, 술사 그리고 유학자

한편, 작괘점술법을 예외로 하고서, 18세기에 살았던 황윤석이 사용하던 점술이 16세기의 그것과 상당히 달랐다는 사실은 곧 점술을 실행하는 점술사, 혹은 복술가(卜術家)들의 존재가 아주 달려졌음을 의미하는 것이다. 즉, 무당에게 가서 점을 치는 일이 많았던 16세기의 이문건의 경우 『묵재일기』에는 별도의 술사(術士)들이 한 명도 등장하지도 않는다. 『미암일기』에는 술사라는 단어가 한 번 등장하지만, 이는 묏자리를 쓸 때 불러온 지관(地官), 즉 풍수가를 지칭하는 단어였다.

이에 비해 무당을 찾아가지 않았던 황윤석은 누구에게 운명을 물어보았을까? 『이재난고』를 읽어보면, 황윤석은 평생 동안 엄청난 사람들을 찾아가서 만나고 교유하였음을 알 수 있다. 그가 만났던 사람들은 사대부에서부터 중인들과 평민으로 추정되는 사람들까지 다양했으며, 한두 번의 안면이 있는 사람을 통해서 다른 사람을 소개받고 만나는 일을 계속하였다. 이 점은 황윤석의 점복 활동에서도 마찬가지였다. 그가 자신과 가족들의 사주를 물었던 술사들 역시 다양한 종류의 사람들이었던 것이다.

우선, 앞서 말한 맹인 점사 박춘형은 아마도 사주 보는 일을 주업으로 삼는 사람이었을 것이다. 그는 장안에서 명과(命課)를 가장 잘한다고 소문이 난 점쟁이였기에 사주를 묻기 위해 사람들이 몰려들었다고 전한다. 황윤석이 만난 술사들 중에는 그 일을 업으로 삼지 않지만 이름이 널리 알려진 사대부들도 많았다. 예를 들어, 1769년(40세) 때에 만난 서이수(徐爾修), 서여수(徐汝修) 형제는 사대부 신분으로서 자미두수를 아주 잘 해 북경에서도 명성이 자자했다고 전한다. 이들 형제는 1756년 사도세자의 대리청정 시에 노론인 송준길의 문묘종사를 요구하는 성균관 소속 선비들의 상소문에다 이름을 올리기도 하였다. 이 외에도 목천 현감을 지낸 신처권(愼處權)도 자미수를 신기에 가까울 정도로 잘했다고 전하고 있다. 『이재난고』의 기사에는 천안에 사는 김이안(金履安)[16]은 목천 현감 신처권이 "금년(1769년)에 자신이 천안에 있을 때 반드시 의외의 죄명이 있을 것임을 미리 알고서 8월과 9월에는 출사하지 말라고 말하였으며, 또한 11월에는 복직까지 되었다. 신씨가 운명을 말하는 것이 이와 같이 기이하게 적중하였다."고 말하는 것을 적고 있다. 이들 외에도 인판서(印判書)의 집에 기거하는 복술에 능한 자, 조정랑(趙正郎)의 집 인근에 거주하는 조진관(趙鎭寬), 남원에 사는 한정호(韓廷虎), 임별감(任別監) 등 다양한 유학자들과 중서인들이 복술가로서 『이재난고』에 등장한다. 『이재난고』에서는 이들 복술인들의 신분에 따라서 그 복술의 방법이나 황윤석이 술사를 대하는 태도 등에서 어떤 특별한 차이를 발견할 수가 없다. 이들 복술인들은 황윤석과 그의 주변인들과 함께 점복에 대한 관념과 지식 그리고 믿음을 함께 공유하고 있었던 것으로 보인다. 그들은 서로를 서로에게 소개해주고 소개받으면서 점복에 대한 지식과 정보 그리고 믿음을 공유하고 있었던 것이다.

점복에 대한 이와 같은 분위기는 황윤석이 자신의 사주 및 자식들의 사주를 술사들뿐만 아니라 지인들에게도 거리낌 없이 돌리고 사주에 대한 평을 부탁하는 모습에서도 그대로 드러난다. 예를 들어, 1783년(51세)에 황윤석은 능교(綾橋)에 사는 송병문(宋昞文)에게 당시 측실에서 새로 태어난 아들과 장손의 사주를 함께 편지를 적어서 평을 요청하였다. 또한 1787년(59세)에는 새로 태어난 손녀의 사주를 적어서 송병문과 참판 이병정에게 보내어 평을 하도록 요청하였다. 이처럼 황윤석은 사주와 자미두수 등에 뛰어난 이가 주위에 있을 경우 새로운 아이가 태어날 때마다 그 사주를 적어서 회람을 시키고 평을 요청하였음을 알 수 있다. 사주를 풀이하고 논의하는 문화는 단지 전문적인 술업을 담당하는 이들과의 관계에서만이 아니라 사대부 유학자들의 교류에서 중요한 주제였던 것이다.

황윤석이 교류하고 친분을 쌓아온 이들이 사대부 유학자들을 중심으로 하는 지식인 사회였기에, 그가 술사들에게 사주풀이를 요청하면서 특히 관심을 가진 문제는 바로 자신과 자식들이 언제 과거에 급제하는가 하는 문제와 벼슬 운이 어떠한가라는 문제였다.『이재난고』에는 그가 술사들과 나눈 대화의 내용과 그들로부터 들은 사주풀이의 결과를 상세하게 적고 있는데, 여기에서 빠지지 않는 문제가 바로 과거운과 관운이었던 것이다. 이는 과거와 관운이 사대부 유학자들에게 공통적인 중요 관심사였기에 당연한 일로 보인다.

그런데 이런 황윤석의 관심은 이문건의 경우와는 다시 한번 크게 차이가 난다. 이문건의『묵재일기』에서 무당을 불러서 굿을 하고 점을 치는 주된 목적은 건강을 기원하고 질병을 치료하는 데에 있었다. 즉, 이문건의 경우를 보면, 당시 무당의 역할은 미래 예측이나 과거운, 관운을 일으키는 것이라기보다는 오히려 질병 치료 행위가 오히려 주된 것이었음을 알 수 있다. 이에 비해 황윤석의『이재난고』에 적혀 있는 점사들에는 자기 부인의 병과 자식들의 건강에 대한 내용이 간혹 담겨 있기는 하였지만 그것이 주된 내용은 아니었다. 게다가 황윤석은 술사들에게 자신이나 가족의 질병이 언제 어떻게 발병하거나 치료될 것인지를 물은 적은 없다. 그의 가족이 질병에 걸렸을 때 무녀를 불러 해결하고자 하는 경우도『이재난고』에서는 발견되지 않는다. 결국 점복 활동을 누가 주로 담당하였는 가에 따라서 그 내용 또한 달라진 것임을 알 수 있다.

　마지막으로 황윤석은 점복의 결과를 어떻게 받아들였을까? 점복의 결과를 과연 어느 정도 신뢰하였을까? 『이재난고』를 살펴봤을 때에 황윤석은 점복의 결과를 상당히 신뢰하였으며, 특히 그 예언의 언사가 그대로 실현되었음을 확인하는 기록을 몇 차례나 남기고 있다. 예를 들어, 1778년(50세)에 서여수가 자미수를 가지고 황윤석의 운을 평하여 말하되, "무술년(戊戌年, 1778) 윤6월에 만약 도정이 열리게 되면 반드시 동반 6품 정직을 얻을 것입니다."하였다. 황윤석은 "과연 그러하니, 그 징험이 이와 같았다."고 적고 있다. 이해 6월에 황윤석은 동부도사(東部都事, 정6품 무관)을 제수 받았다.

　1779년(51세) 2월 초3일에는 그동안 시를 주고받으며 교류를 하던 윤광세(尹光世)라는 이를 다시 만났는데, 그는 황윤석의 사주를 평해주면서 작괘를 해주었는데, 혁지수(革之隨)괘를 얻었다. 그러면서 그가 말하기를, "금년 기해년 7월에는 반드시 일읍(一邑)을 얻을 것입니다. 하지만 충분히 차지를 못 해서 가능하지 못할 것입니다. 필시 신축년(辛丑年, 1781년)에는 만약 사사로운 변고만 없다면, 반드시 군수에 승차하여 천거되고 자궁(子宮, 부인)께서 오년생(午年生)이시니 크게 길하여 수명이 칠십셋을 넘길 것입니다." 하였다. 이 기사를 적고 난 뒤에 그는 나중에 "뒤에 8월에 목천(木川)을 얻었다. (목천현감이 되었다) 경자년(庚子年)에는 6월에 패하여 돌아왔고, 신축년(辛丑年)에는 아내를 잃었다. 윤생이 사주 평이 가히 징험하였다."고 적어놓고 있다.

　황윤석이 술사들에게 보여준 자신과 자식들, 그리고 동생의 사주에 대한 풀이가 모두 들어맞았는지 지금으로서는 충분히 파악하지 못하였으며, 모두 확인할 수 있을지도 모르겠다. 다만, 황윤석은 술사들의 사주풀이 대부분에 대해서 신뢰를 표하였고, 몇몇의 경우에는 그대로 징험하였다고 생각하였다.

3. 술수와 점복, 엄밀성과 전문적 지식

황윤석은 단순히 점복 행위의 서비스를 수동적으로 받는 사람이 아니었다. 그는 점복 지식에 대해 탐구하기 위해 관련된 문헌들을 연구하였으며 점복과 술수 지식의 엄밀성을 추구하는 모습을 보여주기도 하였다.

사주 점술에 대한 황윤석의 탐구와 관련해서 아주 흥미로운 내용이 『이재난고』에 기록되어 있다. 1787년(59세)에 황윤석은 고창(高敞)에 사는 김생(金生)으로부터 중국본 『자미두수전서(紫微斗數全書)』를 열람하게 되는 기회를 갖는다. 여기에는 공자(孔子)로부터 자고(子羔), 자로(子路), 맹자(孟子) 등의 현인들과 항우, 장량, 한신, 한광무제, 왕망, 여태후, 제갈량, 안록산, 양귀비(楊貴妃)까지 무려 62명의 인물들의 사주와 죽은 날짜가 기록되어 있었는데, 그는 이 사주들을 『이재난고』에다 옮겨다 적어놓았다. 참고로 이 자료에서 공자는 경술년(庚戌年) 十一月 初一일 子時生이고 임술년(壬戌年) 四月 初二日에 죽었으며, 양귀비는 갑자년(甲子年) 正月 初七日 未時에 태어나서 계묘년(癸卯年) 九月 初九日에 죽은 것으로 되어 있다. 그러면서 그는 "여기에 초록해두고 넓게 질정할 일을 기다린다."고 적고 있다. 이후 황윤석은 이 책에 적혀 있는 공자의 사주가 과연 정확한 것인지를 알기 위해서 여러 문헌들을 뒤져 탐구하기 시작하고, 「공자생졸변증(孔子生卒辨證)」이란 글을 지어서 여러 학자들의 주석에서 공자의 생년과 몰일을 기록한 부분들을 정리하여 논한다. 그는 주자의 『논어집주』 서설에 적혀 있는 내용과 『춘추공양전(春秋公羊傳)』 등을 비롯하여 여러 고전의 내용을 토대로 공자의 생년월일을 따질 뿐만 아니라 심지어 천문학 지식을 동원하여 세차 등의 수치를 교정하는 전문적인 계산의 작업까지 수행한다.

즉, 황윤석은 공자의 생년월일을 따지기 위해서 천문학과 사주추명, 혹은 자미두수의 지식들을 넘나들면서 논의를 진행하기 시작한 것이다.

이런 내용들을 보면, 황윤석은 사주의 지식, 특히 자미두수 지식들이 천문학과 밀접한 관련이 있음을 충분히 인식했음을 알 수 있다. 물론 전통시대의 술수학 지식들이 천문학 지식들과 애초부터 밀접하게 연결되어 있었음을 생각할 때에 황윤석이 이러한 인식을 특별하게 여겼으리라고 생각하는 것은 단지 우리 근대인의 관념일 것이다. 황윤석이 사주의 문제를 천문학적인 문제와 관련해서 따지는 모습은 다음의 예를 통해 다시 한번 확인할 수 있다.

1787년(57세) 10월 28일에 두 번째 아들에게서 제2녀가 태어났다. 그는 이 아이가 태어난 시각에 대해 "새벽 전에 자정 제1각에 삼수(參宿)가 정중앙에 있을 때에 두 번째 아이가 태어났다. 과연 송생의 설이 징험되었다."고 적고 있다.[17] 그러면서 "이날 오시(午時) 초2각이 대설(大雪)이었고 11월 절일이었다."면서 새로 태어난 여자아이의 사주를 정미년(丁未年) 신해월(辛亥月) 임오일(壬戌日) 경자시(庚子時)로 정하였다. 이후 그는 12월 21일에는 두 번째 손자를 얻는데, 이 손자의 사주를 정할 때에는 북경과 한양의 절기 시각의 차이를 고려하면서 사주를 정미년(丁未年) 계축월(癸丑月) 갑인일(甲寅日) 정묘시(丁卯時)로 정하고 있다.[18] 이후 그는 이들 사주를 송병문과 참판 이병정 등 주변의 지인들과 술사들에게 회람시키면서 사주 평을 듣고자 하였다.

마지막으로 황윤석은 주역점, 혹은 작괘점의 과정에 대해서도 연구를 하였으며 자신이 생각하기에 옳다고 생각되는 방식으로 작괘의 과정을 변형해서 사용한 듯하다. 이 작괘점, 혹은 시초점은 기본적으로 『주역(周易)』「계사전(繫辭傳)」과 이를 해설해놓은 주희의 『역학계몽(易學啓蒙)』에 수록된 방법을 이용하여 괘를 뽑는 방법이다. 그런데 이 시초를 이용하여 괘를 얻어내는 구체적인 과정에 대해서는 논자들에 따라서 약간씩 차이가 난다. 황윤석은 일찍부터 이 『역학계몽』에 실려 있는 작괘법에 대해 탐구하여 『이재난고』에다 그 내용을 적어놓고 있으며, 나아가 『역학계몽』에 대한 여러 주석들을 참고하여 연구하는 모습을 보여주고 있다. 특히 그는 "호방평(胡方平)의 『역학계몽통석(易學啓蒙通釋)』이 『계몽』을 이해하는 데에 요긴한 책이며, 호씨의 역학(易學)에 대한 공이 많다."고 적고 있기도 하다.[19]

그런데 나이 40이 넘어가면서 황윤석은 주희의 『역학계몽』에 적힌 시초점법, 즉 작괘법의 내용에 미비점이 있다고 생각하고 보완을 하고 있는 모습을 보여준다. 게다가 흥미롭게도 그가 『역학계몽』의 시초법을 보완하는 근거로 삼는 것은 김석문(金錫文, 1658-1735)의 『역학도해(易學圖解)』이다. 그는 1778년(50세)에는 『역학계몽』과 『역학도해』의 방법에 함께 의거하여 시초를 만들고 나누는 모습을 보여준다. 이후 임인년(壬寅年, 1782년, 54세) 정월 초하루 이후부터 황윤석은 의관을 정제하고 난 뒤에 대곡 김석문의 48시책법을 가지고 작괘를 행하기 시작한다. 그달 9일에는 진주의 최진사가 요청한 장사지낼 날을 "大谷四十八蓍"를 사용하여 얻어내기도 한다. 몇 달 뒤에 황윤석은 "여식의 병을 점치기 위해 대곡의 대연법(大衍法)을 사용하였다. 간지진(艮之晉) 괘를 만났다."고 적고 있다.[20]

필자는 황윤석이 김석문의 시책법을 왜 선택하였는지, 김석문의 시책법이 주희의 『역학계몽』에 적혀 있는 내용과 어떻게 다르고 무엇이 더 나은지에 대해서는 아직 잘 알지를 못한다. 다만, 1782년 이후 황윤석이 작괘법으로 점을 볼 때에는 반드시 김석문의 48책법을 이용하여 괘를 뽑았음을 볼 때에, 그가 보기에 『역학계몽』보다 더 낫거나 혹은 그것을 보완하는 것으로 판단되는 시초점의 방법을 김석문의 『역학도해』에서 발견한 것이 분명한 듯하다.

4. 황윤석의 점복활동과 술수학, 상수학

이상의 내용에서 필자는 황윤석의 『이재난고』에 남아 있는 점복 활동의 기록들을 분석하였다. 그리고 그것을 16세기의 일기류 자료들에 대한 분석의 결과와 비교하여 조선시대 유학자들의 점복 활동의 역사적 변화의 양상을 보여주는 증거들을 발견하기도 하였다. 앞서 이야기한 바와 같이 무점, 무속의 빈도와 사수 점법, 자미두수 점술법의 유행 시기의 차이 등이 그것일 것이다. 하지만 이런 역사적 변화의 양상들을 완전히 확정 짓기에는 분석의 대상이 된 자료들이 아직 부족하다고 생각된다. 따라서 향우 여타의 일기류 자료에 대한 필자와 동료 연구자들의 분석으로 보다 보완될 필요가 있을 것이다.

필자는 이와 같은 실증적인 결론보다는 다음과 같은 점에 보다 주목이 된다. 즉, 점복 활동의 실행자들은 상위 지식인인 사대부들과 그보다 하위 지식인들인 중인 지식인들에게 겹친다는 점에 더 주목할 필요가 있다고 생각한다. 예를 들어, 황윤석이 자신과 가족의 사주를 두루 회람시킬 때에, 그리고 그들과 더불어 사주팔자를 논하고 점법의 정보를 주고받는 과정에서 어떠한 계층적인 구분 의식을 드러내지를 않았다.

게다가 이와 같은 점술 행위의 실행자가 상층과 하층으로 엄밀하게 구분되지 않는다는 사실은 그들이 사용하고 있는 술수학, 혹은 점술의 지식 자체가 보다 상위의 역학(易學), 혹은 경학(經學)의 지식, 나아가 천문학의 전문적 지식들과 나누어지는 선이 없다는 점과도 관련이 있다.

흔히 생각하기에, 유학의 학문 활동에서 중심적 위치를 차지하는 경학이나 자연철학의 지식들은 사대부 유학자들의 고상하고 고급스런 학문적 활동 속에서 존재하고, 이에 반해 술수학, 점복과 관련된 지식들은 흔히 술사(術士), 혹은 도사(道士)라고 지칭되는 이들과 기술직 중인을 포함하는 중인 지식인들, 점쟁이, 지관, 무당, 중, 협객 등을 포함하는 광범위한 중하층 지식인들이 수행하는 보다 덜 고급스런 지식 활동에 속에서 존재하는 것으로 생각되기 쉽다.

하지만 필자가 생각하기에, 이 두 영역을 가르고 있는 계층적 분리선은 아주 희미하다. 사대부 유학자들도 일반 민(民)들과 마찬가지로 사주를 보면서 궁합을 따지고 신년점을 쳐서 한 해의 운수를 예측하였으며 지관을 불러 길지를 정하여 조상의 묘를 쓰기 마련이었다. 뿐만 아니라 이사나 혼인 등 집안의 대소사를 치를 때도 길일(吉日)을 잡아서 거행하고자 하였으며, 심지어 무당을 찾아가 다가올 앞날에 대한 확신을 얻고자 자문을 구하며 복채를 주었던 것이다. 사주 보는 법과 점치는 법은 의학과 마찬가지로 사대부 유학자들에게 실생활에서 요긴하게 사용하기 위해 익혀두어야 할 기본 교양과 같은 것으로 여겨지기도 하였다. 이런 점들을 고려한다면, 술수학, 혹은 점복과 관련된 지식들은 경학과 자연철학, 천문학의 지식 분야들과 그것을 수행하는 인적인 측면이나 이론적인 측면에서 서로 착종되면서 항상적으로 영향을 주고받았다고 해야 할 것이다.

생각해보면, 자연세계의 완전한 이해 가능성에 대한 믿음을 상정하면서 세계의 수리적 원리에 대한 근원적 탐구를 행하고자 하였으며 또 그 과정에서 역학적(易學的) 이론과 도식들을 끌어와서 이용하고자 하는 관념은 상수역학의 지식이나 자연과학적 해석의 지식과 마찬가지로 술수학의 지식들을 영위하고 발전시키는 주요한 토대이다. 왜냐하면 완전한 깨달음을 향한 욕구나 '도(道)의 통달'에 대한 욕구는 『주역』을 탐구하며 자연철학적 논의를 전개했던 유학자들뿐만 아니라 복술과 풍수, 도참적 논의를 행하는 술사들의 마음속에서 꺼지지 않는 불씨처럼 항상 남아 있었으며 또 동일한 방식으로 작용하고 있었기 때문이다. 황윤석의 『이재난고』에 나타나는 점복 활동과 점복 지식에 대한 탐구의 기록들은 조선 후기 지식 세계 속에서 점복과 술수의 지식이 차지하고 있는 위치를 잘 보여준다고 생각한다.

3절 조선시대 역서와 술수문화의 민간 침투

조선 후기에 이르러 술수문화가 확산되는 데 중요한 역할을 수행한 것으로는 역서(曆書), 혹은 책력(冊曆)이다. 역서는 조선의 정부에서 매년 간행하는 서적으로서 일상생활에 필요한 날짜의 진행과 절기의 시각 등을 알려주는 중요한 서적이었다. 역서에는 또한 다양한 역주(曆註)들이 포함되어 있었는데, 그중에서 의(宜)와 불의(不宜), 즉 길한 시각과 날짜, 혹은 흉한 시각과 날짜에 관한 정보를 포함한 주(註)들이 실려 있었다. 역서에 실려 있는 이러한 길흉에 관한 정보들과 더불어 지나간 날짜들의 간지와 음양오행 관련 정보들은 조선의 왕실과 조정, 유학자들과 일반 백성들이 길일을 택하고 사주 등의 운명을 점치는 데에 가장 기초적인 자료로 사용되었다.

1. 역서의 인출량

조선시대의 역서 간행과 관련된 술수문화를 이해하기 위해서는 우선 당시 간행된 역서(曆書), 즉 책력(冊曆)들의 종류를 이해할 필요가 있다. 조선시대에 정부에서 간행하는 역서는 크게 두 가지 종류로 나누어서 살펴볼 수가 있다. 즉, 매년 1회씩 간행하는 연력(年曆)과 10년에 한 번씩 간행하는 장기력(長期曆)이 그것이다.

연력: 日課曆, 七政曆, 內用三書(內用三曆)
장기력: 千歲曆, 萬歲曆, 百中曆

이 중에서 매년 1회씩 간행하는 역서에는 크게 일과력(日課曆)과 칠정력(七政曆), 내용삼서(內用三書, 內用三曆) 세 가지 종류가 있었다.

이들 역서 중에서 조선시대에 간행된 것 중 가장 중요하고 대표적인 것이 바로 매년 간행되었던 일과력(日課曆)이다. 일과력은 부수로 따져서도 가장 많이 인쇄되었고 일반에까지 널리 배포되어 사용되었던 상용 역서이다. 따라서 일과력은 왕실과 조정 그리고 민간에까지 배포되어 널리 사용되던 상용력이라고 할 수 있다. 조선 후기인 18세기 말에 이르면 일과력의 간행 부수는 뒤에서 상술하겠지만 무려 40만 부 가까이에 도달한다.

일과력 외에 칠정력과 내용삼력 등은 간행 부수가 그다지 많지 않았기에, 아래 서술에서 말하는 인출량은 주로 일과력을 중심으로 말하는 것이다. 『서운관지』에 따르면, 조선 초기에 역서의 인출량은 한 해 5천 부 정도에 불과했다. 흥미로운 점은 이 5천 부 중에서 4천 부는 관상감에서 인쇄를 하여 배포하였고, 1천 부는 교서관에서 인쇄를 해서 서책을 인출하는 자금으로 사용하도록 했다는 사실이다.[21] 이런 기록은 조선 초기부터 역서의 인쇄와 배포를 관상감이 독점해서 수행한 것이 아니라 교서관과 분담해서 진행하였음을 말해준다. 조선 초기에 역서의 인쇄를 관상감과 교서관이 분담해서 수행한 데에는 당시 일과력을 포함한 역서들을 금속활자를 이용하여 인쇄하였기 때문이며, 또한 역서의 인쇄와 판매를 통해서 기관의 운영 비용을 마련하는 관행과도 관련이 있었다.[22] 이 점에 대해서는 아래 절에서 다시 상술할 것이다.

조선에서 역서의 인쇄 부수는 이후 1724년(경종 4) 무렵에는 이미 10만 부 이상을 넘어간 것으로 보인다. 이때 조선 정부는 관상감의 요청을 받아들여 이듬해부터 일과력을 금속활자가 아닌 목판으로 인출하는 문제를 논의하였는데, 당시 관상감에서는 시험 삼아 연신방위도장 1장을 목

판으로 만들어 10만 부 인쇄하였으나 아무런 문제가 없었다고 보고하고 있기 때문이다.[23]

이후 역서의 간행 부수는 계속 늘어나서 1762년에는 최소 10,300축 (206,000부, 1軸은 20부에 해당)을 돌파하였으며,[24] 1769년에는 11,400축 (228,000부), 1773년에는 12,400축(248,000부) 이상으로 늘어났다.[25] 이후 정조대에 접어들어 역서의 간행 부수는 더욱 빠른 속도로 늘어나서 1791년 전에 14,670축(293,400부)에 도달하였다. 1791년에 30만 부를 통과하기 시작하여, 15,300축(306,000부),[26] 1797년경에는 16,000축(320,000부)으로 증가한다. 이렇게 했는데도 인쇄 부수가 부족했는지 그로부터 1년 뒤에 부수는 다시 증가하게 되었다. 『일성록』에 따르면, 1798년 11월 30일 이후 18,000축(360,000부)을 인출하는 것을 정식으로 삼았다.27 하지만 그로부터 채 한 달이 못 되어서 역서가 부족할 것을 염려하여 1천 축을 추가로 인출하기로 결정하였으며, 그 결과 이해의 역서 인출량은 모두 19,000축(380,000부)이 되었다.[28] 이후 1867년에 편찬된 『육전조례(六典條例)』에는 역서의 인출량을 총 17,694축(353,880부)으로 적어놓고 있다.[29]

이상 『서운관지』와 『일성록』, 『육전조례』 등의 자료를 통해서 조선 초기 이후 관상감에서 이루어진 일과력의 간행 부수의 변화를 표로서 정리해보면 다음과 같다.

〈표 6-1〉 조선시대 일과력 간행 부수의 변화

연도	간행부수
조선 초기	~5,000
1724	≥ 100,000
1762	≥ 206,000
1769	≥ 228,000
1773	≥ 248,000

1781~1791	294,300
1791	306,000
1797	320,000
1798	360,000~380,000
1867	353,880

이와 같은 역서의 간행 부수와 당시 조선의 인구를 고려해보면, 대략 5~6가구당 한 부씩 역서를 이용하고 있었을 것으로 짐작된다.[30] 이처럼 엄청난 분량의 역서를 매년 인출하기 위해 조선 정부는 상당한 양의 물적인 자원을 투여했을 것이다. 당시 종이 값이 비쌌던 것을 염두에 둔다면 역서를 간행하는 일은 조선시대를 통해서 국가가 매년 수행했던 여러 사업들 중에서 아마도 가장 많은 자원이 동원되는 사업들 중 하나였을 것으로 짐작된다.

한편, 일과력 외에 칠정력은 주로 궐내와 관상감에서만 사용되었기에 간행 부수 자체가 많지 않았다. 『서운관지』 권2의 진헌(進獻)과 진사(頒賜), 식례(式例) 편에 실려 있는 조목들을 통해서 짐작하건대, 칠정력의 간행 부수는 수십 부 이내에 불과했을 것이다.

아울러 내용삼서 또한 대전과 세자궁, 각 내전 등에 1부씩 진상되었고 관상감의 영사(領事)와 제조(提調) 2인에게 각 1부 반사되었을 뿐이다. 이외에 관상감 자체에서 필요한 부수를 합하더라도 역시 수십 부 이내의 부수로 간행되었을 것이다.

이에 비해 천세력과 백중력은 상대적으로 많은 부수를 인쇄하여 배포하였다. 대전과 세자궁에는 각각 일과백중력 10건, 칠정백중력 5건, 천세력 20질(상편과 하편 포함)씩 진상되었고, 관상감 내에서 일과백중력이 171건 이상, 칠정백중력이 33건, 천세력이 모두 173질 이상이 필요했다. 천세력은 내각(內閣, 규장각)에도 1질 바쳐야 했다.[31]

2. 일과력과 내용삼서

일과력(日課曆)이란 말은 사실 현대의 연구자들에 의해 사용되는 말이고, 조선시대에는 역(曆)이라는 글자를 제외한 채로 일과(日課)라는 단어를 사용하여 상용력을 지칭하였다. 일과라는 명칭은 1426년(세종 8)에 임금이 "지금부터는 역서(曆書)에서 '역(曆)'자를 쓰지 말고 '일과(日課)'라는 말로 쓰라."고 명하면서부터 사용되기 시작하였다.[32] 필자가 짐작건대, 당시 세종의 명령은 모든 역서의 명칭에서 역(曆)자를 사용하지 말라는 것이 아니라 매년 간행하는 상용력을 일과로 바꾸어서 부르라는 것이었다. 그렇다면 당시 널리 배포되어 사용되던 상용력의 명칭을 '일과'로 바꾸도록 한 이유는 무엇이었을까? 그것은 아마도 이 상용력을 당시 매년 간행하던 또 다른 종류의 역서인 칠정력과 구분하여 호칭하기 위해서였다고 생각된다.[33] 만약 일상적으로 사용되던 상용력에 대해서 '역서'라는 보통 명사를 계속 사용한다면, 다른 종류의 역서인 칠정력에 대해서는 분류와 호칭이 모호해지는 결과를 낳게 될 것이다. 결국 매년 간행하는 역서

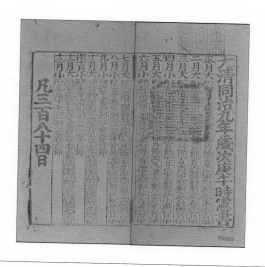

〈그림 6-1〉 1870년(동치 9) 일과력의 첫 장인 월력장 부분

의 종류가 다양해지다 보니 상용력과 칠정력을 구분해서 부를 필요가 있었을 것이고, 그 결과 상용력에 대해서는 역서라는 보통명사보다는 '일과'라는 별도의 호칭을 만들어내고 사용하고자 하였던 것이다. 그 결과 1426년 이후부터는 만약 그해의 간지가 갑진(甲辰)이면 일상적으로 사용되는 상용력에 대해서는 '甲辰年 日課', 태양과 오행성의 궤도 계산을 담은 칠정력에 대해서는 '甲辰年 七政曆', 왕실 내부에서 사용되는 내용삼력에 대해서는 '甲辰年 內用三曆'으로 각각을 구분하여 호칭하기 시작하였다.

일과력을 포함한 역서들에는 일반적으로 당해 연도의 역일(曆日) 정보와 역주(曆註) 정보가 포함되는데, 여기서 말하는 역일 정보란 날의 진행과 한 달의 길이, 일과 달의 간지 등과 관련된 내용을 의미하는 것이고, 역주 정보란 24절기의 시점, 달의 위상 변화인 삭현망(朔弦望)의 시점, 태양의 일출입 시각 등의 천문학적인 정보와 매일의 길흉(吉凶)과 관련된 택일(擇日), 택시(擇時)의 정보들이 포함되어 있었다. 특히 천문학 관련 정보에서 일과력은 칠정력과 같은 천체력이 아니었기에 태양과 달의 운동과 관련된 24절기와 삭현망 정보 정도를 수록하고 있을 뿐이며 태양과 달, 오행성 등과 같은 천체들의 위치에 대한 자세한 정보들은 포함하지 않았다.

이러한 역일의 정보, 혹은 천문학적인 정보를 계산하는 방법을 일반적으로 역법이라고 하는데, 어떠한 역법을 사용하느냐에 따라서 역서의 일반적인 명칭이 정해졌다. 예를 들어, 수시력(授時曆)과 대통력(大統曆), 명시력(時憲曆) 등의 명칭이 그것이다. 여기서 수시력은 원나라에서 만들어서 사용하던 역, 대통력은 명나라 시기에 만들어진 역, 시헌력은 청나라에서 새롭게 만들어 사용하던 역이었다. 따라서 일과력도 이 역서의 일반적 명칭을 따라서 대통일과(大統日課), 혹은 시헌일과(時憲日課)로 지칭되었다. 즉, 대통력의 계산법을 이용하여 만드는 일과력이 바로 대통일과, 시헌력의 계산법을 이용하여 만드는 일과력이 바로 시헌 일과였다.

한편 내용삼서(內用三書)란 내용(內用), 즉 왕실에서 사용하는 역서를 의미한다. 내용삼서의 애초 명칭은 내용삼력(內用三曆)이었는데, 청나라 건륭제의 즉위 이후 건륭제의 이름 홍력(弘曆)을 피휘(避諱)하여 내용삼서(內用三書)로 지칭하기 시작하였다. 시헌력을 시헌서로 부른 것도 동일한 이유에서이다.[34] 내용삼서라는 명칭은 고종이 칭제를 하고 대한제국을 설립한

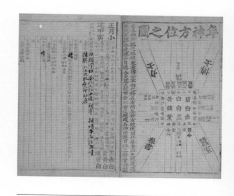

〈그림 6-2〉 1864년(고종 1) 甲子年 內用三書의 연신방위도 부분과 정월장 부분.

이후에는 다시 내용삼력으로 고쳐서 부르기 시작하였다. 따라서 대한제국기에 간행된 1905년의 내용삼서의 제목은 '大韓光武九年歲次乙巳內用三曆'이다.

내용삼서는 왕실에서 사용하는 역서이기에 일과력에 비해 더 많은 정보가 포함되었는데, 역주 부분에 일과력과 다른 상(上), 임(任), 하(下)의 역주가 포함되어 있다. 여기서 상(上)의 단에는 임금의 활동에 대한 역주가 포함되었으며, 임(任)의 단에는 왕세자의 활동에 대한 역주가 포함되었다. 마지막 하(下)의 단에 수록되어 있는 역주는 하민(下民), 즉 일반 백성들이 사용하는 역주, 즉 일과력에 실린 역주와 동일하게 실려 있었다.[35] 이러한 이유로 내용삼서의 역주 정보는 일과력에 비해서 훨씬 많았기에, 일과력의 장수가 15~16장이었던 데에 비해서 내용삼서의 전체 장수는 50장을 훨씬 넘었다. 예를 들어, 1868년(고종 5)에 사용된 대청동치칠년세차무진내용삼서(大淸同治七年歲次戊辰內用三書)는 57장으로 구성되어 있으며,[36] 1892년(고종2 9)에 사용된 대청광서십팔년세차임진내용삼서(大淸光緒十八年歲次壬辰內用三書)는 69장으로 구성되어 있다.[37]

한편 내용삼서가 정확히 언제부터 간행되기 시작하였는지는 아직까지

정확히 알 수 없다. 현존하는 가장 오래된 내용삼서는 1751년에 사용된 '대청건륭십칠년세차임신내용삼서(大淸乾隆十七年歲次壬申內用三書)'이다. 하지만 『승정원일기』에 따르면 내용삼서는 최소한 인조대 무렵부터 간행되었을 것으로 짐작될 수가 있다.[38]

3. 조선시대 역서의 술수문화적 요소

조선시대 역서는 여러 가지 종류의 술수문화적인 요소들로서 구성되었다. 따라서 조선시대 상용 역서의 내용들을 살펴보면 조선시대 술수문화의 일단을 이해할 수 있게 만든다. 이를 다른 식으로 말한다면 역서는 특히 조선 후기 이후에는 조선 사회에서 술수 관련 지식을 전달하고 특히 하층부 백성들에게까지 술수문화를 영위할 수 있게 만든 주요한 계기이자 매개체였다. 조선시대 역서에 수록된 술수문화적 요소들을 설명하면 다음과 같다.

우선 조선시대에 간행된 일과력의 내용을 앞에서부터 열거하면 다음과 같다. 우선, 한 해의 역일과 24절기의 시각에 대한 요약된 정보를 담고 있는 월력장(月曆張)[39]이 등장하고 다음 장에 한 해의 길흉신이 자리잡은 방향을 보여주고 있는 연신방위도(年神方位圖)를 싣고 있다. 이후 정월장, 2월장, 3월장, 4월장, 5월장, 6월장, 7월장, 8월장, 9월장, 10월장, 11월장, 12월장이 등장하며 마지막으로 기년장(紀年張)이 등장한다.[40] 만약 그해가 윤년이라면 윤월에 해당하는 장이 한 장 더 추가되었으므로 전체가 16장이 된다. 일과력을 목판으로 찍기 시작한 이후부터는 위의 각 장들이 하나의 판목으로 새겨져서 인쇄되었다.

그중에서 월력장은 아래에서 보는 바와 같이 일과력의 1면과 2면에 수록되어 있었다. 당시 일과력은 원칙적으로 별도의 표지가 없이 간행되었으므로 이 월력장 부분이 역서의 제일 첫 부분이 된다.

1871년에 간행된 조선의 역서를 살펴보면, 월력장의 맨 앞에는 이 역서의 권두서명이라고 할 수 있는 '대청동치십년세차신미시헌서(大淸同治十年歲次辛未時憲書)'라는 글귀가 적혀 있다. 이 구절을 해석하면, "대청국에서 동치 10년(1871) 신미년에 사용하는 시헌서"라는 뜻이다. 여기서 물론 대청(大淸)은 청나라를 의미하며 동치(同治)는 청나라 목종(穆宗) 황제의 연호이다. 이 일과력이 사용된 해는 동치 10년 신미년(辛未年)으로써 서기로는 1871년, 우리나라의 고종

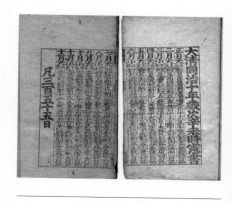

<그림 6-3> 1871년(고종 8, 동치 10) 일과력의 월력장(月曆張)

8년에 해당한다. 다음으로 시헌서(時憲書)는 일과력을 포함한 당시 사용되던 역서의 공식 명칭이었다. 이 명칭은 원래 시헌력(時憲曆)으로 칭해졌는데, 청나라 건륭황제의 이름이 홍력(弘曆)이기 때문에 피휘를 하기 위해 시헌서(時憲書)라고 칭하였다. 시헌력은 중국에서는 1644년부터, 조선에서는 1653년부터 사용된 역서의 이름이다.

권두서명 다음에는 매달의 대소와 절기 시각들이 적혀 있다. 한 달의 길이가 30일인 달을 큰달(大), 29일인 달을 작은달(小)라고 하였다. 1871년의 대소월(大小月)의 진행은 정월대, 2월대, 3월소, 4월대, 5월대, 6월소, 7월대, 8월소, 9월대, 10월소, 11월소, 12월대로 구성된다. 1871년 신미년에는 큰 달이 7개, 작은 달이 5개 들어오는 셈이다. 이들 날짜를 모두 합하면 355일이라고 맨 마지막 줄에 큰 글자로 적혀 있는데, 이 355일이 이해의 1년의 길이가 된다.

정월대(正月大)와 같이 매달의 대소를 적은 글자 밑에는 그달 초1일(朔日)의 간지(干支)가 적혀 있다. 이 간지의 정보는 음양오행을 토대로 하는 60갑자법으로 적혀 있다. 따라서 이 간지 정보는 역서를 이용한 점복 행위나 술수 행위에 가장 기본적으로 사용되는 정보였다. 1871년 1월 1일

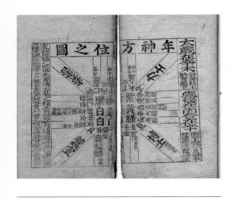

〈그림 6-4〉 1871년 일과력에 수록된 연신방위도

의 간지는 신묘(辛卯)이다. 그 아래에 보면, '初一日辛卯巳初二刻十二分雨水正月中'이라고 적혀 있는데, 이 말은 이해 1월 1일 '辛卯日 巳初時 2刻12分'의 시점이 바로 24절기 중에서 우수(雨水)의 시점이고, 이 시점을 포함한 날이 바로 정월의 중기(中氣)이다는 의미다. 또 그 아래에는 '十六日丙午辰正初刻十一分驚蟄二月節'이라고 적혀 있는데, 이는 1월 16일 '丙午日의 辰正時 1刻11分'의 시점이 24절기 중에서 경칩(驚蟄)이고, 이날이 바로 2월의 절기(節氣)이다는 의미이다. '巳初時'니 辰正時'니 하는 구절을 온전히 이해하기 위해서는 당시의 시각법(時刻法)을 알아야 한다. 이해의 동지(冬至)는 11월 11일 미정(未正)시 3각 11분에 들어왔다.

월력장 다음에는 〈그림 6-4〉와 같이 연신방위도(年神方位圖)가 등장한다. 이 연신방위도는 역서를 이용하여 점을 치거나 술수적 행위를 하는 데에 필요한 가장 기본적인 정보였다. 여기서 연신(年神)이란 지정된 방위에 주로 1년 동안 머물면서 길흉을 다스리는 신(神)을 의미한다. 따라서 연신방위도는 길흉신이 머물러 있는 방위를 표시한 그림을 뜻하게 된다. 연신방위도에 표시되는 연신, 즉 길흉신들 중에서 주서(奏書)와 박사(博士), 잠실(蠶室), 역사(力士) 등이 대표적인 신들이다. 이들 연신이 임하는 방위는 기본적으로 24방위를 기준으로 표시되는데,[41] 연신방위도의 중간 부분에 사각형으로 방위가 적혀 있으며 각 연신들이 임해 있는 방위를 알 수 있게 그려져 있다. 연신방위도의 마지막 부분에는 두 줄의 문장이 말문(末文)으로 적혀 있는데 다음과 같은 내용을 담고 있다. 이 마지막 부분의 내용은 연도와 상관없이 거의 모든 역서에서 동일한데, 1871년의 일과력에서도 마찬가지였다.

각 연신들이 임하는 곳들 중에서 오직 주서(奏書)와 박사(博士)가 임하는 방위만으로 마땅히 향해야 하고, 나머지 각각의 연신들에 대해서는 꺼리는 바가 있어야 한다. 만약 이를 어기고 무너뜨리면서까지 반드시 건물을 고쳐야 하는 자는 천덕(天德)과 세덕(歲德), 월덕(月德), 천덕합(天德合), 세덕합(歲德合), 월덕합(月德合), 천은(天恩), 천사(天赦), 모창(母倉)과 만나는 날에 행하라. [이때라면] 혹 각 연신이 나타나 노는 날이라고 하더라도 공사와 건물 고치는 일을 함께 행해도 무방할 것이다.[42]

연신방위도 이후 정월장, 2월장, 3월장, 4월장, 5월장, 6월장, 7월장, 8월장, 9월장, 10월장, 11월장, 12월장까지 매월의 역일과 역주 정보를 담은 부분이 수록되어 있다. 그중 정월장의 내용을 소개하면, '정월대'라고 하는 큰 글자 옆에는 월건(月建), 즉 월의 간지가 적혀 있다. 이달의 월건은 경인(庚寅)이다. 이들 큰 글자 아래에는 연신방위(月神方位)를 적어놓은 부분이 등장한다. 한 해의 길흉을 좌우하는 연신의 방위를 수록한 데에 이어서 매월의 길흉을 좌우하는

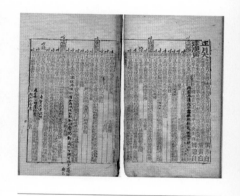

〈그림 6-5〉 1871년 일과력에 수록된 정월장 부분

월신(月神)들이 자리잡고 있는 방위를 표시한 것이 바로 월신방위도(月神方位圖)이다.

매월의 정보를 담은 장들 이후에는 일과력의 맨 마지막 장에 해당하는 기년장(紀年張)이 등장한다. 이 기년장에도 갖가지 길흉신이 임하는 날에 대해 적고 있는데, 특히 천은상길일(天恩上吉日) 등과 같이 특정 행위를 하기에 아주 좋은 날을 적고, 각 방위를 지키는 신들이 그 방위를 벗어나는 날짜를 알려준다. 또한 주택에 사는 주인의 성을 그 음에 따라 궁상각치우, 오음으로 나누고, 이 오음을 오행에 배당한 후에 주택을 수리하

기 좋은 날 등을 알려주는 오성수택(五姓修宅)의 부분, 혼례를 거행하기에 좋은 날을 알려주는 가취주당도(嫁娶周堂圖)가 실려 있다.[43] 가취주당도는 신부를 중심으로 신부가 시집간 후의 사태를 결혼일의 날짜를 통해 점쳤던 것이라 말할 수 있다. 역서 마지막 장에 수록되어 있는 이와 같은 길흉의 정보들은 조선시대의 왕실과 민간에서 술수문화를 영위하는 데에 기초적으로 사용되었던 것들이다.

한편 역서 맨 앞장에 수록된 연신방위도의 내용을 이해하기 위해서는 24방위도와 같은 천문학 지식들과 구성도(九星圖)와 하도, 낙서 등과 같은 술수적 지식들을 먼저 이해할 필요가 있다.

1) 24방위도

조선시대 역서에서 24방위는 12지와 10간 중에서 무기(戊己, 중앙)를 뺀 8개를 더하고, 다시 이들에다 건(乾, 서북), 곤(坤, 서남), 간(艮, 동북), 손(巽, 동남), 즉 문왕 8괘에서 네 방위의 괘(四隅方의 괘)들을 더한 것이다. 24방위의 순서는 정북에서부터 동쪽, 남쪽, 서쪽 순으로 시계방향으로 돌며 아래와 같다.

북: 자(子) 계(癸) 축(丑) 간(艮) 인(寅) 갑(甲)

동: 묘(卯) 을(乙) 진(辰) 손(巽) 사(巳) 병(丙)

남: 오(午) 정(丁) 미(未) 곤(坤) 신(申) 경(庚)

서: 유(酉) 신(辛) 술(戌) 건(乾) 해(亥) 임(壬)

巽	巳	丙	午	丁	未	坤
辰						申
乙						庚
卯						酉
甲						辛
寅						戌
艮	丑	癸	子	壬	亥	乾

2) 구성도(九星圖)

연신방위도의 안에는 일백(一白), 이흑(二黑), 삼벽(三碧), 사록(四綠), 오황(五黃), 육백(六白), 칠적(七赤), 팔백(八白), 구자(九紫) 등 9성이 3×3으로 배치되어 있는 그림이 있는데 이를 9성도라고 한다. 이 구성도는 날짜를 꼽거나 택일하는 데에 기본적인 정보로 사용되었다.

그리고 이 9개의 글자와 색에는 각각에는 오행성이 배당되어 있다. 일백은 수성(水星), 이흑은 토성(土星), 삼벽은 목성(木星), 사록은 목성, 오황은 토성, 육백은 금성(金星), 칠적은 금성, 팔백은 토성, 구자는 화성(火星)이었다. 여기서 9성도는 수를 1에서 9까지 배열한 마방진인데, 낙서(洛書)와 관계가 있었다.

– 하도(河圖)와 낙서(洛書)

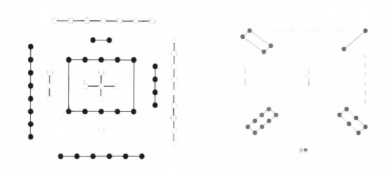

구궁(九宮) 혹은 구성의 배열은 택일 등의 술수문화와 아주 깊은 관련이 있다. 9성도의 배열은 가운데가 일백(一白)에서 구자(九紫)까지 변화시켜 9가지가 있다.(원래는 아주 많을 것이나 특정한 9개만을 선택한다)

9	5	7
8	1	3
4	6	2

1	6	8
9	2	4
5	7	3

2	7	9
1	3	5
6	8	4

3	8	1
2	4	6
7	9	5

4	9	2
3	5	7
8	1	6

5	1	3
4	6	8
9	2	7

6	2	4
5	7	9
1	3	8

7	3	5
6	8	1
2	4	9

8	4	6
7	9	2
3	5	1

9성도 내의 숫자의 배열은 아래와 같은 규칙을 따른다.

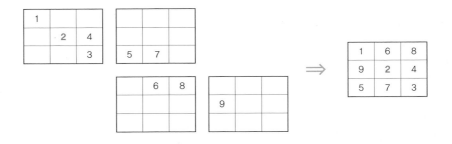

9성도를 연신방위도 안에 배치하면 60갑자보다 더 긴 기간을 구별할 수 있다. 9와 60의 공배수는 180이다. 따라서 9성도와 60갑자를 이용하여 180년 동안 연(年)의 구별을 할 수 있게 된다. 가운데 숫자의 연차적 진행 순서는 역순이다. 즉 오황→사록→삼벽→이황→일백→구자→팔백 →칠적→육백의 순이다.

상원갑자, 중원갑자, 하원갑자란 말을 사용하여 180년을 구별하기도 하나 예전부터 이 방식으로 사용하였다. 상원의 첫 번째 갑자년에 일백

(一白)이 시작하여 을축년에 구자(九紫) 순으로 역순하기 시작한다. 중원갑자년은 사록, 하원갑자년은 칠적부터 시작한다. 2007년 정해년은 하원에 속한다. 『역사명원(曆事明原)』에 따르면 1144년(금나라 皇統 갑자년)을 상원으로 정하였다. 예를 들어, 1871년 신해년의 9성도는 가운데가 삼벽(三碧)이 오는 그림이 실린다.

2	7	9
1	3	5
6	8	4

黑	赤	紫
白	碧	黃
白	白	綠

앞에서 소개한 동치 10년의 역서가 간행된 1871년은 조선에서는 상원 갑자의 8번째 해(1-9-8-7-6-5-4-3)이다. 이와 관련해서 조선의 경우에는 중국과는 별도로 세종 갑자년인 1444년을 별도의 상원갑자로 정하여서 사용하였다. 이러한 조치는 이해에 『칠정산』이 편찬된 것을 기념하여 정한 것이다. 한편 구성도는 월건에도 붙어 있다. 12와 9의 공배수는 36이다. 따라서 36개월의 주기로 달을 구분할 수 있다.

3) 연신(年神)의 종류
연신방위도에 등장하는 연신에는 아래의 종류들이 있다.

- 태세(太歲): 인군(人君)의 상, 제신(諸神)을 거느리는 신, 세차의 지명(支名)과 일치하는 방위에 배당, 1871년은 신미년이므로 태세는 미 방위에 있게 된다. 예를 들어 2015년(乙未年)에는 미 방위에 배당, 원래 태세는 목성의 정(精)을 의미, 이해에 이 방위에는 담을 쌓거나 집수리를 꺼린다.

- 태음(太陰): 토성(土星)의 정으로서 태세의 후비라는 뜻. 항상 태세의 뒤 2진의 위치에 자리잡아, 예를 들어 태세가 자(子)에 있으면(그해의 간지가 子년이면), 태음은 무(戌) 방위에 있고, 축(丑)년이면 해(亥) 방위에 있게 된다. 이 방위에서는 집수리를 꺼린다.

- 대장군(大將軍): 태세의 대장이요, 금성의 정이라 하여 위무(威武)로 군사를 거느림. 이것은 자오묘유(子午卯酉) 사방에 각각 3년씩 지켜둠. 동서남북의 4방위 중 1방위 늦게 자요묘유에 각각 3년씩 머문다. 예를 들어 그해의 간지가 인묘신(寅卯辰)년에는 북방(子)에 있고, 사오미(巳午未)년에는 동방(卯)에 있다. 이 방향에 수해, 한해, 병충해, 군사와 도둑의 난동이 있으면 물리친다. 하지만 집수리는 삼가라고 적고 있다.

- 주서(奏書): 세(歲)의 길신. 천(天)의 기록을 맡았다고 함. 주서는 항상 태세의 왼쪽 간방, 즉 건곤손간에 있게 됨. 즉, 태세가 동방에 있으면 주서는 동북에 있고, 남방에 있으면 주서는 동남에 있고, 태세가 서방에 있으면 주서는 서남방, 태세가 북방에 있으면 주서는 서북방에 있다. 이 방위를 향하여 빌고 복을 구하며, 담장을 쌓고 수리하는 것은 좋다.

- 박사(博士): 세(歲)의 선신. 문장에 대한 논의를 한다. 항상의 주서의 충(맞은 편)의 위치에 자리잡게 된다. 즉, 주서가 손(巽)방이면, 박사는 건(乾)방, 주서가 간(艮)방이면 박사는 곤(坤)방이다.

- 역사(力士): 세(歲)의 악신. 살육을 맡아본다. 중앙에서 보았을 때 주서는 태세의 왼쪽 간방에 있고, 역사는 오른쪽 간방에 있다. 즉, 역사는 태세의 앞 간방에 있다. 이 방향을 범하는 것은 좋지 못하다.

- 잠실(蠶室): 세(歲)의 흉신. 누에고치, 명주실, 비단의 일을 맡아본다. 잠실은 항상 역사와 충의 위치에 있다. 이 방향을 수리하면 누에 흉

년이 들어 잠사가 적게 수확된다.

기타 기본적인 것만 26가지 연신이 있음, 합하면 전체 33가지 연신들이 존재한다. 흥미로운 것은 이들 중에서 길하거나 선한 것은 겨우 3~4가지에 불과하다.

태세(太歲), 태음(太陰), 대장군(大將軍), 주서(奏書), 박사(博士), 역사(力士), 잠실(蠶室), 잠관(蠶官), 잠명(蠶命), 세형(歲刑), 파패오귀(破敗五鬼), 세파(歲破), 상문(喪門), 조객(吊客), 황번(黃幡), 표미(豹尾), 비렴(飛廉), 오귀(五鬼), 대모(大耗), 소모(小耗), 관부(官符), 병부(病符), 사부(死符), 세살(歲殺), 겁살(劫殺), 재살(災殺), 복병(伏兵), 축관(畜官), 세지덕(歲支德), 금신(金神), 백호살(白虎殺), 대살(大殺)

4) 연신방위도의 마지막 부분(末文)

연신방위도의 마지막 부분에 적힌 문장을 해석하여 제시하면 다음과 같다.

이 각 연신들이 임하는 땅은 오직 주서(奏書)와 박사(博士)가 있는 방위만으로 마땅히 향해야 하고, 나머지 각 연신들에 대해서는 꺼리는 바가 있어야 한다. 만약 이를 어기고 무너뜨리면서 반드시 건물을 고쳐야 하는 자는 천덕(天德)과 세덕(歲德), 월덕(月德), 천덕합(天德合), 세덕합(歲德合), 월덕합(月德合), 천은(天恩), 천사(天赦), 모창(母倉)이 만나는 날에 행하라. 이때라면 혹 각 연신이 나타나 노는 날이라 하더라도 공사와 건물 고치는 일을 병행해도 무방하다.

5) 월신방위(月神方位) 부분

제사(祭祀), 불공(佛供), 납재(納財), 취어(取魚), 약혼(約婚), 납채(納采), 결혼, 이사, 옷 말리기, 지붕 이기, 상량, 기공(起工), 입주(立柱), 파옥(破屋), 개시(開市), 장례, 여행, 수렵, 회갑 등에서부터 임정친민(臨政親民), 출병전투공벌(出兵戰鬪攻伐) 등 공적 생활에 관련된 길흉을 적는다.

9성도 중에서 5황이라는 것이 있다. 예를 들어, 정월대(正月大) 건경월(建庚寅)은 정월의 월간지가 경인(庚寅)이라는 뜻이다.

1년 전의 12월 15일 병자일 미초시(未初時) 2각에 입춘 정월절이 온다. 천도(天道)가 남쪽에서 행하니, 마땅히 남쪽으로 향하여 행하여야 할 것이고, 남쪽 방향에서 고치고 짓는 일을 할 것이다. 천덕(天德)은 정(丁) 방향에 있고 월압(月壓)은 무(戊)에 있으며, 월살(月殺)은 축(丑)에 있고, 월덕(月德)은 병(丙)에 있고, 월합(月合)은 신(辛)에 있고, 월공(月空)은 임(壬)에 있다. 병(丙)과 신(辛)과 임(壬) 위에서 마땅히 건물을 고치고 지으며 (공사하는) 흙을 취해야 한다. 이달은 동풍해동(東風解凍, 동풍이 불어서 언땅을 녹인다).

蟄虫始振(동면하던 벌레가 움직이기 시작한다)
魚涉負永(물고기가 얼음 밑을 돌아다닌다)
瀨祭魚(수달이 물고기를 잡아다 늘어놓다)
候雁北(기러기가 북쪽으로 날아간다)
草木萌動(초목에는 싹이 튼다)하는 달이다.

이들은 모두 72후 중에서 정월에 속하는 6개의 구절들이다.

1일 신묘일 밤 자시 초 2각 후에 일전(日躔), 즉 태양의 위치가 취자(娶

訾)의 별자리에 있게 된다. 따라서 시집 장가가는 일은 "마땅히 갑병경임(甲丙庚壬)의 날을 잡아라."라고 적혀 있다. 이 취자의 별자리라는 것은 천구의 12차 중에서 태양이 취자의 위치에 있음을 의미한다.

6) 달의 위상 변화 표시

역서에는 매월의 상단에 합삭일과 상현, 망일, 하현의 날짜와 시각이 표시되어 있다. 1871년 역서의 경우 1월의 상현은 초9일 유정시 초각 14분에 오고, 보름은 17일 오초시 1각 6분에 온다.

7) 매일에 배당된 오행(육십화갑자)과 28수

'정월 초일일 신묘' 아래에 목(木)이라는 오행이 배열되어 있음. 이를 육십화갑자(六十花甲子), 혹은 납음오행(納音五行)이라고 칭함. 납음오행은 금금, 화화, 목목, 토토, 금금, 화화, 수수, 토토, 금금, 목목, 수수, 토토, 화화, 목목, 수수의 형식으로 30일을 주기로 반복된다. 이는 육십갑자의 숫자를 해석해서 오행을 배당한 것이다.

납음오행 아래에 28수의 별 이름과 12직이 순환적으로 배당되어 있다.

28宿

東: 角亢低房心尾箕

北: 斗牛女虛危室壁

西: 奎婁胃昴畢觜參

南: 井鬼柳星張翼軫

12直

건(建) 제(除) 만(滿) 평(平) 정(定) 집(執) 파(破) 위(危) 성(成) 수(收) 개(開) 폐(閉)

8) 매일의 역주들: 일상의 지침

역서의 매일의 날짜 아래에는 택일과 길흉에 관련된 역주들이 실려 있다. 이들 역주는 일상의 생활에 대한 기본적인 지침으로서 작용하였다. 1871년 역서의 경우 아래 날짜별로 다음과 같은 역주들이 실려 있다.

- 정월 초1일: 제사하기 좋은 날이다. 표장을 올리고 관을 올려라. 혼인을 맺기에 좋다.
- 정월 초3일: 마땅히 길에 널린 진흙을 평탄하게 해야 한다. 외출하기에 좋지 않다.
- 정월 초4일: 흙을 움직이게 하거나 종자를 심는 것은 좋지 않다.
- 정월 초10일: 제사를 지내거나 입학하는 것에 적합하다. 묘시(卯時)를 가려서 목욕하는 것이 좋다.
- 정월 14일: 제사지내고 친구와 회합하기 좋다.
- 오월 초4일: 출행하거나 침으로 찌르는 것은 적절하지 않다.

기타 외출, 이사, 학문, 교제, 씨앗 심기, 제례, 조영 등 일상사의 일들에 대해 그날 행하는 것이 적합한지 부적합한지를 지시하는 역주들이 함께 수록되어 있다. 이러한 역주들은 술수적인 지식들을 구성하며, 이를 통해 조선시대 사람들의 삶을 '우주적인 시간 리듬'과 일치시키거나 혹은 천지신명의 변화에 부합하는 방식으로 이끈다고 볼 수 있다.

4절 민간의 감여가(堪輿家), 지사(地師)

고려시대를 이어서 조선시대에도 풍수, 혹은 감여(堪輿)에 관련된 지식과 활동은 민간 술수문화의 주요한 일부분이었다. 그리고 이들 풍수 관련 지식을 소유하고서 묫자리와 집자리를 잡는 이른바 풍수지리의 활동을 수행하는 이들이 조선시대에는 민간에서 광범위하게 존재하였다. 그리고 이들 풍수지리 담당자들을 지사(地師), 혹은 지관(地官)이라고 불렀다.

그런데 이들 풍수지리 지식과 활동의 담당자들에 대해서 지관이라는 명칭을 붙인 데에서도 우선 알 수 있는 바는, 민간의 풍수지리사, 혹은 지사들이 정부의 관(官)과 밀접한 관련을 맺고서 존재하였다는 사실이다. 이는 다른 말로 하면, 조선 정부의 관련 부서인 관상감에 소속된 공식적인 관료인 지관들이 곧 민간으로 나아가서는 지사가 되었다는 말이 된다.

조선시대 왕실의 장례(葬禮)에서 장지(葬地)를 결정하는 능지선정(陵地選定)의 과정에는 관상감(觀象監)의 관원들 외에 '방외지사(方外之士)', 혹은 '방외지사(方外地師)'라고 불리는 사람들도 폭넓게 참여시켰다. 일반적으로 '방외지사(方外之士)'란 방외(方外), 즉 '관료(官僚)로서 정부에 소속되어 있지 않은 선비'를 의미하는 말로서 『조선왕조실록』에서는 관상감의 택일(擇日)이나 택지(擇地)와 관련된 업무 이외에도 조정에서 벌인 여러 업무나 쟁점과 관련해서 '방외지사'가 초빙되고 참가하는 모습을 발견할 수 있다.[44] 방외지사란 관상감에 풍수지리학, 혹은 택일법에 조예가 깊은 자들 중에서 초빙하였는데, 이 방외지사들의 신분은 민간의 술사(術士)나 감여가(堪輿家)로부터 관상감의 퇴임 관료와 사대부 관료들에까지 그야말로 다양하였던 것으로 생각된다. 『조선왕조실록』이 아닌 국장(國葬)과 산릉(山陵) 관련 의궤(儀軌)들에서는 관상감(觀象監)의 택지(擇地) 업무와 관련해서 '방외지사(方外之士)'보다는 '방외지사(方外地師)', 혹은 '지사(地師)'라는 용어가 더 자주 사용되었다.

'방외지사(方外地師)'는 관상감이나 여타 정부 기관에 소속된 관원이 아니었지만 풍수지리(風水地理)에 조예가 깊은 지사(地師)들을 일컫는 말이다. 방외지사, 혹은 지사(地師)들은 필자가 살펴본 국장 관련 의궤나 산릉도감(山陵都監) 관련 의궤 대부분에 등장하며 경우에 따라서는 장지의 결정과 택일(擇日)의 결정 과정에서 결정적인 역할을 수행하기도 하였다.[45] 하지만 이와 같은 '지사(地師)'라는 용어는 주로 중인(中人) 출신의 관료들이나 혹은 하급 문무관직의 벼슬에 그치고서 조정이 아닌 방외에 있는 사대부들에 한정해서 사용되었던 듯하다. 하지만, 뒤에서 살펴보겠지만, 왕릉의 터를 선정할 때에는 단지 중인이나 하급 문관 신분의 '지사'만이 아니라 상당히 높은 관직의 벼슬을 하고서 물러나 있는 사대부들 중에서 풍수지리에 조예가 깊은 이들까지 널리 초빙되고 참여하고 있었던 것이다.

이런 이유로 필자는 '방외지사(方外地師)', 혹은 '지사(地師)'라는 용어가 아닌 '방외지사(方外之士)'라는 용어를 사용하였다. 즉, '방외지사(方外之士)'라는 용어가 중인 출신의 술사(術士)나 하급 관리들뿐만 아니라 문과 출신의 사대부 중에서 풍수지리에 밝은 이들, 특히 과거 정부의 고위 관직에까지 오른 적이 있는 방외(方外)의 사대부들까지도 포괄할 수 있는 용어이기 때문이다.

조선시대 왕릉 선정의 과정과 민간의 술사인 방외지사들이 참여한 과정을 이해하기 위해서, 일례로 1649년과 1659년에 행해진 인조(仁祖)와 효종(孝宗)의 장례와 관련된 기록들을 예로써 살펴보자.

우선 인조는 효종 즉위년(1649) 5월 8일 미시(未時)에 창덕궁(昌德宮) 정전(正殿)에서 승하(昇遐)하여 9월 11일에 발인(發靷)을 하였으며 9월 14일 장릉(長陵)에서 하현궁(下玄宮), 즉 입관하였다. 그 아들인 효종은 10년 뒤인 현종(顯宗) 즉위년(1659) 5월 4일 오시(午時)에 창덕궁 대조전(大造殿)에서 승하하였고, 10월 28일에 발인을 하여 다음 날인 29일에 영릉(寧陵)에서 하현궁(下玄宮)을 하였다.

효종 즉위년(1649) 5월 8일 인조가 승하한 다음에 그의 왕릉을 조성할 때에 장지를 결정하기 위해 산릉도감(山陵都監)에서는 전국의 방외지사들을 여러 단계를 거쳐 불러올리는 작업을 하였다. 특히 『인조장릉산릉도감의궤(仁祖長陵山陵都監儀軌)』에 따르면, 인조의 왕릉터를 선정할 때에 서울에 지리에 능통한 자들이 적다는 논리가 방외지사를 초빙한 주된 이유로 서술되어 있다.

능(陵)자리를 봉심(奉審)할 때에는 반드시 술업(術業)이 정미(精微)하고 통달한 자들을 거느리고서 서로 함께 상의한 연후에 가히 길한 땅을 정할 수 있을 것이다. 그러나 서울에는 지관(地官)들이 1~2인밖에 없으며 다만 심히 거친 자들뿐이니, 전정랑(前正郞) 성낙(成樂)과 전현령(前縣令) 이간(李衎) 등 지금 방외에 있는 자들에게 말을 주도록 하여 빨리 (서울로) 보내도록 재촉하는 뜻으로 해당 도(道)의 감사(監司)에게 처분하도록 말을 보내어 행하도록 하는 것이 어떠합니까? 임금이 윤허하였다.[46]

사실 인조의 장릉(長陵)을 조성할 때에 관상감의 관리로서 왕릉 조성 업무에 참여한 상지관(相地官)으로는 관상감 소속 교수(敎授) 최남(崔楠)과 관상감 부봉사(副奉事) 강후상(姜後尙)이 참여하였을 뿐이다. 이에 비해 방외지사로서 현궁(玄宮)의 길일(吉日)을 정하고 능지를 선정할 때에 참여한 이들로는 이간(李衎)과 성낙(成樂), 조창서(曹昌緖), 김집(金諿), 이필(李芯), 이갑생(李甲生), 한승일(韓承逸), 김만원(金萬元), 이유필(李幼弼), 윤흥경(尹興耕), 반호의(潘好義), 조양미(趙湸未) 등이 『인조실록(仁祖實錄)』과 『인조장릉산릉도감의궤』 등에 등장하고 있다.

또 10년 뒤에 효종의 영릉(寧陵)을 조성할 때(1659)에도 관상감(觀象監) 관원으로는 관상감 교수 홍여박(洪汝博)과 겸교수(兼敎授) 기중윤(奇重胤), 전훈도(前訓導) 김극만(金克晩)이 참여하였고, 방외지사로는 반호의, 이필, 이유생, 이간, 이유필, 이간, 윤흥경[47], 성후룡(成後龍) 등이 참여하였다. 이후 중간에는 전참의(前參議) 윤선도(尹善道), 행부호군(行副護軍) 이원진(李元鎭)을 비롯해 참봉(參奉) 이최만(李最晩)과 부사용(副司勇) 박세황(朴世煌)도 함께 참여하게 하였다. 이 중에서 이원진과 박세황은 현직 관리이지만 풍수에 밝아 참여를 하게 된 경우이다.

또한 현종 14년(1673) 5월에 시작된 효종 영릉(寧陵)의 천릉(遷陵) 과정에서는 전군수(前郡守) 남궁우(南宮楀), 숙천현감(肅川縣監) 신경윤(愼景尹), 전현감(前縣監) 권순선(權順善) 등이 사대부로서 술업(術業)이 아주 우수하고 믿을 만하다며 추천이 되었고, 반호의와 이유필, 김극만, 권순태(權順泰), 남언호(南彦豪) 등도 추천되어 서울로 불려져 새로운 능지를 잡는 작업에 참여하였다.[48]

한편 인조와 효종의 국장의 예를 통해 알 수 있듯이, 인조 장릉(長陵) 터를 잡을 때에 참여했던 방외지사들 중에서 이간과 이필, 이유필, 윤흥경, 반호의는 효종의 영릉(寧陵)을 잡는 과정에도 참여를 하였다. 특히 반호의와 이유필, 김극만은 효종 영릉을 여주(驪州)로 천릉(遷陵)할 때에도 지사(地師)로서 참여하고 있음을 알 수 있다. 이처럼 한번 국릉에 참여한 방외지사는 많은 경우 다음 번 국릉에 다시 참가하는 경우가 많았던 듯하다.

일반적으로 방외지사를 초빙할 때에는 그가 현직을 맡고 있지 않은 자라면 군직(軍職) 등의 관직을 임시로 내려서 참여하게 하였고, 지방 관직에 있는 자라면 경직(京職)을 내려서 서울로 올라오게 하여 함께 참여하도록 하였다. 앞서 효종 즉위년(1649)에 인조의 장례 당시에는 이필(李芯)

에게는 성균관 박사의 관직을 붙였다가 다시 군직에, 김만원(金萬元)에게는 의영고(義盈庫) 직장(直長) 등의 임시 관직을 내렸다. 또한 현종(顯宗) 즉위년(1659)의 효종 장례 때에는 이유필(李幼弼)과 윤흥경(尹興耕)에게 군직(軍職)을 붙여주면서 일을 맡겼다. 현종 14년(1673)의 영릉(寧陵) 천릉(遷陵) 때에는 전찰방(前察訪) 반호의(潘好義)와 권순태(權順泰), 남언호(南彦豪) 등에게 군직을 붙여서 천릉 일에 참여할 것을 예조(禮曹)에서 5월 6일 건의를 하였고, 이날 권순선(權順善)과 반호의에게는 부사과(副司果)의 벼슬을, 권순태와 남언호에게는 부사용(副司勇)의 벼슬을 내려 참여시킨다.[49] 지방 수령인 숙천현감(肅川縣監)인 신경윤(愼景尹)에게는 경직(京職)을 내려서 참여하게 하였다.

방외지사를 초빙하는 일은 한 번만 이루어진 것이 아니라 산릉(山陵)의 후보지를 간심(看審)하고 논의를 전개하는 과정에서 수시로 이루어졌다. 예를 들어, 현종 즉위년(1659) 5월 9일자의 『효종영릉산릉도감의궤孝宗寧陵山陵都監儀軌』의 기록을 보면 예조(禮曹)의 당상(堂上)들이 이미 왕릉(王陵) 후보지를 간심하기 위해 출발하였는데, 재외지관(在外地官)인 반호의(潘好義), 이필(李苾), 이유필(李幼弼), 이간(李衎), 윤흥경(尹興耕) 등에게는 말을 보내서 올라오라고 하였고 해당 도의 감사(監司)에게도 이문(移文)하여, 이유필은 이미 서울로 올라왔고 그 나머지는 아직 올라오지 못하였다고 적고 있다. 더불어 부사과(副司果) 성후룡(成後龍)도 풍수에 밝다고 하니 이 사람도 함께 대동(帶同)하여 간심하게 할 것을 건의하고 있다.[50]

이렇게 방외지사를 수시로 초빙하여 왕릉택지(王陵擇地) 작업에 참여시키는 것은 근본적으로 국왕의 장례가 수개월에 걸쳐서 진행되면서 산릉의 터를 둘러싼 논쟁이 계속해서 이루어졌기 때문이다. 뒤에서 살펴보겠지만, 심지어 한번 선왕의 능자리를 정하고 현궁(玄宮)을 내릴 혈(穴)을 파는 작업이 진행되는 와중에 애초 정한 능자리의 터가 취소되고서 새로운 터를 알아보는 작업이 이루어진 경우도 있었다.(효종 寧陵을 조성하는 경우이다.) 이런 경우에는 술사(術士), 혹은 지관(地官)이 새롭게 초빙되고 참여하는 일이 있었던 것이다. 그러므로 심하게 말하자면 국왕의 왕릉터는 하현궁(下玄宮, 입관)을 완료하고 능을 덮고 난 뒤에 최종적으로 정해졌다고 보는 것이 옳을 것이다. (물론 그 뒤에 다시 천장[遷葬]을 실행하는 경우도 있었다.) 한편, 이렇게 초빙된 방외지사들은 임시 관직을 받은 후에 왕릉 선정 작업에 참여하면서부터는 관상감(觀象監)의 관리들과 함께 '지관(地官)', '상지관(相地官)', '술관(術官)', '지사(地師)' 등의 명칭으로 함께 통칭되었다.

그렇다면 방외지사들의 출신 신분은 어떠하였을까? 앞의 인조의 장례와 관련된 인용문을 다시 보면, 당시 방외지사로 참여한 성낙(成櫟)은 '전정랑(前正郎)'으로 이간(李衎)은 '전현령(前縣令)'으로 그 벼슬이 거론되고 있음을 알 수 있다. 효종의 장례에 참여했던 반호의(潘好義), 이필(李芯), 이유필(李幼弼), 이간(李衎), 윤흥경(尹興耕), 성후룡(成後龍) 등은 『효종영릉산릉도감의궤(孝宗寧陵山陵都監儀軌)』의 5월 9일자에는 '재외지관(在外地官)'으로 지칭되고 있으며, '전참의(前參議)' 윤선도, 행부호군(行副護軍) 이원진(李元鎭)을 비롯해 참봉(參奉) 이최만(李最晚)과 부사용(副司勇) 박세욱(朴世煜)도 함께 참여하게 하였다. 이후 6월 23일 총호사(摠護使) 심지원(沈之源)이 올린 계문(啓文)에 따르면, 수원부(水原府)에 가서 효종의 장지를 다시 살필 때에 행부호군 이원진, 첨지(僉知) 윤선도, 참봉 이최만, 부사용 박세욱, 전감찰(前監察) 이필, 찰방(察訪) 반호의, 전별좌(前別坐) 이유필, 진사(進士) 윤흥경, 겸교수(兼教授) 기중윤(奇重胤), 교수 홍여박(洪汝博), 전훈도(前訓導) 김극만(金克晚) 등이 함께 가서 상의하였다고 말하고 있다.[51] 이들 중에서 기중윤과 홍여박, 김극만은 앞서 말한 바와 같이 관상감(觀象監)의 관리들이고 윤선도를 제외한 나머지는 하위 관직을 맡거나 맡은 적이 있는 이들이었음을 알 수 있다.

이들 방외지사 중에서 특히 사대부 출신으로서 조선 후기까지도 풍수지리 관련 논의에서 계속적으로 영향을 미치는 이가 바로 윤선도였다. 조선 후기에 생산된 산론 중에서 널리 알려지고 또한 후대에까지 영향을 미친 것은 고산(孤山) 윤선도(尹善道, 1587-1671)의 산론(山論)이다. 앞서 말한 바와 같이, 국장의 과정에는 다양한 종류의 사람들이 왕릉 택지의 작업에 참여하였다. 그들 대부분은 이미 당대에 풍수가로서 이름을 얻은 지사(地師), 혹은 지관(地官)이었는데, 이들 중에는 사대부 유학자로서 왕릉 택지의 과정에 참여한 인물들도 많았다. 그들 중 한 명이 고산 윤선도였다. 윤선도는 현종 즉위년(1659)에 효종의 산릉지를 정하는 작업에 참여를 하였으며, 그 일과 관련된 몇 편의 글들을 『고산유고(孤山遺稿)』에 남겨놓았다.

『고산유고』의 권4와 권5 등에는 왕릉 택지와 관련된 글들이 모두 5~6편이 실려 있는데, 그 목록을 적어보면 아래와 같다.

『孤山遺稿』 권4
「上摠護使 己亥六月 沈之源」 (총호사에게 올리는 글, 기해년 6월, 심지원)
「答沈承旨光洙書 己亥六月」 (승지 심광수에게 답하는 글, 기해년 6월)
「上摠護使 己亥七月 沈之源」 (총호사에게 올리는 글, 기해년 7월, 심지원)

『孤山遺稿』 권5
「山陵議 己亥」 (산릉에 대한 논의, 기해년)
「山陵看審時推考緘答 己亥」 (산릉 간심할 때 추고를 받고 답한 글, 기해년)

『孤山遺稿』 附錄

『고산유고』에 남아 있는 산론 관련 글들은 모두 윤선도가 현종 즉위
년(1659) 5월부터 7월까지 진행된 효종 영릉의 택지 과정에 참여한 일들
에 대한 기록이다. 따라서 이들 글의 내용과 맥락을 정확히 이해하려면,
우선 효종의 국장 과정에서 영릉의 터가 정해지는 과정을 자세히 설명할
필요가 있다.[52]

효종(1619-1659)은 현종 즉위년(己亥, 1659) 5월 4일 오시(午時)에 창덕궁
대조전에서 승하하였다. 이후 좌의정 심지원(沈之源, 1593-1662)이 총호사
(摠護使)로 임명되면서 국장의 절차를 시작하게 된다. 효종의 국릉지를 정
하기 위해서 당시 다양한 후보지가 간심(看審)의 대상이 되었는데, 헌릉
(獻陵)이 있는 이수동(梨樹洞), 건원릉의 첫 번째 능선, 세종의 영릉(英陵)
이 있는 여주의 홍제동(弘濟洞), 임영대군(臨瀛大君)의 묘가 있는 산, 안여
경(安汝慶)의 묘가 있는 산, 그리고 월롱산(月籠山), 장단(長湍)에 있는 김영
렬(金英烈)의 묘산(墓山), 교하(交河)에 있는 윤반(尹磻)의 묘산, 광주(廣州)
에 있는 정난종(鄭蘭宗)의 묘산, 남양(南陽)에 있는 홍언필(洪彦弼), 홍기영
(洪耆英)의 묘산, 광주에 있는 이증(李增)의 묘산, 양재역(良才驛) 뒷산, 한
강 북변의 산, 왕십리 해동촌(海東村), 이충작(李忠綽)의 묘산, 수원(水原)의
호장(戶長) 집 뒷산 등이 그것이다. 당시 조정에서는 광범위한 지역의 산
들과 사대부 집안의 묘산들이 후보지로 거론되고 수차례 간심이 진행되
었다.[53]

윤선도가 효종의 왕릉터를 잡는 과정에 참여하게 된 계기는 총호사 심
지원이 5월 16일에 재외지사로서 풍수에 조예가 깊은 사대부인 부호군
(副護軍) 이원진(李元鎮)과 전참의(前參議) 윤선도를 초빙하자는 계를 올리
면서부터이다.[54] 이후 그는 5월 24일경부터 간심단에 참여하기 시작하였

으며, 6월 4일에는 국왕에게 숙배를 하고 다시 파주로 가서 장단과 교하, 행주, 안산, 광주, 남양, 수원 등을 거쳐서 여러 곳의 왕릉 후보지들을 간심하는 작업을 수행하였다.

『고산유고』권5에 수록되어 있는 "산릉에 대한 논의(「山陵議 己亥」)"라는 글은 윤선도가 영릉의 여러 후보지들을 지관(地官), 지사(地師)들과 함께 간심하고 논의하고 난 뒤에 조정에 올린 산론의 내용을 담고 있다. 여기에는 장단(長湍)에 있는 김영렬(金英烈)의 묘산(墓山), 교하(交河)에 있는 윤반(尹磻)의 묘산(墓山), 광주(廣州) 속달(束達)의 동래군(東萊君, 鄭蘭宗)의 묘산, 남양(南陽)에 있는 홍정승(洪政丞)의 묘소, 홍시영(洪耆英)의 족장지(族葬地), 수원(水原) 호장(戶長) 집의 뒷산, 낙생역(樂生驛)의 이증(李增) 묘소, 양재(良才)에 있는 새로 천거된 산, 벌아치산(伐兒峙山), 왕십리산(王十里山), 건원릉(健元陵) 안에서 새로 얻은 산, 건원릉 좌측의 첫 번째 언덕 등 모두 11곳의 왕릉 후보지들에 대한 윤선도의 평가가 담겨 있다.

『현종실록(顯宗實錄)』과 『효종영릉산릉도감의궤(孝宗寧陵山陵都監儀軌)』의 내용을 분석해보면, 위의 11곳에 대한 산론들 중에서 앞의 9곳에 대한 산론은 윤선도가 6월 15일 무렵까지 간심에 참가하여 제출했던 산론이며, 나머지 건원릉 영내의 2곳은 6월 19일 이후 새롭게 제기된 후보지들로서 그가 다시 간심에 참여해서 의견으로 제출했던 산론이다. 그리고 이 「산릉의(山陵議)」의 앞부분에는 당시 윤선도가 함께 둘러보았던 네 곳의 후보지, 즉 여주의 영릉(英陵)이 있는 홍제동(弘濟洞) 터, 과천(果川)에 있는 임영대군(臨瀛大君) 묘산(墓山), 광주(廣州)에 있는 안여경(安汝慶) 묘산, 헌릉(獻陵)의 이수기(梨樹基) 등에 대한 산론은 "초고가 전하지 않는다."고 하면서 실려 있지 않은데,[55] 이 중 여주의 홍제동은 그가 효종을 장사지낼 최상의 후보지로 꼽았던 곳이다.

이들 11곳의 후보지들에 대한 윤선도의 평가를 보면, 수원 호장가(戶長

家)의 뒷산을 제외하면 나머지 모두는 왕릉의 후보지로서 적합하지 않다는 결론을 내리고 있다. 즉, 김영렬(金英烈)의 묘산(墓山)에 대해서는 "국가의 능침의 큰 용도를 논의할 수 없을 듯합니다."라고 하였고,[56] 교하(交河)에 있는 윤반(尹磻)의 묘산에 대해서는 "용혈사수(龍穴砂水)를 사람들이 모두 칭찬하니, 참으로 쉽게 얻지 못할 길지입니다. 그러나 당초 대룡(大龍)이 크게 혈을 맺은 곳이 아니라서 능침의 후보가 되기에는 부족합니다. 게다가 이곳은 세조대왕의 국구(國舅)의 장지입니다. 간심하러 가는 일행이 그 산에 들어가는 것도 온당치 못할 듯하니, 감히 그 가부를 논하지 못합니다."고 하였다.[57] 또한 광주(廣州) 속달(束達)의 동래군(東萊君, 鄭蘭宗)의 묘산에 대해서는 "지기(地氣)가 새어나간 것이 이미 오래되어서 남아 있는 것은 얼마 없을 듯합니다."고 하였고,[58] 남양(南陽)에 있는 홍정승(洪政丞)의 묘소와 홍시영(洪耆英)의 족장지(族葬地)에 대해서는 "대대로 고위 관원을 배출한 것이 100년을 밑돌지 않는다고 사료됩니다. (중략) 이는 백발의 노파에게서 후사를 구하는 것과 같은 것이니, 어찌 감히 이런 곳을 국가 능침의 후보지로 논할 수 있겠습니까."라고 하였다.[59] 낙생역(樂生驛)의 이증(李增) 묘소에 대해서는 "이런 곳이 (관상감의) 등록에 기재되어 있다니 기이할 뿐입니다."라고 하였고,[60] 양재(良才)에 있는 새로 천거된 산에 대해서도 "국가의 용도에는 적합하지 않습니다."라고 하였다.[61] 벌아치산(伐兒峙山)에 대해서는 "옛사람이 말한 병든 용이 아닌가 의심되므로 성주(聖主)의 의관을 모실 장소로는 적합하지 않을 듯합니다."라고 하였고,[62] 왕십리산(王十里山)에 대해서는 "그 능선의 형태가 완둔(頑鈍)하며 순욕(脣褥)이 단정하지 못하니, 쓸 만한 곳인지 알지 못하겠습니다."라고 하였다.[63] 건원릉(健元陵) 안에서 새로 얻은 산의 두 언덕에 대해서도 "모두 쓸 수 있는 혈이긴 합니다만, 양쪽 모두 온전히 구비된 아름다운 곳은 아닙니다."고 평가하였다.[64] 마지막으로 건원릉 좌측의 첫 번째 언덕에 대해서도 건원릉과 목릉 모두에서 너무 가까워 "선왕의 능침에 해가 되는 점이 있다."고 하면서 부정적으로 평가하였다.[65]

윤선도의 산론들에서 나타나는 특징은 그가 특정 후보지의 풍수를 평가할 때에 기본적으로 형세론(形勢論)의 관점에서 논의하고 있다는 점이다. 그는 용혈(龍穴)과 사수(砂水), 즉 산줄기의 크기와 형세, 묘혈 주변의 물의 유무와 흘러가는 모양새 등을 통해서 국가의 능침으로 쓸 수 있을 정도의 큰 기운이 맺혀 있는지 여부를 우선적으로 살펴보고 있는 것이다.

「산릉의 기해(山陵議 己亥)」에서 윤선도는 수원(水原) 호장(戶長) 집의 뒷산에 대해 최상의 길지라는 평가를 내렸는데, 아래에서 그 전문을 인용하여 자세히 살펴볼 필요가 있다.

> "수원 호장(戶長) 집 뒷산: 신이 삼가 이 산을 살펴보건대, 용혈사수(龍穴砂水)가 더할 나위 없이 좋고 아름다워 조그마한 결함도 없으니, 참으로 대단한 길지로서 그야말로 천리 이내에서는 찾아볼 수 없는 천재일우(千載一遇)의 땅입니다. 안과 밖, 주변이 모두 길격(吉格)이라는 것에 대해서는 여러 술관(術官)들이 모두 구체적으로 진달하였으니, 신이 굳이 중복해서 상세히 말씀드리지 않겠습니다. 대개 그 용(龍)의 국세(局勢)가 영릉(英陵)의 그것에 버금가는 만큼, 주자(朱子)가 말한 종묘의 혈식(血食)이 길이 이어지는 계책이 바로 여기에 있다고 하겠습니다.
> 수원 향교의 터도 이 원국 안에 있으면서 혈을 이룬 것처럼 보이기는 합니다만, 호장(戶長) 집의 뒷산과 견주어 논할 수는 없습니다."[66]

윤선도는 수원 호장 집 뒷산의 터에 대해서 분명히 "대단한 길지이며 천재일우의 땅"이라고 극찬한다. 그리고 이 땅의 안과 밖, 주변의 형세에 대한 평가는 다른 술사들이 모두 구체적으로 진달하였을 것이니 자세히 언급하지 않겠다며, 당시 간심에 함께 참여하였던 지사(地師), 지관(地官)들도 의견이 크게 다르지 않았음을 밝히고 있다.

그런데 위의 구절 중에서 "대개 그 용(龍)의 국세(局勢)가 영릉(英陵)의 그것에 버금간다."라는 구절은 조심스럽게 읽을 필요가 있다. 언뜻 보기에 이 문구는 수원 호장 집터가 세종이 묻혀 있는 영릉(英陵)의 국세(局勢)에 비견될 만큼 좋다는 뜻으로 읽힐 수 있다. 하지만 윤선도가 말한 '영릉(英陵)의 그것'은 세종의 영릉(英陵)을 말하는 것이 아니라 영릉 옆에 있는 후보지를 지칭한 말이었다. 즉, 윤선도는 효종의 산릉터로서는 영릉 옆의 후보지인 왼쪽 능선(여주 홍제동)이 첫 번째 길지이고 그다음이 수원 호장의 집 뒷산이라고 평가하고 주장하였던 것이다.

사실 조선시대의 사대부 유학자들 중에서 풍수에 대한 이론적 논의를 펼친 이들은 많이 있다.[67] 하지만 풍수지리의 이론을 가지고서 택지(擇地)의 작업을 실천하고 그와 관련된 기록을 남겨놓은 이들은 많지가 않다. 특히 왕릉 택지의 과정에 실제적으로 참여한 인물이 택지의 논의와 과정에 대한 기록을 남겨놓은 것은 아주 드물다. 『고산유고』에 남아 있는 위의 글들은 어쩌면 왕릉 택지에 참가한 사대부의 글로서는 유일한 자료일지도 모른다.

일반적으로 조선시대에 왕릉 택지의 논의의 과정에는 관상감에 소속된 지리학 분과 관원들이 '상지관(相地官)'이라는 직명으로 참여하였다. 하지만 관상감 소속 중인 신분의 상지관(相地官)들이 풍수지리의 지식 담론을 포함한 저술들을 문집으로 남겨놓은 경우는 거의 없다. 또한 이들 관상감 소속의 관원들 외에도 다양한 신분과 출신 배경을 지닌 이들이 지사(地師), 혹은 지관(地官)으로 불리면서 초빙되고 참여하였다. 이들 중에서 조정에서 관직을 하고 있지 않은 자들은 방외지사, 혹은 재외지사라는 이름으로 초빙되었다.[68] 하지만 이들이 전개한 왕릉 택지에 대한 논의들은 그 일부가 『조선왕조실록』이나 『산릉도감의궤』 등에 요약되어 전하고 있을 뿐이다. 게다가 택지의 과정에 참여한 사대부 관료들의 경우에도 국릉에 대한 택지의 논의를 남겨놓은 경우를 찾아보기 힘들다. 이런 점에서 『고산유고』에 남아 있는 국릉 산론(山論)에 대한 글들은 윤선도의 풍수지리 이론뿐만 아니라 왕릉 택지의 일반적인 과정을 이해하고 현종 즉위년 영릉 택지의 구체적인 논의 과정을 파악하는 데에서 참고해야 할 중요한 자료라고 할 수 있다.

실제로 윤선도가 영릉(寧陵) 택지의 작업에 참여한 사실과 『고산유고』에 남아 있는 기록들은 조선시대의 풍수사에서 다양한 방식으로 거론되고 활용되고 있다. 흥미로운 점은 이들 조선시대의 풍수사와 관련된 책들에서 윤선도는 '왕릉 풍수의 대가'로 일컬어지면서 영릉의 터로 수원을 추천한 인물로서, 혹은 영릉이 천릉될 것을 예언한 '신안을 가진' 지사(地師)라고 서술되기도 한다는 사실이다.[69]

하지만 이러한 윤선도에 대한 기존의 서술들과 평가들은 많은 경우 영릉 택지의 과정에서 윤선도가 지녔던 입장과 『고산유고』에 남아 있는 산론(山論)의 내용들과 합치하지 않는다. 그러므로 『고산유고』에 남아 있는 윤선도의 산론들이 어떠한 내용을 담고 있으며 어떠한 목적에서 저술되었는지를 제대로 살펴볼 필요가 있다. 이를 통해서 효종 영릉의 택지에 대한 윤선도의 입장이 어떻게 잘못 이해되었는지, 나아가 『고산유고』에 실린 산론의 내용이 후대인들에 의해 어떤 식으로 활용되면서 그에게 '왕릉의 미래를 예측한' 신비적 술사의 이미지가 덧붙여지게 되었는지를 알 수가 있을 것이다.

7장

조선 후기 술수와 기층문화

18세기에 이르면 술수학과 술수문화가 조선 사회에서보다 아래의 하위 문화 속으로 확산되었다. 이는 술수문화의 또 다른 매개체인 역서의 확산 등을 통해서 확인할 수가 있다. 하지만 그와 더불어 성리학을 비롯한 유학 그리고 자연철학적 지식 또한 상층부 사대부 학자들의 학문 영역에서 번져 나와 하부로 전파되었다. 우리는 이러한 모습을 아래 절에서 살펴볼 문광도(文光道)와 같은 '중인 지식인, 여항 지식인'의 증가를 통해서 확인할 수 있다.

한편, 이전 시기까지의 발전의 결과 정교화, 풍부화되기 시작한 우주론과 상수학적 논의들은 풍수이론, 명리학과 결합되고 급기야 『정감록(鄭鑑錄)』과 같은 비기류의 서적들까지 흡수하여 이들 지식체계로 나름대로 무장한 하층 지식인이 등장하고 이들에 의해 변란의 이론들이 제공되기에 이른다. 조선의 하층민들은 일상생활과 관련된 다양한 문제들, 곧 질병과 가난, 결혼, 사업, 여행, 이사와 관련해서 점쟁이와 지관(地官), 무당 등 이른바 술사(術士)라 일컬어지는 이들을 찾아가 그들의 말에 귀를 기울였다. 조선의 사람들은 이들 무당과 술사들을 통해서 '종합적인 과학·보건의료 서비스'를 받고 있었던 셈이다.

1절 무당과 술수

무당(巫堂), 혹은 무녀(巫女)는 앞의 장에서 살펴본 바와 같이 그 연원이 삼국시대 이전으로 올라가며, 유교의 국가인 조선이 설립된 이후에도 하위의 민간 문화에서 여전히 중요한 역할을 수행하며 존재하였다.

조선시대 민간에서는 무당이 마을마다 존재하였는데, 이들은 사주점과 더불어 신점(神占)에 해당하는 무점(巫占), 혹은 무속(巫俗)과 관련된 행위들을 수행하였다. 무당을 찾아가서 굿을 하고 치병을 하며 점을 치는 일은 일반인들만이 아니라 사대부들에게도 행하던 일이었다. 즉, 사대부 유학자들도 무당을 집으로 부르거나 혹은 무당에게 찾아가서 앞날의 길흉을 물었으며, 심지어 무당을 집에다 불러서 굿을 행하기도 하였다. 물론 일부 유학자들의 경우에는 무당을 불러 굿을 행하면서 치료나 기복을 행하는 행위에 대해서 상당히 비판적인 입장을 취하기도 하였다.[1]

하지만 사대부의 일기에서 무속과 관련된 기록은 16세기에 작성된 이문건(李文楗, 1494-1568)의 『묵재일기(默齋日記)』에서부터 쉽게 확인할 수 있다. 이복규의 분석에 따르면, 『묵재일기』에는 무점, 혹은 무속과 관련된 행위가 약 30년간 79건가량이 발견된다.[2] 이와 비슷한 무당에 대한 기록들은 유희춘(柳希春)의 『미암일기(眉巖日記)』에서도 마찬가지로 발견할 수 있다.[3] 『미암일기』에는 무녀를 불러서 굿을 하고 병을 치료하고자 했다는 내용이 2군데의 기사에서 나타난다.[4]

그런데 조선 후기, 특히 18세기 이후에 무당들의 숫자가 빠른 속도로 증가하는 모습을 보인다. 예를 들어, 17~19세기 단성현호적대장(丹城縣戶籍大帳)에 등재된 무당 직역 호수(戶數)의 변화 추이를 살펴보면, 현재의 경상도 산청에 해당하는 단성현에서 세습되는 무당의 직역을 지닌 호수가 18세기에 이르면 급격히 증가함을 알 수 있다.[5] 이 시기에 증가한 무당 호수는 다시 18세기 말에 이르면 자손들의 속량으로 조금씩 감소되기 시작하지만, 17세기에 비하면 그 숫자가 2배 이상 유지되었음을 알 수 있다. 이러한 모습은 18세기 이후 민간에서 술수문화, 혹은 무속과 점복에 대한 수요가 급증하였음을 보여주는 간접적 증거일 수가 있다.

조선 후기에 들어서 무당 숫자가 증가하면서 민간에서 무속 행위가 확대된 결과로서 19세기에 이르면 『무당내력(巫堂來歷)』이라는 책이 편찬되기도 하였다. 서울대학교 규장각한국학연구원에 소장되어 있는 『무당내력』은 난곡(蘭谷)이란 호를 지닌 저자에 의해 편찬된 필사본 책으로서 서울 지역에서 행해졌던 굿의 각 장면, 즉 '굿거리'를 그림으로 그려서 설명한 책자이다.[6] 이 책의 서문 말미에 '시을유중춘(時乙酉仲春) 난곡파적이(蘭谷破寂耳)'라고 적고 난 뒤에 '명의학도(明義學道)'라는 전서(篆書)의 낙관을 찍어놓았는데, 이를 근거로 이 책이 1825년 4월이나 1885년 4월에 제작된 것으로 추정할 수 있다.

이 책의 서문에서는 "단군이 태백산 단목하(檀木下)에서 신교(神敎)를 개설하고 이를 부루(扶婁)에게 가르쳤는데 여기에서 무당이 비롯되었다."고 적고 있으며, 다음 면에는 피리와 해금, 제금, 장고를 들고 앉아 무악을 연주하는 남녀 4명의 악사가 그려져 있다. 이후 각각의 면에 각각 하나의 굿거리가 그려져 있는데, 면 상단에는 제사상이 그려져 있고 하단에는 무녀의 춤추는 모습이 그려져 있다. 굿거리는 태백산 산신(山神)인 단군(檀君)을 모시는 〈감응청배(感應請陪)〉(속칭 산바리기), 삼신(三神)을 모시고 아들 낳기를 바라며 하는 〈제석거리(帝釋巨里)〉, 처음 농사를 가르쳐

준 단군의 시신(侍臣) 고시례(高矢禮)에서 유래
한 〈별성거리(別星巨里)〉, 무녀가 최영(崔瑩) 장
군의 옷을 입고 성스러운 뜻으로 소원을 이루
어 준다는 〈대거리(大巨里)〉(속칭 崔將軍巨里), 아
직 천연두에 감염되지 않은 아이를 위해 기
원을 행하는 〈호구거리(戶口巨里)〉, 치성을 드릴
때 조상들이 미래의 길흉화복을 미리 알려준
다고 하는 〈조상거리(祖上巨里)〉, 무녀의 연원
을 말해주는 〈만신말명〉, 오방(五方)의 신장기

<그림 7-1〉 조선의 무당들 (무라야마 지준, 『조선의 점복과 예언』 수록)

(神將旗)를 양손에 들고서 병을 물리치는 〈굿거리〉, 무녀 중 어리고 예쁜
자들을 뽑아 한바탕 유희를 벌이는 〈창부거리(唱婦巨里)〉, 단군시대에 해
마다 10월에 집 지은 것을 축하한 데서 유래하여 치성을 행하는 〈성조거
리(成造巨里)〉(속칭 셩쥬푸리), 사신(使臣)의 무사귀환을 비는 굿에서 형성
된 〈구릉〉, 치성이 끝난 뒤에 무명의 잡귀들에게 제수를 모두 내어서 먹
이는 〈뒷전〉 등 12가지가 수록되어 있다. 굿거리의 내용과 단군을 무당의
시조로 여기고 있으며, 최영 장군으로 무당의 시조를 바꾸어서 설정하는
습속을 비판하는 점 등을 보건대, 『무당내력』은 단군 조선에 대한 역사
적 인식이 확대되어나갔던 조선 후기에 편찬되어 당시 주변에서 행해지
던 무당의 굿거리 모습을 정리한 것으로 볼 수 있다.

조선 후기 무당 숫자의 증가와 관련해서 무당들의 조직인 신청(神廳)들
이 여러 지역에서 조직되기 시작하였음을 주목할 필요가 있다. 이러한 신
청 조직은 함경북도 경성(鏡城)에서는 '스승청'이라는 이름으로 나타났으
며, 제주도에는 '심방청[神房廳]', 경기도 수원에는 '재인청(才人廳)', 그리고
한양 근교의 노량진에는 '풍류방(風流房)' 등의 이름을 지니고 있었다. 또
한 전라도 지역에는 나주와 장흥, 우수영, 진도, 완도, 광주, 전주, 남원 등

지에서 신청이라는 이름으로 비슷한 조직이 존재하였다. 이들 신청은 각 지역과 문화의 특성에 따라서 남자 무당, 즉 남무(男巫)들의 조직인 경우도 있었고 여무(女巫)들의 조직인 경우도 있었다.

한편, 특히 남자 무당들인 무부(巫夫)의 경우에는 많은 경우 관아에 속한 악인(樂人)이기도 하였기에 신청을 장악청(掌樂廳)이라 칭하는 경우도 있었으며, 그 밖에 악공청이나 공인(工人)청, 공인방으로도 불렀다. 이러한 사실은 무당의 조직이 관청이나 민가에서 필요로 하였던 공연 문화도 함께 제공하기도 하였음을 말해준다.

이와 같은 신청 조직들은 지역마다 약간씩 차이를 지니기는 하였지만, 기본적으로 유사한 규정을 공유하면서 주로 부조계이자 일종의 길드와 같은 직역 조직의 형태로 운영되었다. 전라남도 나주의 신청을 예로 보면, 이 무부계(巫夫契)는 읍내외 무당집의 성년 남자를 계원으로 하여 매 호당 일 년에 일정 금액을 갹출하여 기본금으로 삼고 그 이자로써 신청의 운영비와 선생들에 대한 제사 비용 등을 충당하였다. 또한 신청 조직들은 자신들 조직의 선배들인 역대의 무부들의 이름을 적어놓은 선생안(先生案)을 작성하였으며, 이를 신청 안에다 모셔놓고서 매년 일정한 시기에 계원들이 모여서 선배 무당들에 대한 제사를 거행하기도 하였다.

조선 후기에 조직되어 내려오던 신청들은 일제강점기인 1920년대에 이르면서 차츰 해체되어갔는데, 그중에서 일부는 기생의 음악강습소가 되기도 하고 또한 권번(券番: 일제시대의 기생조합)으로 바뀌기도 하였다. 그리고 1920년대 이후 무속을 정화한다는 목적으로 일제로부터 인가를 얻어 결성된 조합 형식의 무당 조직체에 흡수되기도 하였다.[7]

2절 참위서의 유행과 『정감록』

조선 후기에 이루어진 술수문화의 확장을 확인할 수 있는 또 다른 사례는 참위서의 유행을 들 수 있다. 조선 후기, 특히 18세기 이후에 변란의 발생과 왕조의 교체, 혹은 괴질의 유행이라는 참위적 내용들이 유포되기 시작하였는데, 이들 참위적 내용들은 흔히 술사(術士)들로 지칭되는 이들에 의해서 생산되고 유포되었다. 그리고 이들 참위적 내용과 술사들은 18세기 이후 조선 사회의 정치경제적 변동 속에서 여러 차례의 역모와 민란의 주도 세력, 혹은 사회적 불만 세력에 의해 거사 도모의 이론적 근거이자 일반 민(民)을 동원하는 수단으로 이용되었다. 예를 들어, 1733년의 남원 괘서(掛書) 사건에서 등장한 『남사고비결(南師古秘訣)』과 『요람(要覽)』, 그리고 일명 '김일경(金一鏡)의 문서'[8]라고 불리는 책자, 1748년 청주(淸州)와 문의(文義)에서 발생한 괘서 사건에서 등장한 『도선비결(道詵秘訣)』이라는 책자의 경우가 그것이다. 1782년(정조 6)에 일어난 문인방(文仁邦) 역모 사건에서는 『정감록(鄭鑑錄)』을 비롯하여 『승문연의(乘門衍義)』, 『경험록(經驗錄)』, 『신도경(神韜經)』, 『금귀서(金龜書)』 등의 책자들이 주요하게 사용되었으며, 1785년에 발생한 이율(李瑮)과 양형(梁衡), 문양해(文洋海) 역모 사건에서는 『정감록』과 『진정비결(眞淨秘訣)』과 『국조편년(國祚編年)』 등의 비기, 참위류 서적들이 사용되었음이 국문 과정에서 밝혀졌다. 19세기 들어서도 이런 사건들이 그치지 않았는데, 1811년에 발생한 홍경래의 난, 1813년에 일어난 이회식, 백태진 사건, 1823년에 발각된 박형서, 정상채 사건, 1877년경에 발생한 김응룡, 오윤근 사건 등이 그것이다.[9] 이러한 사건들 속에서 『정감록』 계열의 참위서들을 읽고서 그 속의 위기 담론을 확산 재생산하는 술사들이 등장하고 활약하는 모습을 보여준다.

이들 민간의 술사들은 참위의 담론을 공유하고 확산하였으며 나아가 민란과 반란의 행위로까지 실천하였는데, 이들은 단지 중하위 계층의 지식인들로만 구성된 것은 아니었다. 사실 술수문화에 대한 향유, 그리고 세계에 대한 완전한 이해를 향한 열정이 단지 유학자들의 독점물은 아니었듯이 현세에 대한 위기적 담론 또한 중하층민들에게만 국한되어서 존재하였다고 보기는 힘들 것이다. 생활에 쫓기는 하층인들이라고 해서 도통(道通)에 대한 열망이 쉽게 포기되는 것은 아니다. 물론 삶이 고단하면 할수록, 신분제 사회의 근본적 불평등과 '벽'을 체감할수록, 그리고 그것에 대한 불만이 체제의 완고성으로 인해 받아들여지기 힘들수록, 그로부터 벗어나고자 하는 희망, 피안의 세계에 대한 동경, 심지어 세상을 발칵 뒤집고자 하는 생각, 혁명에 대한 욕망은 강해지기 마련이며, 나아가 보다 '근본적 문제'에 대한 의문이 강하게 솟아나기 마련이다. 하지만 사회적 불만은 양반 사대부들, 특히 권력의 핵심에서 밀려난 양반들에게도 팽배할 수 있는 것이고, 세상을 뒤집고자 하는 욕망이 생겨나고 또한 이를 실행할 수도 있기 마련이다. 이렇듯 현실 세계에 대한 전반적 불만과 '전복'의 욕구는 말세적 위기감과 결합하는데, 많은 경우 술수학의 이론과 방법들은 손쉽게 묵시론적 예언과 변혁의 이론을 제공하는 것이다. 그런데 이들 술수학 지식들은 앞서 살펴본 바와 같이 상당 부분 역학과 상수학, 풍수지리, 천문학 등의 고급 학분 분야들과 개념이나 이론들을 공유하고 있었다. 따라서 술수학 지식을 토대로 참위 담론의 이론들을 실제로 생산/재생산하고 확산하였던 주체들은 오히려 상층부 지식인들, 곧 양반 사대부였을 가능성이 더 크다.

1. 『정감록』류 참위서의 종류

조선 후기에 접어들면 이씨 왕조의 멸망과 새로운 왕조의 성립, 전란의 발생, 질병의 유행 등에 관한 예언을 담은 참위서들이 중하층민들 사이에서 널리 유행하기 시작하였다. 흔히 『정감록』이라고 지칭되는 책자가 그 대표적인 것으로서, 이 책자에는 조선왕조의 운수와 정씨 왕조의 도래를 예언하고 있는 「감결(鑑訣)」을 비롯하여 「무학전(無學傳)」, 「도선비결(道宣秘訣)」, 「정북창비결(鄭北窓秘訣)」, 「남사고비결급남경암산수십승보길지도(南師古秘訣及南敬庵山水十勝保吉之地)」, 「사신대사비결(西山大師秘訣)」 등의 각종 비기들이 함께 실려 있었다. 『정감록』 이외에도 『요람(要覽)』, 『승문연의』, 『경험록』, 『신도경』, 『금귀서』, 『진정비결』, 『국조편년』 등 각종 '비결'이나 '비기', '비사', '도참' 등의 이름이 붙은 참위서들이 조선 후기를 통하여 여러 민란이나 괘서 사건 등에서 꾸준히 등장하였다.[10]

이들 책자에는 일반적으로 '어느 해에 대재난이나 변란이 발생하고, 어느 해에는 괴질이 유행할 것'이라는 식의 '대변란설'과 '어느 해에 진인이 해도에서 군사를 일으켜서 환란을 수습하고 새로운 왕조를 열 것'이라는 '해도출병설', 이와 같은 대변란과 괴질의 시대에 일신과 가족의 안위를 구할 수 있는 지역을 열거한 '십승지설', 그리고 '정씨 성을 가진 진인(眞人)이 등장하여 조선왕조를 멸망시키고 새로운 왕조를 열 것'이라는 '정씨왕조 개창설' 등의 참위적 예언들이 혼재하여 실려 있었다. 변란의 발생과 왕조의 교체, 혹은 괴질의 유행이라는 참위적 내용들은 18세기 이후 조선 사회의 정치경제적 변동 속에서 여러 차례의 역모와 민란의 주도 세력, 혹은 사회적 불만 세력에 의해 거사 도모의 이론적 근거이자 일반 민(民)을 동원하는 수단으로 이용되곤 하였다. 예를 들어, 1733년의 남원 괘서 사건에서 등장한 『남사고비결(南師古秘訣)』과 『요람(要覽)』, 그리고 '김일경(金一鏡)의 문서'[11]라고 불리는 책자, 1748년 청주와 문의에서 발생한 괘서 사건에서 등장한 『도선비결(道詵秘訣)』이라는 책자의 경우가 그것이다. 1782년에 일어난 문인방 역모 사건에서는 『정감록』을 비롯하여 『승문연의』, 『경험록』, 『신도경』, 『금귀서』 등의 책자들이 주요하게 사용되었

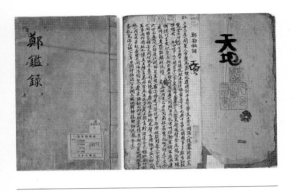

〈그림 7-2〉『정감록』(서울대학교 규장각한국학연구원 소장 필사본)

으며, 1783년의 이율과 문양해의 역모 사건 에서는 『정감록』과 『진정비결』과 『국조편 년』 등의 비기, 참위류 서적들이 역모 주도 자들에 의해 사용되었음이 국문 과정에서 밝혀졌던 것이다. 19세기 들어서도 이런 사 건들이 그치지 않았는데, 1811년에 발생한 홍경래의 난, 1813년에 일어난 이회식, 백 태진 사건, 1823년에 발각된 박형서, 정상 채 사건, 1877년경에 발생한 김응룡, 오윤 근 사건 등이 그것이다.[12]

환란의 발생이나 왕조의 멸망, 신왕조의 개창이라는 극히 '불온한' 내 용을 담고 있었기 때문에, 이들 비기류 서적들은 당연히 비밀스럽게 저작 되고 은밀한 경로를 통해서 민간에 유포될 수밖에 없었다. 조선 후기에 등장한 각종 참위, 비기류 서적의 정확한 작자와 저작 시기 등에 대해 제 대로 알 수 없는 것은 이식의 은밀한 유포에 따른 자연스런 결과일 것이 다.[13] 19세기 말까지 민란과 반란의 와중에 자주 거론되었던 『정감록』의 경우에도, 1739년에 이르러서야 정부의 공식 문헌인 『비변사등록』과 『영 조실록』 등에서 "서북 변방의 사람들이 정감의 참위한 글을 파다히 서 로 전하여 말하였다."고 전하면서 처음으로 거론되기 시작하였지만,[14] 이 책자가 애초부터 은밀하게 유포되었다는 점을 고려한다면 이때를 최초 의 출현 시기로 볼 수도 없을 것이다.[15] 학자들에 따라서는 『정감록』의 출 현을 16세기로까지 거슬러 올라가는 사람이 있기도 하며, 심지어 고려의 비기서들까지 연결되기도 한다. 출현 지역에 대해서도 이 책자가 황해도 와 함경도, 평안도 지방 등지에서 유행하고 있었다고 전하는 위의 기록을 토대로 『정감록』이 중앙정계로부터 차별을 받아왔던 서북지역의 지식인

들에 의해 저작된 것으로 추정되기만 할 뿐이다.[16]

『정감록』은 '정감록'이라는 이름에 가탁하여 쓰여진 수많은 비기와 참위, 술수류의 서적들을 통칭하는 말이라고 할 수 있다. 정확한 저자가 누구인지, 저작연대가 언제인지를 알 수 없을 뿐만 아니라, 이들 술수류 서적들은 대부분의 경우 '정본'조차 확실하지 않은 문헌이다. 『정감록』의 경우, 1973년에 이본을 대대적으로 수집 정리하여 편찬한 안춘근의 『정감록집성(鄭鑑錄集成)』에는 한글본의 『뎡감록비결』을 비롯하여 『유산결(遊山訣)』, 『이본정감록(異本鄭鑑錄)』, 『비람청류당음청록(秘覽聽流堂陰晴錄)』, 『초창결(蕉蒼訣)』, 『농아집(聾啞集)』, 『진험(震驗)』, 『자미묘결(紫微妙訣)』, 『비난정감록진본(批難鄭鑑錄眞本)』, 『정감록(鄭鑑錄)』, 『비결집록(秘訣輯錄)』 등 총 11종의 판본이 실려 있으며,[17] 이후 안춘근이 수집한 이본들 이외에도 최소 2종의 『정감록』 이본이 학계에 보고되고 있다. 현재 남아 있는 『정감록』의 여러 이본(異本) 중 하나인 『비난정감록진본』을 보면, 여기에는 여러 이본 『정감록』에 공통적으로 실려 있는 「감결(鑑訣)」 부분 외에 「무학전」, 「도선비결」, 「정북창비결」, 「남사고비결급남경암산수십승보길지지」, 「서산대사비결」 등 과거 술수적 인물이나 도가적 인물들의 이름을 가탁한 여러 비결들이 수록되어 있다. 이에 비해 다른 판본에는 위의 비결들 중에서 어떤 것은 빠져 있는 반면 다른 것이 추가되어 있다. 수록되어 있는 비결의 종류뿐만 아니라 그 내용에서도 이본들에 따라 약간씩 차이가 난다. 「감결」의 내용만 보더라도 판본에 따라서 내용의 출입, 첨부 등의 차이가 나타난다. 『정감록』이 애초에 '정감록'이라고 하는 여러 비결서들을 한데 묶어서 편집한 책자이기에, 이본들에 따라 포함되는 비결의 종류와 내용이 조금씩 상이한 것이다.

이렇게 다양한 이본들의 존재는 이들 책자가 기본적으로 왕조의 삼엄한 감시의 눈길을 피해 비밀스럽게 전해 내려오는 과정에서 흔히 술사(術

士), 혹은 도사(道士)라고 지칭되었던 중하층 지식인들에 의해 자의적인 증보와 첨삭이 이루어진 결과라고 짐작할 수 있다. 그리고 이와 같은 '저자와 저작연대의 불확실성'과 '다양한 이본의 존재' 자체는 『정감록』을 비롯한 비기류 서적들이 당시 민간에서 상당히 널리 유포되고 필사, 가필 었음을 말해주는 증거라고 할 수 있는 것이다.

2.『정감록』의 내용

『정감록』을 비롯한 조선 후기의 비기류 서적들에 수록된 술수적, 참위적 내용들의 상당한 부분은 상수학 지식체계를 구성하는 여타의 분야들로부터 이론적 틀과 개념을 차용하여 구성된 것이다. 이는『정감록』을 비롯한 참위적 서적들의 내용을 구체적으로 분석함으로써 알 수 있는 사실이다.

『정감록』으로 대표되는 조선 후기의 비기류 서적들의 내용은 그것의 이론적 분야와 형식에 따라 크게 세 가지 종류로 나누어질 수 있다. 그것은 풍수지리적 형식, 우주론적 기년서의 형식, 상수학적 형식으로 지칭할 수 있는 것들이다. 물론 이 세 가지 형식은 한 가지 비기류 서적에도 섞여 있다.

그중 첫 번째는 대화체나 시의 형식을 빌려 이씨 왕조의 멸망과 정씨 왕조의 성립, 혹은 전란과 질병의 도래를 예언하고, 자신과 집안을 보전할 수 있는 길지(吉地)를 제시하는 글들이다.『정감록』의 맨 앞에 붙어 있는「감결」부분의 내용이 그 대표적인 것으로, 이 글은 정감(鄭鑑)과 이심(李沁), 이연(李淵) 형제 세 사람이 나눈 대화를 기록한 형식을 빌리고 있다.

정공이 말하기를, "곤륜산(崑崙山)에서 내려온 맥(脈)이 백두산에 이르

고, [그 원기가] 평양(平壤)에 이르렀다. 평양은 이미 천년(千年)의 운수
가 지났으니, 그 기운이 송악(松岳)으로 옮겨진다. [송악은] 오백 년 도
읍할 땅이나, 요승과 궁녀들이 난을 일으켜 기기가 쇠하고 패한다. 천
운은 막힘이 없으니, 기운이 한양(漢陽)으로 옮겨지니, 그 대략을 말하
면 싸우고 벌하는 것이 정함이 없고 충신들이 죽게 된다. 일건곤으로
긴 밤이 밝으면 남쪽으로 교룡이 도래할 텐데, 사람들은 어디로 가야
하는가? 반드시 흰 소를 따라 성으로부터 달아나야 할 것이다." 심이
말하기를, "백두산에서 나온 맥(脈)이 금강산으로 옮겨 태백산(太白山)
과 소백산(小白山)에 이르러 산천의 뭉친 기운이 계룡산(鷄龍山)으로 들
어가니, 정씨(鄭氏)의 팔 백년 도읍할 땅이다. 그 이후에는 [기운이] 가
야산의 조씨 천년의 땅과 전주의 범씨 육백 년 땅으로 들어가고, 송악
의 왕씨가 왕조를 부흥하는 땅에 이른다. 그 나머지는 자세하지 않아
살필 수가 없다."[18]

이런 형식의 예언들은 주로 풍수지리적 이론과 관념들을 중심으로 전
개된 것으로, 「감결」 외에도 「삼한산림비기(三韓山林秘記)」, 「무학비결(無學
秘訣)」 등의 비기들이 이 형식에 속하는 것들이다. 이런 형식의 비기들에
서는 일반적으로 과거와 미래의 왕조가 정한 도읍지들을 곤륜산이나 백
두산으로부터 발원하는 지맥이 이른 길지로 설정하며, 나아가 각 길지마
다 정해져 있는 기운의 연한, 다시 말해 운수(運數)에 따라 왕조의 수명
이 정해져 있다고 주장한다. 이와 같은 왕도(王都) 풍수의 관념에 따른 참
위적 글들은 사실 조선 후기에 처음으로 등장하는 것이 아니며, 고려시
대와 조선 초까지 왕실과 민간에서 널리 유행하였던 각종 비기들로부터
그 연원이 올라가는 것이다. 고려시대에는 태조 왕건의 개국 이후 180년,
360년, 200년이 이르면 왕도인 개성의 지기가 쇠약해져 천도(遷都)를 해

야 한다는 주장들이 끊임없이 등장하였으며,[19] 묘청의 반란의 경우에도 왕도 풍수의 관념에 따른 천도론이 그 기저에 깔려 있었다는 점은 주지의 사실이다. 그리고 이와 같은 왕도 풍수의 관념은 조선 건국 이후 한양을 도읍으로 정할 때도 주요한 역할을 행하였고, 조선 전기 동안에도 간헐적으로 등장하였다. 따라서 조선 후기에 등장한 비기들 중에서 「무학전」, 「도선비결」 등과 같이 도선이나 무학의 이름을 가탁한 비기들이 많이 등장하는 것은 전 시대의 왕도 풍수적 관념의 영향이라고 할 수 있을 것이다.

한편, 이러한 풍수지리적 관념을 토대로 하는 글들에도 천문과 상수학적 관념들이 부차적으로 중요한 이론적 도구로 동원되고 있다. 지맥이 이른 국도(國都)의 연수가 왜 500년인지, 언제부터 연수가 다 소진하게 되고 새로운 지역이 떠오르는지 등에 대한 내용이 포함된다.

『정감록』에 포함되어 있는 비기류 서적들의 두 번째 형식의 글들은 나라의 운수를 연대순으로 말하면서 '어느 해에 어떤 일이 일어날 것'이라는 식의 예언을 늘어놓는 형식의 글이다. 여기에 속하는 참위서로는 『국조편년(國祚編年)』이 대표적이다. 이 책자는 정조 9년(1785)에 발생한 문양해, 이율의 역모 사건에 가담하여 처형된 문광겸(文光謙)이 체포될 때 지니고 있었던 문서로서, 현재는 전해지지 않는 것이다. 이 책자의 내용을 살펴보면, "임자년부터 정묘년까지 연달아 병란[兵火]이 있고, 그 뒤에는 잇따라 (나라가) 셋으로 갈라질 것이며, 을사년 봄에는 마땅히 수재(水災)가 있을 것"이라든지 "기유년에 마땅히 비참한 흉년이 들 것", "무신년에는 북방의 도적이 크게 일어나서 집을 부수고 절간을 허물어도 관군이 능히 대적하지 못하며, 정미년에는 곤양(昆陽)과 고성(固城) 사이에 수재가 있고, 경술년과 신해년 사이에는 들에 푸른 풀이 없어지며, 임자년에는 남쪽 섬의 군사가 강을 건너온다."는 내용이 포함되어 있다. 국운이나 기타 변란, 즉 주로 전란의 발생이나 천재지변, 괴질의 만연 등의 내용을 연대순으로 서술해놓은 책자는 『국조편년』 외에도 여러 가지가 있다. 앞서 인용한 『비난정감록진본(非難鄭鑑錄眞本)』 속에 들어 있는 「오백론사(五百論史)」와 「도선비결」, 「남사고비결」과 다른 판본의 정감록에 들어 있는 「옥룡자기(玉龍子記)」, 「삼도봉시(三道峰詩)」 등은 이와 같이 연대순으로 운세를 예언해놓은 글들이다. 재난에 대한 관념과 괴질의 발생에 대한 관념, 나아가 이들 십승지의 관념은 이들 형식의 글들에서 주로 등장한다.

사실 이러한 연대기적 형식의 비결은 조선 후기에 발달하기 시작한 '우주론적 연대기' 서술 전통과 밀접한 관련을 지니고 있다. 애초 소옹의 『황극경세서』에서부터 시작된 것으로 생각되는 우주론적 연대기의 전통은 상수학적 자연관을 역사에 대입시킨 것이다. 이런 식의 연대기 서술 전통은 조선에서는 정구의 『역대기년』에서부터 시작해서 서명응의 『황극일원도』에 이르러 전형적 형식이 잡히는 것으로 생각된다. 그리고 이와 같은 우주론적 연대기의 형식을 약간만 확장시키거나 변형시키면, 곧 여러 비기류 서적에서 이야기하는 예언 형식의 글들로 바뀌는 것이다.

그리고 이러한 우주론적인 연대기가 암시하고 있는 바와 같이 비기류 서적에 60 갑자의 형식으로 표기된 재난에 대한 기록은 60 갑자의 동일 간지의 해에서 비슷하게 반복될 것이라는 관념을 드러내고 강화하고 있다. 다시 말해 같은 갑자가 들어오는 해이면 같은 재변이 일어날 것이라는 참위적 관념을 구성하고 강화하는 것이다. 물론 이런 식의 관념은 단지 예언서들에만 등장하는 것이 아니다. 일례로 이익의 글에서도 관련된 내용을 확인할 수 있다.

내가 어릴 적에 해가 마침 정해년(丁亥年)이었는데, 노인이 말하기를, "지난번 정해년에 크게 수해가 났으니 이에 대비해야 된다." 하였다. 나는 [그때는 이 말을] 믿지 않았는데, [이후] 과연 들어맞았었다. 또 신해년(辛亥年)이 되자 노인이 말하기를, "지난번 신해년에는 큰 흉년이 들었다."하였는데 또 들어맞았다. 그 사이가 60년이니 비록 십이진(十二辰)과는 완전히 일치하지 않는다 할지라도 끝내 일정한 계산법만 가지고 추측할 바는 아닌 것이다.

1748년에 발견된 『도선비결(道詵秘訣)』이라는 책에서도 60갑년의 반복을 통해 사건의 반복을 예언하는 구절들이 나오며, 이는 조선 후기 이후 퍼지기 시작한 위기의식과 말세 의식을 토대로 나온 것이라고 볼 수 있다. 그 내용은 아래와 같이 주로 변란과 재난이 언제 발생할 것인지에 대한 것이다.

> 정해년 수해
> 신해년 흉년
> 임자년부터 정묘년까지 연달아 병란[兵火]
> 을사년 봄에는 마땅히 수재(水災)
> 기유년에 마땅히 비참한 흉년
> 무신년에는 북방의 도적
> 정미년에는 곤양(昆陽)과 고성(固城) 사이에 수재
> 경술년과 신해년 간에는 들에 푸른 풀이 없어지며
> 남쪽 섬의 군사가 강을 건너온다.

한편, 비기류 서적의 세 번째 형식에 해당하는 것들은 아주 압축적 비결을 담은 글들이다. 이런 글들은 풍수지리적 관념보다는 주역의 괘와 수, 음양오행, 수적 배열 등의 상수학적 방법을 본격적으로 동원하여 왕조의 수명과 성격, 그리고 각 왕조의 도읍지의 운수 등을 압축적으로 표현한 글들이다. 여기에는 『정감록』에 수록되어 있는 「동국역대기수본궁음양결(東國歷代氣數本宮陰陽訣)」과 「역대왕도본궁수(歷代王都本宮數)」, 「구궁변수법(九宮變數法)」 등과 같은 짧막한 글들이 포함되는데, 이런 형식의 글들은 「감결(鑑訣)」과 「삼한산림비기(三韓山林秘記)」 부분과 더불어 『정감록』의 여러 이본들에서 공통적으로 포함된 글들이다.

여기서 「동국역대기수본궁음양결」과 「역대왕도본궁수」의 내용을 구체적으로 살펴보면, 여러 수학적, 혹은 상수, 술수적 내용들이 공통적으로 포함되어 있었다. 아래에 『정감록』에 포함된 「동국역대기수본궁음양결」을 자세히 살펴보자.

三韓之數 不爲各出者, 其在太乙旋紀之初故也. 術士可知也.

삼한(三韓)의 운수(運數)가 각각 나오지 않은 것은, 그것이 태을선기(太乙旋紀)의 시초(始初)에 [감추어져] 있기 때문이다. 술사(術士)들은 [이를] 알 수 있다.[20]

檀君 三〇二六 以陽生陰 太平之卦 合陽孕陰 混合之象 屬水忌土.
箕子 七四二二 以陰比陽 男女和睦 合陽孕陰 和平氣像 屬土忌水
三韓 六〇七九 以陽供陰 君臣易位 合陽孕陰 殺氣成火 屬火忌水 順數故屬年歲
高麗 三七〇一 以陽供陰 王道失節 合陽孕陽 年數則久 屬水忌土
　　　　(一云屬火忌水 依上則水忌土未詳)
朝鮮 四七四五 以陰供陰 缺數王氏 合陽孕陽 未如三韓 忌火忌水

歷代王都本宮數

變離 箕 五七〇一 象則先水後火 數位則上火下水 可知太平於初中. 而水賊於末世.
　　　然摠除之零 水生於離 可見火賊氣象.

本震 羅 三〇〇五 象則先土後水 數位則上水下土 可知本末幷亂. 强有零水之震
　　　龍合水孕土 終見子孫火也.

本艮 高句 五〇〇〇 象則先後俱土 數位亦上下俱土而竝之. 且摠土生艮
　　　可知富國饒民之象. 然朱蒙立於木 日月時 是知三空失政.

變兌 高麗 二三四一 象則先水後土 數位則上下俱土 可知臣强君弱. 且摠土生兌女.
　　　且合土孕火 終多女謁之變. 合木孕金 以子迎親之象

本乾 朝鮮 九三五七 象則先後俱金 數位則上下俱火 可知孔道屈於兵
　　　竟爲蓄臣 以陽供陰 賊火宮室 合陰孕陰 進兵德島

　다른 판본에 수록되어 있는 「구궁변수법(九宮變數法)」이라는 글 역시 이
와 같은 술수적, 수학적 성격의 글이다. 두 번째 형식의 글들은 운수, 천
문, 주역의 괘, 오행 등 상수학적 개념들을 동원하여 전개되어 있는데, 다
른 형식의 글에 비해 난해하기 짝이 없는 글이라고 할 수 있다.

九宮變數法

甲己子午九 丙辛寅申七 戊癸辰戌五 乙庚丑未八 丁壬卯酉六 巳亥屬之四

此數自洛書爲始, 大禹用之導九山九河, 太公用之成六韜, 諸葛用之成八陣, 一行

用之卜八山吉凶 定其某龍某坐某得破 後用先天數而作籌 八八除之而以餘數爲元

數 以影數入中宮而計之則至元數而 且至天彔存而宮室 其次位曰天彔 空亦天彔

也. 此以其卦則八 其宮則九數. 一數爲元則六爲影, 二數爲元則七爲影, 三數爲元

則八爲影, 四數爲元則九爲影, 五數爲元則十爲影. 然此圖之法本無干數, 學者推

用焉.

이 글 중에서 맨 앞의 구절인 '甲己子午九 丙辛寅申七 戊癸辰戌五 乙庚丑未八 丁壬卯酉六 巳亥屬之四'의 부분은 『천기대요』의 선천수에서 따온 구절이다.

이러한 류의 글들은 기본적으로 복잡한 수학적, 상수학적, 혹은 역학적 지식을 종합적으로 동원하고 있기에 아주 난해하다. 물론 이와 같은 난해성은 '지극히 비밀스러움'의 다른 모습으로 합리화되고 받아들여졌다. 그래서인지 앞에서 인용한 바와 같이 「동국역대기수본궁음양결」에는 "삼한(三韓)의 운수가 각각 나오지 않게 된 것은 태을(太乙)이 선기(旋紀)하는 시초에 달려 있기 때문이다. 술사들은 가히 알 수가 있다"는 말이 어두에 적혀 있다.

3. 『정감록』의 활용과 민간의 반란

실제로 『정감록』이 본격적으로 문제시되었던 것은 1782년(정조 6)에 발생한 문인방, 이경래 역모 사건부터라고 할 수 있는데, 이 사건은 정치적으로 홍국영의 축출이 이루어진 이후 그 잔여 세력 중 일부가 주도한 역모 사건이었다. 이 역모 사건은 이들 역모의 주동자가 『정감록』의 예언을 이용하여 사람들을 모집하고 병사를 기른 후 서울을 공격하고자 한 사건이다. 이 사건은, 애초 변란의 동기가 하층민들의 불만이 아닌 상부 정치 세력의 정쟁으로부터 빚어진 것이었지만, 거사의 진행 과정에서 『정감록』 등의 비기가 동원되면서 많은 하층민들이 뇌화부동하였던 사건이었다.

이경래, 문인방의 역모 사건 이후 조선에서는 천문, 술수와 결합한 『정감록』류의 예언들이 민란과 반역 사건에서 줄곧 중요한 역할을 하게 되는데, 이후 홍복영(洪福榮) 문양해(文洋海) 사건이나 장시경 사건, 홍경래 난, 이필제의 난 등의 민란과 반란이 그 대표적인 예라고 할 수 있다.

특히 문인방 역모 사건이 일어난 지 2년 후인 1785년(정조 9)에 2월에 발각된 홍복영(洪福榮) 문양해(文洋海) 역모 사건은 『정감록』류에 실려 있는 참위의 담론이 오히려 양반 사대부와 중인 관료층에서 발화하고 확산하였음을 보여준다.

여기서 말하는 문양해·홍복영 사건은 1785년 2월 홍낙순의 아들이자 홍국영(洪國榮)의 사촌동생인 홍복영(洪福榮)이 역시 사대부인 김두공(金斗恭), 이율(李㻋)과 더불어 중인인 양형(梁衡), 문양해(文洋海), 주형채(朱炯采) 등과 함께 하동에다 105간의 건물을 마련하여 근거지로 삼으며 거사 준비를 하다 김종수의 고변으로 무산된 역모 사건이었다. 이 사건은 과거에는 실각한 홍국영의 집안이 여러 경로로 정치적 재기를 모색하다 실패한 이후 일단의 체제 변혁 세력들과 결탁하여 반란을 도모한 사건이라고 해석되었지만, 최근에는 오히려 문양해와 양형 등의 하층 지식인들이 중심이 되어 홍복영, 이율 등을 끌어들여 체제 변혁을 시도한 역모 사건으로 해석되고 있다.[21]

하지만 필자가 보기에 역모 사건의 주된 인물들 중에서 양형(梁衡), 문양해(文洋海), 주형채(朱炯采) 등은 단순한 하층민 출신의 유랑 지식인이 아닌 중인 기술직 관료 집안의 사람들이었다.

『추안급국안』 등의 내용에 따르면, 양형과 문양해, 주형채 등은 『정감록』의 내용과 술수와 신선에 대한 이야기로 홍복영과 이율 등을 끌어들이고 전국 각지의 사람들과 더불어 비밀결사를 만들어 1795년 3월에 군사를 일으켜 조선왕조를 뒤엎을 계획을 가지고 있었다.[22] 특히 이들은 국문 도중에 비결과 술수, 신선 등에 대한 이야기를 자주 하거나 믿고 있었음을 드러내는데, 예를 들어 주형채는 공초문에서 그는

작년 섣달 초7일과 초8일, 초9일에 위성(危星), 실성(室星), 벽성(壁星) 앞

에 20여 개의 별이 벽을 쌓고 늘어섰는데, 그 속에 붉은 기운이 있었고 장군성(將軍星)과 태백성(太白星)이 서로 싸운 지 3일 만에 서로 1도 (度) 거리로 떨어졌으며, 태백성이 어깨로 장군성을 부딪쳐 여러 번 물러가고 나아가기도 했는데, 이것은 모두 상서롭지 못한 징조이다.[23]

라고 하면서 자신이 주변 사람들로 하여금 변란에 대한 예언과 피난을 권하였다고 털어놓고 있다. 물론 그들은 거사에 참여하기로 하였던 김이용 등의 고변으로 체포, 모반죄로 처형되는데, 그 가담자들을 국문 과정에서 사건의 주동자들이 드러났다.

특히 흥미로운 점은 이 역모 사건의 주동 인물이었던 문양해의 아버지인 문광겸(文光謙)은 영조대에 관상감에서 활동하였던 문광도(文光道, 1727-1775)와는 친형제 사이였으며, 문광겸과 문광도는 양형의 외사촌이었다는 사실이다.

문광도는 함경도의 문천(文川)에서 감목관을 지내고 있을 때 또 다른 주동 인물이었으며 '역리(易理)'와 '천문(天文)'에 밝았던 주형채와 양형을 만나서 교류를 하였다. 이러한 사실은 문양해와 주형채의 국문 기록을 통해서 확인할 수 있다.

주형채는 국문 과정에서 문광도를 아는가라는 질문에, "문광도가 문천(文川)의 감목관(監牧官)으로 있을 때 신이 천문을 알기 때문에 길을 지나가다가 서로 찾아보았는데, 그래서 서로 알게 되었습니다."고 답하였다. 또한 문양해의 답변에 따르면 문광도는 문천 감목관을 마치고 북도(北道)에서 돌아올 때 문양해에게 "주형채는 역리(易理)에 밝은데 양형도 또한 그의 사촌 주형로(朱炯老)로 인하여 그와 서로 친하게 되었다."고 말했다는 것이다. 그러면서 문양해는 그와 "서찰을 왕복하면서 그와 함께 역모를 도모하게 되었다."고 말하였다는 것이다.[24]

사실 문광도가 살아 있을 때 문양해의 역모가 이미 계획되었는지는 알 수가 없다. 하지만 이들 비밀결사를 한 사람들은 천문과 역상, 둔갑 등의 술수에 관심을 갖고서 관상감의 관리를 만났으며, 관상감의 관리 역시 천문(天文)과 역리(易理)를 매개로 도참과 술수적 이야기에 함께 공명하고 있었음을 알 수 있다.

> 문광겸(文光謙)이 체포당할 때에 그 문서를 수색하였더니, 그중에는 (國運을) 연대순으로 엮은 책자(冊子)가 있었는데, 임자년부터 정묘년까지 연달아 병란[兵火]이 있고, 그 뒤에는 잇따라 (나라가) 셋으로 갈라질 것이며, 을사년 봄에는 마땅히 수재(水災)가 있을 것이라 하였습니다. 그 글에 이르기를, '임주(林州)와 옥구(沃溝) 사이가 물에 몇 자 깊이로 잠기고, 기유년에 마땅히 비참한 흉년이 들것이다.'라고 하였습니다. '무신년에는 북방의 도적이 크게 일어나서 집을 부수고 절간을 허물어도 관군이 능히 대적하지 못하며, 정미년에는 곤양(昆陽)과 고성(固城) 사이에 수재가 있고, 경술년과 신해년 간에는 들에 푸른 풀이 없어지며, 임자년에는 남쪽 섬의 군사가 강을 건너온다.'고 하였으며, 임자년 이후에는 쓴 것이 없었습니다.[25]

1785년(정조 9) 에 발생한 역모 사건의 주도자는 이율과 양형이었다. 이 사건은 3년 전에 발생한 문인방 사건과 그 성격이 비슷한 역모 사건이었다. 이율과 양형 등이 주모자로 조사된 사건의 심문 과정에서 『정감록』을 비롯한 진정비결, 『국조편년(國祚編年)』과 같은 서적들이 언급된다. 위의 인용문에서 '국운을 연대순으로 엮은 책자'란 바로 『국조편년』을 의미한다. 문광겸은 자신의 아들인 문양해와 거사의 중요한 인물로 참여하였는데, 주모자인 양형과는 외사촌지간이었다. 당시 이규운, 주형채 등은 홍복영 등과 더불어 역모를 꾸미면서 술수와 신선에 대한 이야기를 가지고 사람들을 현혹하고 비밀결사를 하여 주위 사람들에게 "군사를 일으켜 나라를 평정한다."는 식의 이야기를 퍼트리며 돌아다니다 모반죄로 걸려 결국 사사되었다. 특히 이들 주모자 중 주형채라는 인물은 천문과 역상(曆象)과 『주역』에 나름대로 '통달한' 인물이었다. 그는 역시 천문과 주역에 조예가 깊은 관상감 관원 문광도(文光道)와 친분을 쌓는데, 이것이 결국 문광도의 조카 문양해가 반란에 깊이 연루되는 계기를 만들게 된다. 앞으로 보다 많은 경우에 대한 고찰이 수반되어야 하겠지만, 위의 이야기는 조선 후기의 역모 사건이나 비밀결사에서 천문과 역상, 둔갑 등 술수와 관련된 믿음과 행위들이 중요한 역할을 하였음을 말해주고 있다.

그리고 앞서 살펴본 바와 같이 당시 역모 사건의 조사 과정에서 『정감록』을 비롯한 비결과 더불어 『국조편년(國祚編年)』이라는 이름의 연대기 서적들이 발견되었다. 즉 문광겸(文光謙)이 체포당할 때에 그가 지닌 문서를 수색하였더니, 그중에는 (국운을) 연대순으로 엮은 책자(冊子)가 있었는데, 그 내용은 앞서 소개한 바와 같이 "임자년부터 정묘년까지 연달아 병란[兵火]이 있고, 그 뒤에는 잇따라 (나라가) 셋으로 갈라질 것이며, 을사년 봄에는 마땅히 수재(水災)가 있을 것"이라는 식으로 병란과 위기를 연대기의 형식으로 적어놓은 것이었다. 사실 이 당시 국문에서 언급된 내용들 중 "정미년에는 곤양(昆陽)과 고성(固城) 사이에 수재가 일어나고, 경술년과 신해년 간에는 들에 푸른 풀이 없어지며, 남쪽 섬의 군사가 강을 건너온다."는 구절은 앞의 절에서 논의한 바와 같이 『정감록집성』 속에 포함된 『도선비결』에서 등장하는 내용이다.

그리고 『국조편년』과 같은 비기류 연대기 서적들의 내용이나 형식의 이론적 토대는 홍계희가 편찬한 『경세지장』이나 서명응이 편찬한 『황극일원도』가 공유하고 있는 우주론과 그다지 큰 차이가 없다는 사실이다.

즉, 하층 지식인들이 작성하고 유포하는 도참적 연대기 서적의 이론적 원천은 사대부 유학자들에 의해 연구되고 유포되는 우주론적 연대기서라는 것이다.

이처럼 문양해 역모 사건과 문광도의 이야기는 천문학과 상수학의 지식을 토대로 술수적 논의를 광범위하게 영위하였던 당시의 하층 지식인 사회의 분위기를 잘 보여준다. 뿐만 아니라, 이 사건에서 등장하는 각종 비기류 서적들의 내용은 하층부에 팽배한 비기, 술수적 논의가 사대부 유학자들과 왕실에 의해 편찬되고 연구된 우주론적 지식들과 밀접히 중첩됨을 알 수 있다. 다시 말해, 술수(術數)와 비기(秘記)의 지식들은 오히려 하층민들만이 생산한 것은 아니었으며, 전통시대의 천문학과 역학 등과 밀접히 관련되면서 사대부와 관상감의 관료, 왕실도 함께 빠져들고 매혹되었으며 확대 재생산하고 있었던 것이다.

3절 에필로그: 18세기 이후 유학자들의 술수문화 비판

조선 후기에 이르러 술수문화가 확산됨과 더불어 유학자들에 의해서 술수문화에 대한 비판이 강력하게 이루어지기도 하였다. 술수문화에 대한 비판은 비단 조선 후기에 처음 시작된 것은 아니며, 조선 초기 성리학이 도입되어 유학자들 사이에서 확산되는 과정에서도 이미 제기되었던 것이다. 따라서 조선 후기에 다시 시작된 유학자들의 술수에 대한 비판은 역설적으로 민간에서 술수문화가 다시금 확산되었음을 증명하는 사실이라고 볼 수도 있다.

조선 후기의 유학자들 사이에서 이루어진 술수학, 술수문화에 대한 비판은 18세기에서부터 확인할 수가 있다. 술수에 대한 비판은 이미 이익의 책에서부터 등장하는데, 그가 술수를 비판하는 이유는 학자들이 역경의 이치를 술수와 참위에 빠트려서 어그러뜨린다는 것이다.

> 역경(易經)에서 가르치는 것은 천원(天元)을 근본으로, 상수(象數)를 강구하여 음양(陰陽) 성쇠의 이치와 진퇴(進退) 존망의 뜻을 깨닫도록 하고자 한 것인데, 이치와 뜻이 지극히 미묘하여 그르치기 쉬운 까닭에 깨끗하고 고요하고 일정한 것을 주로 삼았다. 그러나 모두 길흉(吉凶)으로 판단하여 사람마다 이로운 데로 나아가고 해로운 것을 피하려 한다면, 결국은 반드시 술수(術數)와 참위(讖緯)에 빠져서 가르침이 이루어지지 않고 도리어 도(道)를 매우 해치게 될 것이다.[26]

이익이 술수를 비판한 맥락은 세상의 일들과 이치를 모두 길흉을 중심으로 파악하고자 하며, 이로부터 이로운 것들만 취하려고 하는 태도는 결국 참위에 빠지게 되어서 도를 해치게 될 것이라는 뜻이다.

이익에 이어서 여러 학자들이 술수에 대한 비판의 담론을 제시하였는데, 그 대표적인 학자가 바로 정약용(丁若鏞, 1762-1836)이었다. 정약용의 술수에 대한 비판은 「오학론(五學論)」을 통해서 전개되었다. 그런데 이때 그가 비판의 대상으로 삼았던 다섯 가지의 학문은 성리학과 훈고학, 문장학, 과거학, 술수학이었다. 술수학은 이 다섯 가지의 학문 비판의 하나였는데, 그 비판의 수준은 성리학과 마찬가지라고 할 수 있다. 따라서 이 「오학론(五學論)」의 술수학 부분에 적힌 비판을 자세히 읽어볼 필요가 있을 것이다.

> 술수학(術數學)은 학문이 아니라 혹술(惑術)이다. (술수학을 하는 사람은) 갑자기 두려워하며 흐느끼며 도선의 비기와 정감록의 참설을 말하면

서 "아무 해에는 반드시 병란이 일어날 것이다."라고 하거나, 단정하게 앉아서 태극도, 하도, 낙서, 구궁(九宮)의 수에 대하여 이야기한다. 이기와 선악이 같고 다른 점에 대하여 변론하기도 한다. 이럴 때에는 그대로 하나의 점잖은 성리학 선생이다. 아! 실상이 없는 명예를 훔쳐서 무거운 명망을 짊어지고, 여러 어리석은 사람들에게 추대받는 자가 바로 술수학을 한다는 사람이다.

성인이 깊은 뜻을 담아 천하 사람들에게 글을 남기며, 저마다 스스로 사용할 수 있게 하였다. 공자는 『주역』의 「십익」을 지었고, 주자는 『참동계』의 주석을 내었다. 그러나 뒷사람들은 그 깊은 뜻을 몰랐다. 그래서 저 어리석고 슬기롭지 못한 사람들은 술수학만 높이고, 『주역』과 『참동계』는 하찮게 여긴다. 나날이 유음하고 사벽한 쪽으로만 달려가니, 누가 이를 막을 수 있으랴.

천문지와 오행지에 기록된 내용을 그대로 끌어다 붙였지만, 하나도 증험된 것이 없다. 별의 행로에는 일정한 도수가 있어서, 이를 어지럽힐 수가 없는 것이다. 그러니 이런 술수학에 미혹될 필요가 없다.

청나라 학자 서건학은 자기 아버지를 장사지내면서, 풍수설을 『주역』에 참여시킬 수가 없다고 배척하였다. 그러니 풍수설에 미혹될 이유도 없는 것이다. 이런 식으로 생각한다면, 점치기, 관상, 점성술, 두수(斗數) 등의 술수들도 모두 남을 미혹하는 수법일 뿐이지 학문은 아니다.

요임금도 앞일을 미리 알지 못했기 때문에 곤(鯀)에게 일을 맡겼다가 실패하였고, 순임금도 미리 알지 못했기 때문에 남방을 순행하다가 창오(蒼梧)의 들판에서 붕어하였다. 주공도 반역할 것을 미리 알지 못했기 때문에 관숙(管淑)으로 하여금 은(殷)을 감시하게 시켰고, 공자도 미리 알지 못했기 때문에 광(匡) 땅에서 양호(陽虎)로 오해받아 액(厄)을 당하여 죽을 뻔하였다.

그런데 이제 미리 알지 못하는 것을 병통으로 여겨 반드시 미리 안다는 자를 찾아가 자기의 몸을 내맡기니, 이 어찌 미혹스러운 일이 아니랴.… 이 다섯 가지 학문이 번창하게 되면 주공과 중니의 도가 황폐해질 것이다.

그렇다면 여기서 정약용이 말하는 술수란 무엇인가? 그에 따르면, 술수를 이야기하는 사람은 태극도, 하도, 낙서 구궁의 수에 대해서 이야기한다. 심지어 이기와 선악이 같고 다른 점에 대하여 변론하기도 한다. 이럴 때에는 그대로 하나의 점잖은 성리학 선생이다. 실제로 정약용의 말대로 술수학의 또 다른 주요 담지자들은 성리학자들이었다. 태극과 하도, 낙서와 구궁의 숫자를 이야기하는 이는 다름 아닌 성리학자들인 것이다. 다만 이들 성리학자는 본연인 성리(性理)의 문제를 이야기하지 않고, 단지 "술수학만 높이고 주역과 참동계는 하찮게 여긴다." 정약용이 보기에 이 술수를 포함하는 다섯 가지 학문이 번창하게 되면 "주공과 중니의 도가 황폐해질 것"이 뻔하다.

사실 정약용의 언급은 천문학과 술수학이 팽배했던 당시의 중인사회와 하층사회의 분위기를 잘 보여준다고 말할 수 있다. 즉, 그는 「갑을론(甲乙論)」에서 도참(圖讖)과 잡술을 지나치게 믿고 있는 당시 전라도의 풍속을 지적하면서 다음과 같이 말하고 있다. "무릇 백성 중에 조금이라도 총명한 자는 모두 풍수(風水) 노릇을 하고, 문학하는 선비 중에 조금 명망이 있는 자는 또 태을기문(太乙奇門) 등의 서적에 반해 있으니, 내가 이것을 슬프게 여기고 그것이 믿을 것이 아니라는 뜻을 대략 이와 같이 말한다."

한편, 정약용의 술수에 대한 비판은 역학에 대한 논의를 중심으로 자세하게 살펴볼 필요가 있다. 왜냐하면 술수문화가 바탕으로 삼고 있는 중요한 서적이 바로 『주역』이고 이를 바탕으로 하는 역학(易學)이기 때문이다.

정약용은 금대(錦帶) 이가환(李家煥)과도 대화를 나눈 적이 있는데, 이가환은 정약용에게 "자네는 역경에 뜻을 두지 말라. 역학은 어리석은 자나 하는 것이니, 자네같이 분명한 사람은 절대로 역학을 공부할 수 없다."고 하였다고 전한다.[27] 하지만 그는 역학에 대한 연구를 멈추지 않았으며, 상수학을 중시하는 독특한 입장에서 자신만의 역론을 펼치기 시작한다.

대저 역(易)이라고 하는 것은 상(象)하는 것일 뿐이다. 따라서 12벽괘(辟卦)로써 사시(四時)를 표상(象)하였고, 중부(中孚)[28]와 소과(小過)[29]로써 양윤(兩閏)을 표상하였다. 이에 건곤(乾坤) 2괘로써 천지를 상하였고, 나머지 62괘로써 오세재윤(五歲再閏)의 62개월의 수(數)를 상하였다. 성인은 이에 역시 그 가상적 상을 취하여 모방했을 뿐이다.

괘를 나누어 날에 배치하는 것이 어찌 경전에 증거가 있겠는가? 역(易)으로써 역(曆)을 표상하는 것(以易象曆)은 가하다. 한나라와 진나라 이래로 역(曆)으로써 역(易)을 표상하였으니(以曆象易) 어찌 통할 수 있었겠는가? 역(曆)이라고 하는 것은 일월오성의 벼리이다. 조금이라도 차이가 있으면 사시(四時)가 어그러지니 어찌 한가로이 역(易)을 표상(象)하여 행할 수 있겠는가.[30]

정약용이 『주역』 괘들의 형성 과정을 설명하기 위해 독특하게 제시하고 있는 역리사법(易理四法), 즉 추이(推移)와 물상(物象), 호체(互體), 괘변(卦變)은 기본적으로 상수역학적인 입장에서 괘를 해석하려는 방법이다. 뿐만 아니라 정약용은 『주역』이라는 책과 괘(卦)의 형성 과정을 설명하는 대목에서 줄곧 역상학(曆象學)의 중요성을 강조하고 있다. 정약용의 생각을 약간 단순화하여 말한다면, 역상(易學)은 역상학을 토대로 형성되었다. 즉, 그에 따르면 64괘 중에서 먼저 '천지를 상징한 건괘와 곤괘'가 이루어졌고, 이어서 12벽괘가 만들어졌으며(건곤을 포함), 또 재윤(再閏)의 괘인 중부와 소과괘를 포함한 14개의 괘로부터 나머지 50개의 괘가 만들어졌다. 이러한 주장은 기본적으로 역(易)이 천지자연의 변화를 살피는 역상학에서부터 비롯되었음을 말하고자 하는 것이다.

하지만 이와 같은 상수역학적 괘의 해석과 역상학에 대한 중시는 그가 기본적으로 취하고 있는 입장이기도 하다. 이러한 입장에서 그는 역학(易學)이 역상학으로부터 영향을 받은 것을 인정하지만, 거꾸로 역학의 방법이 역상학에 영향을 주거나, 역학을 바탕으로 역상학을 재구성하는 것에 대해서는 철저하게 비판한다. 다시 말해 그는 괘에 나타난 숫자나 도식을 토대로 천지자연의 원리나 그 속에 깃든 수학적 원리들을 유추하는 것에 대해서는 단호하게 비판을 가하는 것이다. 그에 따르면 역상학은 그 자체로서 객관적(?)인 자연현상을 연구하는 것이니 역학으로부터 영향을 받을 수는 없다는 것이다. 정약용은 이를 以曆象易(곧 역상학의 토대를 역학의 체계에다 두려는 것)과 以易象曆(역학의 토대를 역상학에 두려는 것)이라는 말로 표현하면서 이 두 입장을 엄격히 구분하고 전자의 입장을 철저히 비판하였던 것이다.

다시 말해 정약용은 역(曆)에서 역(易)이 도출되는 것(以易象曆)은 인정하나 역(易)에서 역(曆)을 도출하는 것(以曆象易)은 인정하지 않았던 것이다. 정약용은 역학이 역상학에서 발생하였다고 본다. 그러면서 그는 반대로 역상학을 바탕으로 역학을 재구성한다.[31] 한편, 정약용은 소옹 선천학은 배척하였다. 그러면서 술수학에서 점으로 미래를 점치고 화복을 구하는 것을 배척한 것이다.[32]

사실 정약용에게서 나타나는 '역학'을 통한 술수학에 대한 비판은 여타의 학자들에게서도 발견할 수 있다. 이를 통해 우리는 술수에 대한 조선 후기 유학자들의 비판은 역학과 천문학 등의 지식을 통합하는 것을 비판하는 데에서부터 시작되었음을 알 수 있다.

17세기 말 이후 조선의 유학자들은 새롭게 전래된 서양 과학을 포함한 천문학, 지리학, 산학의 지식에 대해 역학적(易學的), 상수학적 해석을 가하는 작업을 정교하게 수행하였으며, 그 결과 자연 세계 전반에 대한 보다 통일적인 이해가 얻어진 듯 보였다. 그런데 새로운 통일성이 달성되었다고 생각되는 시기에 균열에 대한 보다 근원적인 인식이 조선 유학자들의 논의 속에서 등장하기 시작한다. 즉, 18세기 후반 이후 몇몇의 유학자들은 상수학적 해석의 작업에 동원된 천문학(天文學)과 수학(數學) 등의 자연과학 지식들을 역학(易學)과 쉽사리 섞어서 함께 논의할 수 없는 별개의 분야로서 인식하기 시작하였다. 그 결과 이들 유학자는 상수학 속에 엮여 있던 각 지식 분야의 역사적 전통과 방법론의 상이성을 강조하기 시작하였다. 애초부터 균질적이지 못하였던 여러 분야의 지식들에 대해 개별성을 강조하는 모습은 한 세대 전 김석문과 정제두, 서명응과 같은 학자들이 역학(易學)과 천문역법(天文曆法), 역학(易學)과 역사(歷史) 등을 종합적으로 사고하고 논의를 전개하는 모습과 강하게 대비되는 것이다.

더불어 새로운 비판적 유학자들은 자연 세계를 연구하는 도구로서 역학(易學)과는 무관한 수리적(數理的) 방법 자체를 강조하기 시작하였는데, 이러한 새로운 수리적 방법은 마테오리치와 같은 서양 선교사들이 한역(韓譯) 서학서(西學書)에서 표방한 수리관과 유사한 것이었다.

역학과 천문학 지식이 쉽게 결합할 수 없는 것이라는 인식은 상수학적 해석으로 천문학 지식을 포괄적으로 이해하고자 하였던 서명응(徐命膺, 1716-1787)의 아들인 서호수(徐浩修, 1736-1799)에게서 처음으로 시작되었다. 1790년 사은부사(謝恩副使)의 자격으로 연경(燕京)을 방문한 서호수는 자신이 지은 『혼개도설집전(渾蓋圖說集箋)』을 옹방강(翁方綱, 1733-1818)에게 보내어 옳고 그른 점을 바로잡아달라고 요청한다. 이에 옹방강은 이 책을 자세히 보고 난 뒤에 서호수에게 "서공(徐公)은 일행(一行)의 대연력(大衍曆)을 응당 보셨을 것입니다. 옳다고 여기십니까?"라는 질문을 보내왔다.[33] 서호수는 이 질문과 더불어 옹방강이 '춘추(春秋)의 삭윤표(朔閏表)'에 대한 교정을 일행의 대연력과 비교하는 작업을 행하고 있다는 언급을 듣고서 옹방강의 천문학 지식이 얕음을 비판한다. 그는 옹방강에 보낸 답변서에서 태초력과 대연력에 대해 다음과 같이 비판적 입장을 피력하였다.

> 한(漢)의 태초력(太初曆)은 황종(黃鐘)에서 수(數)를 일으켰고, 당(唐)의 대연력(大衍曆)은 시책(蓍策)에서 수(數)를 일으켰으니, 근원을 근원으로 하고 근본을 근본으로 하여 종횡으로 펴서 벌여놓은 것입니다. 반사(班史)의 역지(曆志)와 당서(唐書)의 역의(曆議)를 선유(先儒)들이 매우 칭찬하였습니다만, 초하루와 보름이 분명치 않으며 교식(交食)이 맞지 않아 마침내 관상수시(觀象授時)에 실익이 없었습니다. 대체로 악(樂)과 역(曆), 역(易)과 역(曆)의 이치는 하나로 통하지 않은 적이 없지만, 그 법은 아주 다른 것이니 결코 억지로 갖다 붙여서 현혹하게 만들어서는 안 됩니다.[34]

서호수가 보기에, 태초력과 대연력의 문제는 이들이 천문학적으로 정확한 계산 결과를 얻어내지 못하는 데 있었다. "초하루와 보름이 분명치 않으며 교식(交食)이 맞지 않음"이란 이러한 천문학적 부정확성을 지적한 부분이다. 그가 보기에는, 태초력과 대연력이 비록 율관(律管)과 시책(蓍策),

즉 『주역』의 대연지수(大衍之數)를 토대로 천문상수(天文象數)들을 정했지만 그렇다고 해서 이들 역법이 천문학적으로 정확한 계산 결과를 가져다 준 것은 아니었다.

서호수는 이와 같은 천문학적인 부정확성이 애초 이들 역법을 천문학과는 무관한 역(易)과 황종(黃鐘)의 원리에 억지로 연결시켰기 때문에 비롯된 것으로 생각하였다. "억지로 갖다 붙여서 현혹하게 한다."는 말에는 역과 황종의 이론이 역법(曆法)의 실제 계산 과정에서 유용한 도움을 줄 수 없다는 생각이 강하게 드러나고 있다. 그럼에도 불구하고 서호수는 "악(樂)과 역(易), 역(曆)과 역(易)의 이치가 기본적으로 일관되지 않는 것은 아니다."고 조심스럽게 언급하고 있는데, 이는 그가 역법과 황종, 시책의 이론이 근본적으로 아무런 연관이 없는 별개의 것이라고까지 생각한 것은 아님을 말해준다.[35]

태초력(太初曆)과 대연력(大衍曆)에 대한 비판은 이가환(李家煥, 1742-1801)의 글에서도 비슷한 방식으로 나타난다. 그는 정조가 내린 천문책(天文策)에 대한 답안에서 이 두 가지 역법과 수시력(授時曆)을 다음과 같이 비교 평가하고 있다.

> 한(漢)나라의 태초력(太初曆)은 종률(鐘律)을 사용하여 수(數)를 일으켰고, 당(唐)나라의 대연력(大衍曆)은 시책(蓍策)을 사용하여 수(數)를 일으켰으며, 원(元)나라의 수시력(授時曆)은 천문 관측기구를 사용하였다. 세 이론 중에서 반드시 수시력이 가장 좋은 이유는, 그것이 하늘의 움직임을 하늘을 관측하여 얻으려 했을 뿐이지 종률과 시책에 빠져 우왕좌왕하는 잘못이 없었기 때문이다.[36]

이가환에게서도 태초력과 대연력은 시헌력에 비해 부정확한 역법으로 묘사되고 있다. 이가환에 따르면, 수시력이 우수한 이유는 그것이 앞의 두 가지 역법과는 달리 순전히 천문학 계산을 천문 관측기구를 이용한 관측만을 토대로 수행하였기 때문이었다. 여기에 비해 태초력과 대연력은 관측과는 무관한 악률과 시책을 토대로 만든 것이기 때문에 수시력만큼 정확할 수 없었다는 것이다. 하지만 서호수와 달리 이가환은 앞의 두 역법에 대해 전적으로 '잘못된 역법'이라는 식으로 비판하지는 않는다. 그는 단지 태초력과 대통력에 비해 시헌력이 보다 좋은 역법이라고 표현하고 있을 뿐이다.[37] 천문역산과 율여(律呂)의 근원이 모두 역(易)으로부터 기원하였으며 그 이치는 하나라는 식의 생각은 앞에서 살펴보았듯이 이전 세대 유학자들이 오래전부터 공유하던 바였다. 그리고 이런 생각은 서호수의 아버지인 서명응에 의해 『선천사연』을 포함한 『보만재총서』 전체에서 더욱더 구체화되고 정교화되기도 하였다. 하지만 서호수와 이가환은 자신들보다 한 세대 앞선 홍계희나 서명응, 황윤석과도 뚜렷하게 대조되는 모습을 보여주고 있는 것이다.

서호수와 이가환이 보여주고 있는 바와 같은 상수학적 방법에 대한 비판적 인식은 정약용의 역학(易學) 관련 논의에서도 비슷한 방식으로 표현되었다. 앞에서도 살펴본 바와 같이 정약용의 역학 관련 논의는 기본적으로 청대 박학역의 입장을 수용하여 "고대 성인(聖人)의 주역(周易)을 다시 올바르게 복원"하려는 목적을 가지고 있다. 즉, 정약용은 『주역』이 시대를 내려오면서 여러 학자들의 손을 거치는 과정에서 본연의 모습을 잃었으며, 따라서 『주역』의 원래 모습을 복원하는 일이 역학의 일차적 목적이 되어야 한다고 생각하였다. 이러한 이유로 정약용은 역(易)의 형성 과정에 대한 문제를 중요하게 취급하였는데, 그가 '역리사법(易理四法, 推移와 物象, 互體, 卦變)'이라는 『주역』 해석의 방법을 고안하고 『주역사전(周易四箋)』과 『역학서언(易學緒言)』이라는 책을 지은 것도 결국 역(易)의 형성을 정합적으로 설명하고자 하는 목적에 따른 것이다.

한편, 18세기 후반에 이르러 전통적인 수리(數理)의 관념과 상수학적(象數學的) 해석에 대한 비판적 인식이 시작되지만, 그렇다고 해서 그러한 인식이 모든 유학자들에 의해 전반적으로 공유되거나 철저하게 견지되었던 것 같지는 않다. 앞서 살펴본 바와 같이 정약용은 어떤 글에서는 역학과 천문역산을 서로 별개의 학문체계를 인식하는 듯이 보이지만, 다른 글에서는 여전히 역학을 학문의 중심으로 삼아 모든 학문을 포괄하려는 욕구를 드러내고 있기 때문이다. 게다가 서호수와 이가환, 홍대용과 같은 선배들과 동시대의 학자인 남병철의 비판에도 불구하고 전통적인 상수학적 관념은 18세기와 19세기의 유학자들의 논의 속에서 여전히 강하게 유지되고 있었다.

19세기 초반에 활동했던 이규경(李圭景, 1788-1856)의 글들은 그러한 상황을 보여주는 하나의 예라고 할 수 있다. 이규경은 유학의 경전인 "오경(五經) 가운데도 오직 『주역(周易)』이 가장 오래된 것이다."고 추켜세우고 있으며, 역학의 여러 이론들 중에서 "오직 선천도(先天圖) 하나만이 더욱 오래되어 실로 만물(萬物)을 개발하고 인문(人文)을 열었다."고 주장하였다.[38] 이규경은 또

> 무릇 수(數)는 낙서(洛書)에서 일어난다.[39]

> 수(數)가 아니면 리(理)를 볼 수가 없고, 리(理)가 아니면 수(數)를 밝힐 수가 없다. 수(數)와 리(理)는 서로 표리가 되니 하나의 근원에서 나온 것이다. (중략) 천지간에 리(理)가 있으면 반드시 수(數)가 있게 된다. 이 둘은 서로 일찍이 떨어질 수가 없는 것이다. 하도(河圖), 낙서(洛書)와 여러 가지 미묘하고 정일한 말들은 모두 소씨(邵氏)와 채씨(蔡氏)의 이론

을 전한 것이다. 대개 장차 여러 학자들이 말하지 못한 바를 발휘하고
자 한다면 리(理)와 수(數)가 천지간에 밝히도록 하여야 할 것이니, 그
들의 공(功)이 어찌 적다고 하겠는가.[40]

라고 하면서 전통적인 수리관(數理觀)을 여전히 견지하고 있음을 드러내
고 있다. 그는 남송대 유학자인 나대경(羅大經)의 말을 인용하여 주돈이
와 장재 등이 나타나서 "수(數)가 리(理)를 밝힌 것이 다시 한번 이루어지
니, 소강절이 출현"하였고, 주희와 육구연(陸九淵, 1139-1192) 등이 나타나
서 "수(數)가 리(理)를 밝힌 것이 다시 한번 이루어지니, 채서산이 출현"
하였다며, 소옹과 채원정의 수학이 천지의 이치를 밝힌 것이라고 말하였
다.[41] 또한 「십이벽괘유인시종변증설(十二辟卦喩人始終辨證說)」이란 글에서
는

대역(大易)의 상(象)과 형(形)이 만물(萬物)을 포괄하지 않은 바가 없으
니, 12벽괘에 이르러서는 그 체용(體用)이 광대하여 그 순환이 끝이 없
고 두루 유통하여 쉼이 없다.[42]

라고 하면서 역(易)의 신묘한 이치를 궁구함으로써 천지(天地)의 이치를
파악할 수 있다고 보았다. 이규경은 또한 청나라의 건륭제 때 편찬된 『사
고전서』에서 『황극경세서』를 술수류(術數類)에다 집어넣은 것을 비판하였
으며, 그에 비해 강희제 때 편찬된 『수리정온』에서 「하도」, 「낙서」를 역산
학(曆算學)의 기초로 삼고 있는 것을 긍정적으로 평가하였다.[43] 심지어 그
는 「황극경세서변증설(皇極經世書辨證說)」이란 글을 통해 소옹 이후 서명
응의 『황극일원도(皇極一元圖)』에 이르기까지의 『황극경세서』의 원회운세
법을 이용한 상수학적 서적들을 정리하였는데, 그 목록 속에 자신이 편

찬한 「경세기수원본(經世其數原本)」, 「경세기수내외편(經世紀數內外篇)」, 「경
세찬도지요주해(經世纂圖指要注解)」, 「경세일원소장수도해(經世一元消長數圖
解)」, 「경세일원시종수해(經世一元始終數解)」, 「경세지운약설(經世地運約說)」,
「경세지행수원(經世地行數原)」 등을 집어넣기도 하였다. 이러한 사실들은
이규경의 생각은 18세기 후반의 유학자인 김석문과 서명응이 정교하게
발전시킨 상수학적 관념으로부터 크게 벗어나 있지 않았음을 말해주고
있다.

역사란 당대의 사람들이 아닌 후세의 사람들에 의해 작성된 글이다. 그러다 보니 역사를 서술할 때면 흔히 후대 역사가의 개인적 욕망이나 시대적 분위기가 '역사관', 혹은 '시대적 사명'이라는 명분으로 자연스럽게 끼어들기 마련이다. 그렇다면 지난 시기 한국과 동아시아의 과학사 연구, 혹은 과학문명사 서술에 깃들어 있던 주된 욕망과 시대적 요청은 무엇이었을까? 그것은 아마도 한국과 동아시아 전통으로부터 '근대'와 '계몽', '과학'의 흔적을 찾아서 강조하고, 다른 한편으로는 전통으로부터 '비과학적'인 요소를 일체 부정하고 배제하고자 하는 이중적 욕망이었을 것이다. 그러므로 한국과 동아시아의 지식인들은 자신들의 과거사를 대면하면서 한편으로는 그 일부를 강하게 부정하면서 다른 한편으로는 다른 일부를 강하게 긍정해야만 하는 상황에 놓이게 된 셈이다.

다행히 1980년대 이후 경제적 발전을 거듭하면서 한국과 동아시아 사회는 그동안 서구 사회에 대해 지녔던 오랜 콤플렉스로부터 어느 정도 벗어나게 되었다. 물론 한국과 동아시아 사회가 여전히 '근대성'을 제대로 구현하지 못하고 있다고 주장하는 이들도 있지만, 반대로 '근대의 대안'으로서 '동아시아적인 것'을 제시하고 탐구하는 논의들이 등장하기도 하였다. 특히 역사학계에서는 '근대의 맹아'나 '자본주의의 맹아'를 찾으려는 시도가 여전히 존재하지만, 이제는 그러한 연구 방식이 과거처럼 대규모의 연구 프로그램으로 진행되지는 않는다. 그렇다면 역사에서 '근대'와 '계몽'의 흔적을 찾으려는 욕망으로부터 자유로워진 이후 한국과 동아시아 과학사의 연구와 과학문명사 서술은 어떠한 형태를 지녀야 할까?

사실 역사 서술과 관련해서 문제에 대한 인식은 그다지 어렵지 않지만, 그에 대한 대답으로서 대안적 연구의 전망을 제시하기란 결코 쉬운 일이 아니다. 하지만 한 가지 분명한 것은, 대안적 연구의 전망은 한국 과학사 연구와 한국 과학문명사 서술에서 과거 배제되고 버려졌던 술수과학, 술수 지식의 파편들을 다시 모으고 새롭게 조망하는 작업에서부터 시작되어야 한다는 사실이다. 이를 위해서는 우선 한국과 동아시아 전통사회에서 과학이라고 불릴 만한 것들이 대부분 비과학적인 것, 술수적인 것들과 뒤섞인 형태로 존재했음을 솔직히 인정하고 그것들을 새롭게 조망하는 일이 필요할 것이다.

물론 현대 한국인의 언어는 이미 근대의 세례를 받았으며, 과학적 실증을 중심으로 학문적 담론이 구축되어 있기에 술수의 지식들을 제대로 포착해내고 기술하는 작업이 결코 쉬운 일은 아니다. 그럼에도 우리는 과거 주목받지 못하거나 외면받았던 사료들로부터 술수 지식들의 흔적들과 파편들을 찾아내고 정리하는 작업부터 시작해야 할 것이다. 즉, 과거의 원전들로부터 오늘날의 관측천문학에 해당하는 천문(天文)의 지식들이 점성(占星), 재이(災異)에 대한 논의와 결합되어 영위되고 있는 모습을 찾아서 정리해야 할 것이며, 수리천문학에 해당하는 역법(曆法)의 지식들이 길흉(吉凶)의 일시(日時)를 결정하는 명과학(命科學)과 함께 논의되고 탐구되어온 모습을 이해해야 할 것이다. 또한 수학과 산학의 논의들이 수에 대한 신비적 관념이나 참위적 상수학적 논의들과 결합되어 있는 모습을 찾고, 의학적 담론들이 무속적 치료의 전통들과 함께 존재하는 모습과 땅에 대한 학문인 지리학이 길한 땅을 고르는 풍수(風水)의 지식들과 중첩되어 있는 모습을 찾아서 기술해야 하는 것이다. 물론 이러한 술수-과학의 배경에 음양오행과 기(氣), 신(神), 상수(象數), 역학(易學) 등의 개념과 이론들이 공통적으로 존재하고 있었으며, 이들 개념과 이론들은 우리가 보기에 과학과 유사한 천문학과 의학, 수학의 학문 분야들의 기초가 되었음을 이해할 필요가 있다.

이 책의 본문에서 필자는 삼국시대로부터 조선 후기에 이르기까지 '술수 지식을 담지하고 영위하는 기관'과 '담지자'들을 중심으로 술수과학과 술수문화의 역사를 대략적으로 정리해보았다. 이를 통해, 우리는 한국의 술수과학과 문명의 기원이 고대의 무속과 신인에 대한 전통으로부터 비롯되었으며, 삼국의 국가체제가 완성되고 통일되는 과정과 더불어 술수문화는 차츰 박사나 일관(日官), 일자(日者), 사천대(司天臺)와 같은 제도적 형태를 띠면서 발전하였음을 알 수 있었다. 이후 한국에서의 술수의 지식과 기관들은 아래와 같은 역사적 변화를 거치면서 발전한 것으로 서술하였다. 즉, 고려시대에 이르러서는 술수의 지식과 문화는 국초 이래 태사국(太史局)과 태복감(太卜監), 나아가 도교적 전통의 도관(道觀)들 속에서도 담지되고 향유되었는데, 특히 고려시대에는 도교와 풍수지리 분야를 중심으로 술수의 지식과 담론들이 중앙 정치의 영역에까지 중요한 영향력을 지니며 작동하였음을 알 수가 있었다. 다시 말해 고려시대까지도 술수과학의 지식과 문화는 한국 사회의 중심적 담론으로서 존재하면서 향유되었던 것이다.

한편, 고려 후기에 이르러 태사국과 태복감은 서운관(書雲觀)의 형태로 단일화되고 통합되었으며, 이러한 술수기관의 중심으로서 서운관의 활동은 조선에 이르러서도 계승되고 지속되었다. 이후 조선 초기에 이르면 과거부터 내려오던 여러 술수과학의 기관들인 소격서(昭格署)와 태일습산국 등은 서운관을 중심으로 하나로 단일화되었음을 알 수 있다. 물론 이러한 과정에서 성리학자들에 의해 소격서의 철폐가 강력히 주장되면서 도교의 초제(醮祭)를 비롯한 술수 관련 제의와 문화들이 축소되거나 사라지기도 하였다. 아울러 세조대에 이르러 서운관은 다시 관상감(觀象監)으로 개칭되고 관제가 개편되었는데, 이러한 변화를 거치면서 관상감은 유교적 정치이념에 주로 복무하고 왕도정치 사상을 대변하는 기관으로서 규정되었다. 하지만 그럼에도 불구하고 고려 이래로 내려오던 술수과학과 술수문화의 행위들이 관상감에서 완전히 사라진 것은 아니었다. 한편, 조선 후기에 이르러서 관상감의 제도와 운영은 삼력관(三曆官) 등의 산원직 관료들을 중심으로 운영되는 형태로 변모하였는데, 이러한 변화는 시헌력의 수용과 관련이 깊다. 아울러 조선 후기에 이르면 민간 영역에서도 술수과학의 지식들과 문화가 널리 확산되었음을 알 수 있는데, 특히 18세기 접어들어 점복적 행위가 유학자 사대부들에게까지 퍼져나갔고 무당의 직역들이 늘어나는 등 무속적 서비스가 확대되기도 하였다. 또한 18세기 이후에는 『정감록(鄭鑑錄)』과 같은 참위서들이 등장하고 널리 유행하였는데, 이러한 참위서와 비기(祕記)류 서적들은 민란이나 반란 세력에 의해 활용되고 증식되기도 하였다.

술수과학의 지식과 문화는 일제시기 이후에도 지속적으로 존재하면서 한국인의 일상생활 속에서 중요한 역할을 수행하였다. 근대과학에 대한 믿음을 확고히 지니고 있는 듯한 현대 한국인의 일상생활 속에서도 술수과학과 문화의 흔적은 완전히 사라지지 않고 남아 있다. 하지만 이 책에서는 19세기 말과 근대 초기 이후 술수 지식과 문화가 변화하는 과정을 정리하고 담아내지는 못하였다.

본문의 내용을 통해 필자는 한국 과학문명사에서 술수과학과 문화의 발전 모습을 '술수 관련 기관과 담지자'를 중심으로 일부 정리하였다. 물론 이러한 작업에서도 기존에 이미 제출되었던 여러 술수 관련 연구들을 충분히 담아내지 못하였으며, 시대별 술수과학과 문화에 대한 기술과 정리는 충분한 요령을 얻지도 못하였다. 사실 술수-과학, 혹은 술수문화를 중심으로 한국의 과학문명사를 새롭게 조망하는 작업은 분명 상당한 수준의 기초적인 연구들이 선행되어야 가능한 일인데, 현재까지 이루어진 연구들로는 한국의 술수과학 문명사를 풍부하게 구성하고 서술해내는 작업이 쉽지는 않았다. 그러므로 필자는 향후 한국의 술수과학 문헌과 사료들에 대한 기초적인 정리와 분석의 작업들이 본격적으로 진행되고 축적되기를 바라며, 이 책이 그러한 작업들을 촉진하고 부추기는 하나의 시발서나 안내서가 될 수 있기를 기대한다.

1부 한국 술수문화의 기원과 전개

1장 한국의 술수와 과학문명

1. 『鄭鑑錄』, 「東國歷代氣數本宮陰陽訣」, "三韓之數不爲各出者, 其在太乙旋紀之初故也. 術士可知也."

2. 서양의 경우에도 마찬가지인데, *Almagest*의 저자 프톨레마이오스는 호로스코프 점성술서의 시초라고 할 수 있는 *Tetrabiblos*의 저자이기도 하다.

3. 이병도, 『高麗時代의 研究 —特히 圖讖思想의 發展을 中心으로—』 (아세아문화사, 1980).

4. 이순풍은 젊었을 때 천태산에서 도교를 공부하기도 하였다. https://zh.wikipedia.org/zh-tw/李淳風

5. 서울대학교 규장각한국학연구원 인문한국사업단, 『동아시아 술수학 지식의 교류와 전파』 (서울대학교 규장각한국학연구원 인문한국사업단 제7회 HK워크숍 자료집, 2011).

6. 원광디지털대학교 동양학과, 『韓日 공동 술수학 심포지엄: 동아시아 술수학에 대한 다각적 접근』 (2013).

7. 三浦國雄, "術數에서 法術로: 도교 '符'의 본원", 『韓日 공동 술수학 심포지엄: 동아시아 술수학에 대한 다각적 접근』 (2013).

8. 溝口雄三, 김석근 등 역, 『중국사상문화사전』 (책과함께, 2011), '術數'.

9. 이동철, "술수학연구의 현황과 한일교류 경과보고", 『韓日 공동 술수학 심포지엄: 동아시아 술수학에 대한 다각적 접근』 (2013).

10. 武田時昌, 『術數學の思考』 (京都: 臨川書店, 2018), 18쪽.

11. 상수학의 개념에 대해서는 박권수, "조선 후기 象數學의 발전과 변동" (서울대학교

박사학위 논문, 2006), 5-9쪽을 참고할 것.

12. 물론 이와 같은 표상적 체계들을 고안하고 그것들에 바탕하여 지식 담론의 체계를 구축하고자 하는 노력의 근저에는 앎, 곧 지식을 통해서 세계를 이해하고 온전히 장악하고자 하는 욕망이 자리잡고 있다.

13. 표상으로서의 기표는 다른 기표들에 의해 온전히 지시되거나 정의될 수가 없다. 하나의 기표 a가 다른 기표 b로 정의되거나 지시되었다고 하더라도 다시 이 기표 b는 다른 기표들로 정의되거나 지시되어야만 한다. 이를 기표의 연쇄라고 한다.

14. 미셸 푸코, 이광래 역, 『말과 사물』(민음사, 1987), 111-112쪽.

15. 맨 앞에서 인용한 정감록의 구절을 이용하여 이러한 실재와의 술래잡기를 표현하자면, 그것은 다만 '태을선기(太乙旋紀)의 시초(始初)에 감추어져' 있을 뿐이다.

16. 이러한 이해는 미조구치 유조와 미우라 구니에, 가와하라 히데키 등이 그대로 따르고 있다.

17. 유향과 유흠 부자가 설정한 七略은 다음과 같다. 輯略, 六藝略, 諸子略, 詩賦略, 兵書略, 數術略, 方技略. 『한서』 「예문지」에서는 이 중에서 집략을 빼고 6략으로 나누었다.

18. 「四庫全書總目提要」, "術數之興, 多在秦漢以後, 要其旨, 不出乎陰陽五行, 生剋制化, 實皆易之支派, 傅以雜說耳."

19. 고대 중국 문화의 기저에 놓여 있는 '神的인 질서'에 대한 지식의 체계와 그로부터 후대의 자연과학과 철학적 지식의 기원 등에 대해서는 서대원, "『태평경(太平經)』 생명관(生命觀) 일고(一考) —무(巫),학지간(學之間)—", 『종교문화연구』 22권 (2014)을 참고할 수 있다.

20. 이런 점에서 일본에서 다케다 도키마사와 미우라 구니오에 의해 이루어진 한국과 중국, 일본의 술수학 관련 문헌들에 대한 연구들은 향후 한국의 연구자들이 술수학 관련 자료와 문헌들에 대해 분석적 연구를 진행할 때에 중요하게 참고되어야 할 것들이다. 이 점에 대해서는 武田時昌, 『術數學の思考』(京都: 臨川書店, 2018); 三浦國雄 외, 『術數書の基礎的文獻學的研究 —主要術數文獻解題—』(東京: 大東文化大學文學部, 2007) 등을 참고할 것.

21. 이능화의 『조선신화고(朝鮮神話考)』와 『조선상제예속사(朝鮮喪制禮俗事)』, 『조선여속고(朝鮮女俗考)』, 『조선무속고(朝鮮巫俗考)』, 『조선도교사(朝鮮道敎史)』 등이 그것

이다.

22. 村山智順이 일제강점기에 조사 연구 자료로서 발표한 『朝鮮の鬼神』(1929), 『朝鮮の 風水』(1931), 『朝鮮の巫覡』(1932), 『朝鮮の占卜と豫言』(1933) 등은 술수문화에 대한 민속학적 연구로서 중요하게 참고할 수 있다. 또한 김태곤 등, 『韓國의 占卜』(민속원, 1995); 김태곤 편저, 『韓國의 巫俗神話』(集文堂, 1989) 등도 중요하게 참고할 수 있 는 민속학적 연구이다.

23. 위은숙, "13세기 '吉凶逐月橫看 高麗木板'을 통해서 본 고려의 擇日문화", 『민족문화 논총』59호 (2015); 전용훈, "정조대의 曆法과 術數學 지식: 『千歲曆』과 『協吉通義』 를 중심으로", 『한국문화』54호 (2011); 전용훈, "서양 점성술 문헌의 조선 전래", 『한 국과학사학회지』34집 (2012).

2장 삼국시대의 술수문화

1. 『三國遺事』, 권1, 자서(自敍): "大抵古之聖人方其禮樂興邦仁義設敎, 則怪力亂神在所 不語. 然而帝王之將興也, 膺符命受圖籙必有以異於人者, 然後能乘大變握大器成大業 也. 故河出圖洛出書而聖人作."

2. 일연(一然, 1206-1289)은 고려 충렬왕(忠烈王) 때의 보각국사(普覺國師)를 지냈다. 『三國遺事』의 편찬연대는 1281년에서 1283년(충렬왕 7-9) 사이로 보는 것이 통설이 다.

3. 설(契)은 고신씨(高辛氏)의 아들로 순(舜)임금 때 사구(司寇)가 되었다. 우(禹)를 도 와서 물을 다스리는 공을 세우고 상(商)에 봉해졌다. 후에 상(商)왕조의 시조가 되 었다.

4. 기(弃)는 주(周)나라의 시조인 후직(后稷)을 의미한다.

5. 한(漢)나라를 개창한 고조(高祖) 유방(劉邦)을 가리킨다.

6. 『삼국유사(三國遺事)』, 권1, 자서(自敍): "以至虹繞神母而誕羲, 龍感女登而注炎, 皇娥 遊窮桑之野有神童自稱白帝子交通而生小昊. 簡狄吞卵而生契, 姜嫄履跡而生弃. 胎孕 十四月而生堯, 龍交大澤而生沛公. 自此而降豈可殫記. 然則三國之始祖皆發乎神異何 足怪哉. 此紀異之所以諸篇也, 意在斯焉."

7. 이능화나 이병도와 같은 학자들은 이러한 유교적 문화의 표면 아래에 샤면적, 술수적 문화의 풍부한 흔적을 인정하고 또 드러낸 초기의 학자들일 것이다.

8. 참고로 샤먼(Shaman)는 무당(巫堂)을 일컫는 통구스(Tungus)어 용어이다.

9. 일연은 "제석(帝釋)을 말한다."라는 주석을 덧붙이며, 환인의 존재를 불교적 존재와 연결시키고 있다. 사실 제석은 힌두교에서부터 유래된 용어이다. 제(帝)는 산스크리트어 indra의 번역어이고 석(釋)은 산스크리트어 śakra의 음사이다. 그러므로 제석은 신(神)들의 제왕인 샤크라[釋]라는 뜻이다. 이러한 이유로 제석은 불교에서는 수미산(須彌山) 정수리에 있는 도리천(忉利天)의 왕을 의미하는 것으로 이해된다.

10. 『三國遺事』, 권1, 紀異, 古朝鮮: "古記云 昔有桓因〈謂帝釋也〉庶子桓雄 數意天下…."

11. 이능화는 천부인을 칼, 거울, 방울이라고 보았고, 김재원은 부적의 도장, 『신황정통기』에서는 옥새, 곡옥, 거울로 보는 견해가 있고, 서영대는 청동제 칼, 방울, 거울로 인식하고 있다. 이능화, 『朝鮮巫俗考』(동문선, 1991); 김영자, 『한국의 벽사부적』(대원사, 2008).

12. 김영자, 『한국의 벽사부적』(대원사, 2008).

13. 이능화, 『朝鮮巫俗考』(동문선, 1991).

14. 『三國史記』 권1 「신라본기」: "南解次次雄立 (次次雄 或云慈充 金大問云 方言謂巫也 世人以 巫事鬼神 尙祭祀 故畏敬之 遂稱尊長者 爲慈充) 赫居世嫡子也 身長大 性沈厚 多智略 母閼英夫人 妃雲帝夫人(一云阿婁夫人) 繼父卽位 稱元."

15. 『三國史記』 권1 「신라본기」 1. 시조 혁거세 거서간 1년: "有馬跪而嘶 則往觀之 忽不見馬 只有大卵 剖之 有嬰兒出焉 則 收而養之 及年十餘歲 岐嶷然夙成 六部人 以其生神異 推尊之."

16. 이능화, 『朝鮮巫俗考』(동문선, 1991), 10쪽.

17. 『三國史記』 권1, 「신라본기」 1. 시조 혁거세 거서간 30년: "三十年, 夏四月己亥晦, 日有食之. 樂浪人, 將兵來侵, 見邊人夜戶不扃, 露積被野, 相謂曰: "此方民, 不相盜, 可謂有道之國. 吾儕潛師而襲之, 無異於盜, 得不愧乎?" 乃引還."

18. 『三國史記』 권1, 「신라본기」 1. 남해차차웅 11년: "十一年, 倭人遣兵船百餘艘, 掠海邊民戶, 發六部勁兵, 以禦之. 樂浪謂內虛, 求[來]攻金城, 甚急. 夜有流星, 墜於賊營, 衆懼而退."

19. 무당이 입을 벌리지 않아도 공중에서 소리가 들리게 하는 술법을 의미한다.

20. 『三國史記』 권13, 高句麗本紀1—瑠璃明王—19年: "十九年, 秋八月, 郊豕逸, 王使託利、斯卑追之, 至長屋澤中得之, 以刀斷其脚筋. 王聞之怒曰, "祭天之牲, 豈可傷也?" 遂

投二人坑中殺之. 九月, 王疾病, 巫曰: "託利、斯卑爲崇[祟]600)." 王使謝之, 卽愈."

21. 『三國史記』 권13, 「고구려본기」 2. 유리명왕 19년.

22. 신동원, 『조선의약생활사』 (들녘, 2014), 63쪽.

23. 『三國史記』 권15, 「고구려본기」 3.

24. 『三國遺事』 권1, 紀異第一, 太宗春秋公.

25. 『三國遺事』 권1, 紀異第一, 太宗春秋公.

26. 『三國史記』 권50, 「열전」 10, 궁예 견훤, "淸泰元年春正月 萱聞太祖屯運州 遂簡甲士
五千至 將軍黔弼及其未陣 以勁騎數千突擊之 斬獲三千餘級 熊津以北三千餘城 聞風
自降 萱麾下術士宗訓 醫者訓謙 勇將尙達·崔弼等降於太祖."

27. 『後周書』 「百濟傳」, "其秀異者, 頗解屬文, 又解陰陽五行. 用宋元嘉曆, 以建寅月爲歲
首. 亦解醫藥卜筮占相之術."

28. 『後周書』 「百濟傳」, "其王以四仲之月, 祭天及五帝之神, 又每歲四祠其始祖仇台之廟.
僧尼寺塔甚多, 而無道士."

29. 『日本書紀』 권 19, 欽明天皇 15년 2월.

30. 백제는 초기에는 좌보(左輔)와 우보(右輔)를 각각 군정과 내정의 최고 책임자로 임
명하여 나라의 대소사를 담당하게 하였다. 이후 고이왕(古爾王, 재위 234-286) 대에
이르러 우보와 좌보의 제도가 폐지되고 6좌평 16관등의 관제가 자리잡게 되었다. 그
것에 따르면, 최고 관직인 제1품 좌평(佐平)은 수상 격인 내신좌평을 필두로 국정의
전반을 다루었으며, 좌평 밑에는 2~6품 솔(率)과 7~11품 덕(德) 등의 하위 관직들이
존재하였다.

31. 『三國史記』 권43, 열전 제3, 김유신전 부록 현손 김암.

32. 『三國史記』 권39, 잡지 제8, 직관 중, 공공복사. '공봉의사(供奉醫師)'에 이어서 공봉
복사(供奉卜師) 관직명이 등장한다.

33. 정구복 외, 『역주 삼국사기』 4 주석편(하) (한국정신문화연구원, 1997), 531쪽.

34. 『三國史記』에 따르면, 김암은 대력(大曆) 연간(766-779)에 신라로 돌아와서 사천대
박사(司天大博士)를 역임하였다. 또한 그는 779년(혜공왕 15) 일본에 사신으로 파견
되었을 때, 그의 재주를 이용하려는 일본 왕 고닌[光仁]에게 억류되었다고 한다. 이
러한 기록을 토대로 김암의 연대를 8세기 중엽에서 말엽에 이를 것으로 짐작할 수
있다. 한편 사천대박사(司天大博士)라는 관직은 사천박사(司天博士)와 동일한 것인

지, 아니면 더 상위의 관직인지 확실하지는 않다.

35. 다수의 연구자들이 이미 삼국시대 관련 사료에서 등장하는 일관(日官)과 일자(日者)의 역할과 성격을 규명하는 논문을 제출하였다. 이들 논문에서 일관의 활동은 무(巫)의 활동과 중첩되거나 혹은 그로부터 독립되어 나온 것으로 파악되고 있다. 신종원, 『신라초기불교사연구』(민족사, 1992); 신종원, "古代 日官의 性格", 『한국민속학』 12 (1980), 115-143쪽; 최석영, "巫와 日官과의 갈등에 대한 역사적 고찰", 『비교민속학』 13 (1996), 605-629쪽; 박은애, "한국 고대의 일자(日者)와 일관(日官)", 『지역과 역사』 27 (2010); 최일례, "한국 고대 기록자로서 '史'의 원형에 대한 접근—巫, 巫者, 占者, 日者, 日官의 기능 및 변화를 단서로—", 『歷史學研究』 75호 (2019).

36. 『三國史記』 15 Øâ—, 3.

3장 고려시대의 술수문화

1. 『高麗史』 志 제76, 百官 1, "書雲觀, 掌天文曆數測候刻漏."

2. 속설에 '서운관'의 명칭이 그 앞에 있던 야트막한 고개인 운현(雲峴)이라는 명칭에서 유래되었다는 주장이 있다. 그러나 이는 상황을 반대로 이해하는 것이다. 즉, 서운관을 흔히 줄여서 운관(雲觀)이라고 하였고 그 앞에 있던 고개를 운현(雲峴)이라고 나중에 지칭하였던 것이다. 그리고 조선시대 말에 운현 고개의 앞에 있는 흥선군의 처소를 운현궁(雲峴宮)이라고 지칭했다. 서운관이라는 명칭은 이 글에서 서술한 바와 같이 이미 고려시대 때부터 사용되었다.

3. 『春秋左氏傳』 권12, 희공(僖公) 5년, "凡分至啓閉 必書雲物." 『서운관지』 권1 관직의 서두에는 "左傳云, '分至啓閉, 必書雲物', 故名曰書雲."라고 적고 있다.

4. 여기서 '啓閉'를 立春과 立秋를 의미하는 것으로 해석하기도 한다. (『春秋左傳正義』)

5. 복원관(福源觀)은 고려 중기에 궁성 안에 세운 도교의 사원으로, 일명 복원궁(福源宮)이라고도 하였다. 예종(睿宗)은 중국의 송나라 휘종(徽宗)이 보낸 도사(道士)를 맞이하여 왕성의 북쪽 태화문(太和門) 안에다 복원관을 세우고 그 전각 속에 삼청(三淸), 즉 옥황상제(玉皇上帝), 태상노군(太上老君), 선화천존(善化天尊)의 상을 안치하고 그 자신 직접 수행 및 기도에 집중하면서 도교의 보급에 앞장섰다.

6. 구만옥, "高麗王朝 天文曆算學의 성격", 『국제고려학회서울지회논문집』 제9호 (2007)

에 이들 관서의 시대적 변화추이를 잘 정리해놓고 있다. 〈표 3-1〉도 이 논문에서 가져온 것이다.

7. 『宋史』 志第一百一十八 職官五 68, "司天監監少監丞主簿春官正夏官正中官正秋官正冬官正靈臺郎保章正挈壺正各一人. 掌察天文祥異, 鐘鼓漏刻, 寫造歷書, 供諸壇祀祭告神名版位畫日. 監及少監闕, 則置判監事二人. 以五官正充."

8. 『宋史』 志第一百一十七 職官四 28, "太史局掌測驗天文, 考定歷法. 凡日月, 星辰, 風雲, 氣候, 祥眚之事, 日具所占以聞. 歲頒歷於天下, 則預造進呈. 祭祀, 冠昏及大典禮, 則選所用日. 其官有令, 有正, 有春官, 夏官, 中官, 秋官, 冬官正, 有丞, 有直長, 有靈臺郎, 有保章正. 其判局及同判, 則選五官正以上業優考深者充. 保章正五年, 直長至令十年一遷, 惟靈臺郎試中乃遷, 而挈壺正無遷法. 其別局有天文院, 測驗渾儀刻漏所, 掌渾儀臺晝夜測驗辰象."

9. 『高麗史』 권72, 志26, 輿服1, 鹵簿, 百官儀從.

10. 영의(榮儀)라는 인물도 그 가운데 한 사람이었다. 『高麗史』 卷123, 列傳 36, 嬖幸 1, 榮儀, "榮儀, 卜者也. 父司天監尙."

11. 『高麗史』, 卷7, 世家 7, 文宗 1, "三月乙亥朔, 日食. 御史臺奏, 春官正柳彭·太史丞柳得韶等, 昏迷天象, 不預聞奏, 請罷其職. 制, 原之. 復駁曰, 日月食者, 陰陽常度也. 曆筭不愆, 則其變可驗, 而官非其人, 人失其職, 豈宜便從寬典, 請依前奏科罪. 從之."

12. 金海榮, "『高麗史』 天文志의 검토", 『경상사학』 2 (1986).

13. 구만옥, 앞의 논문.

14. 원의 인종대에 들어서 사천대의 관격을 올리고 회회사천대를 강화하는 일이 이루어진 듯하다.

15. 당시 과거에서는 궤(机)라는 점수를 매겨서 합격과 불합격을 정하였다.

16. 『三國史記』 卷 第五十; 列傳, 弓裔.

17. 『高麗史』, 권2 세가2, 태조 26년 4월 훈요십조, "其一曰, 國家大業, 必資諸佛護衛之力, 故創禪敎寺院, 差遣住持焚修, 使各治其業. 後世, 姦臣執政, 徇僧請謁, 各業寺社, 爭相換奪, 切宜禁之."

18. 『高麗史』, 권1, 세가1.

19. 『高麗史』, 권2 세가2, 태조 26년 4월 훈요십조, "其二曰, 諸寺院, 皆道詵推占山水順逆而開創, 道詵云, '吾所占定外, 妄加創造, 則損薄地德, 祚業不永.' 朕念後世國王公侯

后妃朝臣, 各稱願堂, 或增創造, 則大可憂也. 新羅之末, 競造浮屠, 衰損地德, 以底於亡, 可不戒哉?"

20. 『高麗史』, 권2 세가2, 태조 26년 4월 훈요십조, "其五曰, 朕賴三韓山川陰佑, 以成大業. 西京水德調順, 爲我國地脈之根本, 大業萬代之地. 宜當四仲巡駐, 留過百日, 以致安寧."

21. 『高麗史』, 권2 세가2, 태조 26년 4월 훈요십조, "其八曰, 車峴以南, 公州江外, 山形地勢, 並趨背逆, 人心亦然. 彼下州郡人, 參與朝廷, 與王侯國戚婚姻, 得秉國政, 則或變亂國家, 或嗛統合之怨, 犯蹕生亂. 且其曾屬官寺奴婢, 津驛雜尺, 或投勢移免, 或附王侯宮院, 姦巧言語, 弄權亂政, 以致災變者, 必有之矣. 雖其良民, 不宜使在位用事."

22. 『三國遺事』卷3; 방용철, "『삼국유사(三國遺事)』 소재 도교(道敎) 관련 기록과 一然의 인식", 『역사와경계』 85권 (2012).

23. 『三國史記』 卷49, 列傳9 蓋蘇文02, "唐遣道士叔達等八人, 兼賜道德經. 於是, 取浮屠寺館之."

24. 차주환, "羅末의 留唐學人과 道敎", 『도교와 한국문화』 (아세아문화사, 1988), 11-38쪽.

25. 『高麗史』, 권2 세가2, 태조 26년(943) 4월 訓要十條, "其六曰, 朕所至願, 在於燃燈八關, 燃燈所以事佛, 八關所以事天靈及五嶽名山大川龍神也. 後世姦臣建白加減者, 切宜禁止."

26. 팔관계(八關戒)는 불교의 오대계(五大戒), 즉 "살생하지 말고, 도둑질하지 말며, 간음하지 말며, 헛된 말 하지 말며, 음주하지 말라."에 "사치하지 말고, 높은 곳에 앉지 말며, 때아닌 때에 먹지 않는다."라는 세 가지를 덧붙인 여덟 가지 계율을 재가신도(在家信徒)들로 하여금 하루 낮·하루 밤 동안 지키게 하는 의식으로, 금욕(禁慾)과 수행을 목적으로 하는 행사였다.

27. 칠요(七曜)의 기원과 인도 전래 밀교 점성술의 발달 등에 대해서는 藪內淸, 『中國의 天文學』, 105쪽; 이은희 등, "사여(四餘)의 중국 전래와 동서 천문학의 교류", 『한국과학사학회지』; 야노 미치오 저, 전용훈 역, 『밀교점성술과 수요경』 (동국대출판부, 2010) 등을 참고할 것.

28. 구요당은 강화도로 천도했던 1253년(고종 40) 최항(崔沆)에 의해 궁궐의 서쪽으로 옮겨 세워졌다. 이후 고려 말까지도 존속하다가 1392년(조선 태조 1) 11월에 도교 기

관을 일제히 정리하는 조치에 의해서 폐지되었다.

29. 삼계초례는 고려 초기부터 말기까지 꾸준히 가장 빈번하게 행해진 기본적인 초례였다. 이 초례는 숙종 7년 2월 병신일에 태자에게 명해 구정에서 삼계 백신에 초례한 데에서 확인되기 시작한다. 삼계란 욕계와 색계, 무색계를 통칭하는 말로서 원래 불교적인 세계관을 담고 있는 개념이었는데 후에 도교에도 수용된 개념이었다.

30. 강화도 천도는 1232년(고종 19)에 이루어졌다.

31. 고려시대 초례의 대상은 대부분 하늘의 별이었다. 별을 대상으로 하는 초례에는 태일과 육정신, 북두성과 남두성을 제외해도 『고려사』에서 51회가 확인된다. 삼계 초례는 그 대상이 삼계의 영저(靈祗)였으니 하늘의 영, 즉 별을 포함할 수 있는데, 『고려사』에 39회가 나타난다.

32. 김창현, "고려 및 조선 전기 도교의 비교와 그를 통한 고려 도교의 복원", 『한국사학보』 40호 (2010).

33. 『태조실록』 6권, 태조 3년 12월 10일 을해.

34. 『태종실록』 3권, 태종 2년 2월 12일 을축.

35. 김창현, 앞의 글, 303-304쪽. 이종은, "昭格署 관계 역사자료 검토", 『도교와 한국문화』 (아세아문화사, 1988), 109-112쪽.

36. 김철웅, "고려중기 李仲若의 생애와 도교사상", 『한국인물사연구』 14호 (2010).

37. 송나라 徽宗의 연호이다. 1111년에서 1117년까지의 기간에 해당한다.

38. 『高麗圖經』, 권18 道敎.

39. 이러한 평가에 대해서는 김병인, "高麗 睿宗代 道敎 振興의 배경과 추진세력", 『전남사학』 20권 (2003)을 참고할 것. 한편 복원궁(福源宮)과 고려 도교에 관한 전반적인 논의는 양은용, "福源宮 건립의 역사적 의의", 『도교와한국문화』 (아세아문화사, 1988)를 참조할 것.

40. 이규보, 『동국이상국전집』 제40권.

41. 윤찬원, "재초문(齋醮文)의 절대자 관념을 통해 본 조선 초의 도교사상(道敎思想)", 『도교문화연구』.

42. 이규보, 『동국이상국전집』 권39, 초소(醮疏), "구요당(九曜堂)에서 천변이 그치기를 비는 십일요소재도량 겸 설초례문(十一曜消災道場兼設醮禮文)".

4장 조선 전기의 술수문화 기관

1. 양벽부(禳辟符)란 재액을 물리치는 부적을 의미한다.

2. 『經國大典』, 吏典 京官職 정3품 관청 觀象監, "掌天文, 地理, 曆數, 占算, 測候, 刻漏
   等事."

3. 『經國大典』, 吏典 京官職 정3품 관청. "觀象監, 掌天文地理曆數占籌測候刻漏." 『경국
   대전』의 이 내용은 1818년에 편찬된 『서운관지』에도 그대로 반영되어 있다. "國初,
   因麗制, 置書雲觀. 掌天文·地理·曆數·占籌·測候·刻漏 等事."

4. 『고려사』 서술자들이 서운관의 업무를 순전히 천문학과 관련된 것으로만 설정하고
   도교와 풍수, 술수적인 업무들을 제외하려고 한 것은 아닌가라는 의심을 할 수 있
   다.

5. 『春秋左氏傳』, 권12, 희공(僖公) 5년, "凡分至啓閉 必書雲物." 『서운관지』 권1 관직의
   서두에는 "左傳云, '分至啓閉, 必書雲物', 故名曰書雲."라고 적고 있다.

6. 여기서 '啓閉'를 立春과 立秋를 의미하는 것으로 해석하기도 한다. (『春秋左傳正義』)

7. 만약 관상(觀象)의 상(象)을 천상(天象)으로만 해석한다면, 관상감(觀象監)을 영어로
   'Office for Observation of Celestial Phenomena'로 번역할 수가 있을 것이다. 하지만
   관상의 상(象)을 하늘과 땅의 모든 상(象)을 의미한다고 본다면, Celestial Phenomena
   는 적절하지 않을 것이다.

8. 훈련관(訓鍊觀)은 이후 훈련원(訓鍊院)으로 이름이 바뀌었으며 『경국대전』에는 훈련
   원이라는 이름으로 병조 소속의 정3품 관청으로 규정되어 있다.

9. 『書經』 「堯典」, "乃命羲和, 欽若昊天, 歷象日月星辰, 敬授人時."

10. 『經國大典』 「吏典」 京官職 정3품 관청 觀象監.

11. 『高麗史』 「백관지」 서운관 공민왕 11년.

12. 『書雲觀志』 권1.

13. 『經國大典』 吏典 京官職 정3품 관청 觀象監, 掌天文, 地理, 曆數, 占算, 測候, 刻漏等
    事. 提調二員

○ 取才分數多者, 判官以上一員久任. 久任及教授訓導外 遞兒兩都目. 主簿以上幷以出身
   者除授. ○ 天文學習讀官十員, 從六品去官後, 守令取才入格者敍用. 本業精通者稱肄

習官, 令治藥前銜則依無祿官例敍用 ○ 三學天文曆等兼通者, 別敍顯官仍仕 ○ 禁漏三十員仕多者除職, 從六品去官仍仕者西班從六品遞兒一 ○ 日月食述者別給西班遞兒一 ○ 命課盲西班九品遞兒二, 四都目相遞除授, 仕滿四百加階, 賤人從六品而止.

14. 『연산군일기』 44권, 연산 8년 5월 1일 임신: "太一本爲兵家而設, 後人乃用於遁甲'避病'興工'動士'出行'移徙'見貴'徼謁, 莫不由是趨吉'避凶, 誠以一理所貫, 萬事逢原, 亦國家盛衰'動靜'吉凶之所關也. 竊伏惟念, 李元茂與臣言曰, 前朝之季, 太一局猶在焉. 式至我朝, 去己亥年, 征對馬島時, 太一官張補之稱太史官號, 從都元帥以行."

15. 『고려사』 「백관지」 등에서 태일국(太一局)이라는 관서명은 발견되지 않는다. 하지만 고려시대에는 태일 신에 대한 초제를 지내는 일이 빈번히 있었으므로, 그 일을 담당하는 관서가 존재하였을 것이다.

16. 『태조실록』 6권, 태조 3년 12월 10일 을해.

17. 『태종실록』 3권, 태종 2년 2월 12일 을축.

18. 『태종실록』 33권, 태종 17년 1월 20일 정미.

19. 『세종실록』 19권, 세종 5년 3월 24일 을사. 동부대언은 후의 동부승지(同副承旨)로 이름이 바뀐다.

20. 『세조실록』 7권, 세조 3년 5월 24일 병.

21. 『세조실록』 7권, 세조 3년 5월 24일 병술: "역산관(曆算官)은 다만 병력(兵曆) 때문에 추산(推算)하게 되므로 양계(兩界)에 보내어 임무를 맡게 했는데, 지금은 이런 일이 없으니 역산관(曆算官) 6명을 혁파(革罷)하여 습산국(習算局)에 합속(合屬)시키고…."

22. 『세종실록』 10년 3월 23일.

23. 『세종실록』 12년 3월 18일.

24. 『문종실록』 5권, 문종 1년 1월 26일 병인 又命議太一兵學習算局禁漏竝合便否, 僉曰仍舊爲便. 上從衆議.

25. 『세조실록』 30권, 세조 9년 3월 2일 신묘.

26. 『태조실록』 12권, 태조 6년 8월 29일 무신.

27. 『태조실록』 2권, 태조 1년 11월 1일 무인.

28. 『태조실록』 6권, 태조 3년 8월 12일 기묘, "上以諸宰相所上議論, 多以遷都爲不可, 故有不豫色曰, 予將還都, 決疑於昭格殿. 旣而次於南京."

29. 『經國大典』「吏典」京官職 종5품 관청 昭格署, 掌三淸星辰醮祭.

30. 『經國大典』「吏典」京官職 "昭格署, 掌三淸星辰醮祭. 提調一員, 別提二員. 令·別提, 竝用文官."

31. 『經國大典』 잡직 昭格署.

32. 『태종실록』 권3, 태종 2년 4월 22일 갑술.

33. 『書雲觀志』 권3 故事.

34. 『태종실록』 11권, 태종 6년 3월 27일 정사.

35. 장례에 관한 법인 장법(葬法)에 관한 서적들을 의미한다.

36. 박은(朴訔, 1370-1422)의 자는 앙지(仰之), 호는 조은(釣隱), 본관은 반남(潘南)이다. 문음(門蔭)으로 판숭복도감사(判崇福都監事)를 받은 뒤, 1385년(고려 우왕 11) 문과에 2위로 급제하였다. 조선왕조가 개창된 뒤에도 서용되었고, 벼슬은 우의정에까지 이르렀다.

37. 『書雲觀志』 권3 故事.

38. 성령대군(誠寧大君, 1403-1418)은 조선 태종의 넷째아들로 이름은 종(種)이다. 어머니는 민제(閔霽)의 딸인 원경왕후(元敬王后)이다. 14살 때 홍역으로 죽자 태종은 그의 집을 원찰(願刹)로 삼아 명복을 빌게 하였다.

39. 태세(太歲)란 연월일시로 길흉을 점칠 때 흉신에 해당하는 것이다. 세차(歲次)의 지지(地支)와 일치하는 방위에 배당되어, 이 방위에는 담을 쌓거나 집수리를 꺼리는 등의 금기가 주어진다.

40. "태세가 본명에 압이 된다."는 말은 지금 4월 초닷샛날의 간지가 임금의 사주(四柱) 중에서 하나와 일치하여 길하지 못함을 의미하는 말인 듯하다.

41. 태조의 정비인 신의왕후(神懿王后) 한씨(韓氏, 1337-1391)를 말한다. 태종의 친모였다.

42. 어효첨(魚孝瞻, 1405-1475)의 자는 만종(萬從), 호는 귀천(龜川), 본관은 함종(咸從)이다. 1423년(세종 5) 생원이 되고, 1429년 식년문과에 등과한 이후 벼슬은 대사헌, 이조판서까지 이르렀다. 1468년(예종 1) 동지중추부사, 1474년(성종 5) 판중추부사로서 봉조하(奉朝賀)가 되었다. 저서로 『예기일초(禮記日抄)』가 있다.

43. 『書雲觀志』 권3 故事.

44. 서거정(1420-1488)의 자는 강중(剛中), 본관은 달성(達城), 호는 사가정(四佳亭), 정

정정(亭亭亭)으로 대제학을 오랫동안 역임하면서 15세기의 학문과 교육, 제도에 큰 영향을 발휘하였다. 그는 성리학뿐만 아니라 천문학과 지리학, 의약 따위에 정통하였고, 문장과 글씨에도 능하여 『경국대전』, 『동국통감』 따위의 편찬에 참여하였다. 저서에 『동인시화』, 『동문선』, 『필원잡기』 등이 있다. 이후 달성 서씨 가학(家學)의 토대가 되었다.

45. 북송대의 유학자 소옹(邵雍)을 의미한다.

46. 『書雲觀志』 권3 故事.

47. 『書雲觀志』 권3 故事.

48. 『世宗實錄』, 47권, 세종 12년 3월 18일 무오.

49. 『世祖實錄』 卷38, 世祖 12년(1466) 1월 15일(戊午), 5ㄴ~6ㄴ(8책, 3쪽). "書雲觀改稱觀象監, 掌漏爲直長, 視日爲奉事, 監候爲副奉事, 司晨爲參奉, 革司曆, 增置判官·副奉事·參奉各一… 風水學改稱地理學, 置敎授·訓導各一, 天文學, 置敎授·訓導各一, 陰陽學改稱命課學, 置訓導二."

50. 고려 말 조선 초기 음양학이라고 하는 분야가 어떻게 변화하였고, 결국 삼학의 체제로 관상감의 하위 분과로 통합되는 과정에 대해서는 서은혜, "여말선초 음양학(陰陽學) 정비와 변화", 『한국중세사연구』 66 (한국중세사학회, 2021)을 참고할 것.

51. 『世祖實錄』 卷38, 세조 12년 1월 15일 무오.

52. 당시에 이루어진 관상감의 관제 개편을 통해서 과거와는 달리 금루원(禁漏員) 40인이 천문학 분과에 합속된 점도 주목할 만하다.

53. 『고려사』는 1451년(문종 1)에 김종서와 정인지에 의해 편찬되었는데, 이는 『경국대전』의 「예전」(1466)이 완성되기 불과 15년 전의 일이다.

54. 『고려사』 서술자들이 서운관의 업무를 순전히 천문학과 관련된 것으로만 설정하고 도교와 풍수, 술수적인 업무들을 제외하려고 한 것은 아닌지 의심할 수 있다.

5장 조선시대 관상감과 관료 술사

1. 일찍이 조선의 점복문화를 정리한 무라야마 지준은 '점복을 하는 자'를 크게 '전문점자'와 '부업점자', 그리고 '기타 점자'로 나누어 서술하고 있다. 이 중에서 '점문점자'의 범주에는 일관(日官)과 점복관(占卜官), 복술자(卜術者), 신점자(神占者), 상지자(相地者)를 포함시키고, '부업점자'의 범주에는 기도업자와 승려를 포함시키고 있다.(무라

야마 지준, 『조선의 점복과 예언』[동문선, 2005]) 무라야마 지준은 점복 행위만으로 생업을 유지하느냐 마느냐를 기준으로 삼아 이러한 구분을 채택한 것으로 보인다. 이러한 관점에서 보면 조선시대에는 전문 점자, 혹은 부업 점자로 구분하면서 호출되는 이들은 유교 사회였던 조선에서 변방으로 밀려난 것처럼 보이거나 혹은 관직체계상으로도 낮은 품계에 속하는 이들이기 때문이다. 하지만 실제로 조선시대에는 일관들이나 상지자, 지사들의 경우에도 정부 기관에 소속되어 활동하던 전업과 민간에서의 요구와 요청으로 활동하였던 부업이 뚜렷하게 구분되는 것은 아니었다.

2. 『經國大典』, 「吏典」 京官職 觀象監, "掌天文, 地理, 曆數, 占算, 測候, 刻漏等事."

3. 『經國大典』 이후 『續大典』과 『大典通編』, 『大典會通』을 거치면서 관상감의 직제에서 일어난 변화에 대해서는 이기원, "조선시대 관상감의 직제 및 시험 제도에 관한 연구: 천문학 부서를 중심으로", 『한국지구과학회지』 29권 1호 (2008)에서 정리한 적이 있다. 그런데 이 논문에서는 뒤에서 언급할 관상의 散員 직들을 '기타' 관직으로 처리하여 정리하고 있을 뿐이다.

4. 治腫敎授는 典醫監 소속 관직으로 선조대 이후에 처음 설치되었다.

5. 이들 관직에 대해서는 허윤섭의 논문에 이르러 비로소 제대로 된 이해의 단초가 제공되었다고 할 수 있다. 허윤섭, "조선후기 觀象監 天文學 부문의 조직과 업무 —18세기 후반 이후를 중심으로—" (서울대학교 석사학위논문, 2000). 이후 이가원의 논문에서는 이들 산원직 관직에 대해서는 '기타'로서만 처리하면서 그 아래의 吏隷들과 합하여 계산하고 있을 뿐이다.

6. 『書雲觀志』, 권1, "정, 첨정, 판관, 주부는 과거를 거친 관원들 중에서 임명한다."

7. 경석현, "조선후기 천문학겸교수의 활동과 그 의미", 『동방학지』 176 (2016).

8. 『書雲觀志』 권1 官職, 三曆官 條.

9. 『書雲觀志』 권1 取才.

10. 수술관(修述官)과 별선관(別選官)은 천문학 분과에서 삼력관 아래에 있는 산원직의 이름이다. 삼력관은 주로 수술관들 중에서 뽑았고, 수술관 역시 주로 별선관들 중에서 선발이 되었다.

11. 보거인을 다른 말로 보거주(保擧主), 거주(擧主), 천주(薦主)라고도 지칭하였다.

12. 『書雲觀志』 권1 薦擧.

13. 본청(本廳)은 관상감의 전체 행정을 담당하는 곳으로서 녹관들로 구성되어 있었기

에, 『서운관지』에서는 녹관청(祿官廳)이라고도 표현하였다.

14. 관상감에서는 판관 이상의 직을 지낸 선배 관원들만을 '선생(先生)'이라고 지칭하였다.

15. 천문학과 지리학, 명과학을 합하여 삼학(三學)이라고 하였다.

16. 『삼력청헌』과 『삼력청완문』에 따르면, 삼력청의 최종 심사의 기준 인원은 1783년에는 15명, 1795년에는 17명으로, 다시 1813년 이전에 20명으로 확대되었음을 알 수 있다.

17. 첩(帖)은 고품(高品)의 관서에서 7품 이하의 관원에게, 또는 관서의 장관(長官)이 소속 관원에게 내리는 문서로, 임명할 때나 침범하지 못하도록 막을 때, 훈령을 내릴 때 등에 작성되었다. 최승희, 『韓國古文書研究』(지식산업사, 1989), 193쪽.

18. 李南姬, "조선시대 雜科合格者研究"(한국정신문화연구원 박사학위논문, 1997).

19. 『신해리정절목(辛亥釐正節目)』은 정조대인 1791년 10월에 관상감에서 작성한 절목으로 원명은 『신해계하관상감이정절목(辛亥啓下觀象監釐正節目)』이다. 관직·녹봉·취재 등 관상감 운영에 관계되는 제반 사항에 대한 12개의 새 규정을 담고 있다.

20. 『수리정온(數理精蘊)』은 청(淸)나라 강희제(康熙帝) 때인 1723년에 완성된 『율력연원(律曆淵源)』의 수학 관련 부분이다. 『율력연원』은 강희제의 명으로 매각성(梅瑴成)·명안도(明安圖)·하국종(河國宗) 등이 중심이 되어 편찬한 음률·역법·수학 등 세 분야에 걸친 총서로, 『수리정온』 이외에 『율려정의(律呂正義)』·『역상고성(曆象考成)』으로 구성되어 있다. 그중 『수리정온』은 모두 53권으로 중국의 전통수학과 명말 청초에 수입된 유럽 수학의 지식을 담고 있으며, 때문에 역법 계산을 위한 수학을 총망라하고 있었다고 할 수 있다. 『수리정온』은 간행되자 곧 조선에 수입되었으며, 조선 후기의 수학에 큰 영향을 미쳤다.

21. 『역상고성(曆象考成)』은 탕약망(湯若望) 등이 만든 초기의 시헌력법서인 『서양신법역서(西洋新法曆書)』를 개정한 역법서로, 전편과 후편이 있다. 전편은 하국종·매곡성 등이 1721년에 편찬한 『율력연원』의 역법 관련 부분이고, 후편은 대진현(戴進賢)·서무덕(徐懋德) 등이 1742년에 편찬한 역법서로 이전의 티코 브라헤의 관측치 대신 카시니의 새로운 관측치를 채용했고, 달과 행성의 궤도 계산에 케플러의 타원궤도를 도입했다. 여기서 말하는 『역상고성』은 후편이다.

22. 태초력(太初曆)이란 중국 전한(前漢) 무제(武帝) 때인 기원전 104년부터 시행된 역

법으로, 이후 증보되어 이름도 삼통력(三統曆)으로 바뀌었지만, 그 기본적인 내용은 서기 85년에 사분력(四分曆)으로 개력될 때까지 계속 시행되었다. 태초력 이전에도 여러 역법이 시행되었지만 태음·태양력이며 천체력(ephemeris)이라는 중국 전통역법의 성격이 처음으로 완전하게 갖추어진 것은 태초력에 이르러서였다.

23. 대연력(大衍曆)은 중국 당(唐)나라 현종(玄宗) 때 일행(一行)과 장설(張說), 진현경(陳玄景)이 만들어 729년부터 시행된 역법으로 당대(唐代)의 대표적인 역법이었으며, 후세에 끼친 영향이 컸다.

24. 추길(諏吉)은 길(吉)한 것, 즉 길한 날짜·시간·방위 등을 가리는 일을 의미한다.

25. 녹명(祿命)이란 사주(四柱)를 보아 어떤 사람의 사회적 성공[祿]이나 수명[命] 등을 예측하는 일을 의미한다.

26. 이남희와 김양수의 연구에서는 잡과 합격자들의 전력으로서 관직과 품계를 이미 가진 경우를 통틀어서 파악하였으며, 관상감의 완천록에 기재된 명단과 음양과 입격자의 명단을 비교하는 일을 수행하지는 않았다.

27. 김양수, "朝鮮後期 曆算家譜 九種解題", 황원구, 김종영 엮음, 『朝鮮後期 曆算家譜, 索引』(한국문화사, 1991).

28. 맹인 점복문화가 조선에서 자생한 것인지, 아니면 중국에서 유래된 것인지에 대해서는 여러 주장들이 있다. 후자의 경우 대표적으로 『신당서(新唐書)』에 적혀 있는 '고사(瞽史)'라는 관직이 맹인 점복자를 의미한다는 주장이 있다. 『신당서(新唐書)』 권168, "推古瑞物 以配受命 其言類淫巫瞽史."

29. 村山智順, 『조선의 점복과 예언』 재간행본 (동문선, 1990), 98쪽.

30. 이규경, 『五洲衍文長箋散稿』, 경사 명통사변증설, "盲則不參於四民之列, 而無以糊口掩體. 故必學易卜, 而兼治誦經呪以爲生, 師弟之分截嚴. 佩算篝策, 相節唱於街曰問數, 其聲如歌. 故人知爲盲過也, 招而問卜得粞爲本業."

31. 이규경, 『五洲衍文長箋散稿』, 경사 명통사변증설, "入國朝 盲卜以洪繼寬, 劉殷泰, 咸順命, 陜川盲人 爲卜盲之祖."

32. 황윤석, 『이재난고』 권4, 1764년 8월 초1일 庚辰.

33. 이능화, 『조선도교사』, 254쪽.

34. 봉사와 참봉 등은 여러 관서에 설치되어 있는 관직이었다.

35. 눈이 먼 남자 무당은 '반수'라고 일컫기도 한다고 하는데 이 점은 국어사전에서는

명확하게 확인할 수가 없다.

36. 예를 들어, 오천균, "朝鮮朝 盲敎育의 思想과 制度"(단국대학교 박사학위논문, 1989); 김만태, "한국 맹인 점복자의 전개양상"『역사민속학』28호 (2008), 245-280쪽 등이 그것이다.

37. 『經國大典』, 吏典 京官職, 觀象監, "命課盲, 西班九品遞兒二, 四都目相遞除授, 仕滿四百加階, 賤人從六品而止."

38. 사용(司勇)은 정9품 서반체아직이다.

39. 『성종실록』49권, 성종 5년 11월 27일 무인, "관상감 제조의 건의에 따라 명과학을 폐지하고 관상감의 구성을 재조정하다."

40. I. Bishop, *Korea and her neighbours* (경인문화사), 44쪽.

41. 『태종실록』33권, 태종 17년 6월 16일 경자, "5부의 맹인의 집합 장소인 명통사를 고쳐 짓게 하고 노비 10구를 주다."

42. 『문헌비고』영조 21년.

3부 조선후기 술수와 민간 문화

6장 조선 후기 유교와 술수문화

1. 이복규, "조선전기 사대부가의 무속 —이문건의『묵재일기』를 중심으로—",『한국민속학보』제9호 (1998); 이복규, "조선전기 사대부가의 점복과 독경 —이문건의『묵재일기』를 중심으로—",『한국민속학보』제10호 (1999); 송재용, "『眉巖日記』에 나타난 占卜과 兆朕, 꿈과 解夢에 대한 一考察",『한문학논집』제25집 (2007).

2. 신동원, 『조선의약생활』(들녘, 2014).

3. 신동원, 앞의 책, 174-506쪽.

4. 신동원, 앞의 책, 286-291쪽.

5. 이복규, 앞의 논문, 11-30쪽. 한편『묵재일기』가 커버하고 있는 기간은 1535년에서 1567년까지이다.

6. 『묵재일기』5책, 初七日 辛酉, "景晦八字, 則四柱相刑見放不速云."

7. 송재용에 따르면, 유희춘은 무속에 대해서 비판적이었다고 한다. 송재용, 앞의 논문,

72쪽.

8. 김만태, "조선 전기 이전 四柱命理의 유입 과정에 대한 고찰", 『한국문화』 52 (2010), 159-187쪽;서금석, "고려시대 '子平 四柱學'의 유입", 『역사학보』 225 (2015), 23-56쪽.

9. 초헌은 종이품 이상의 벼슬아치가 타던 수레. 긴 줏대에 외바퀴가 밑으로 달리고, 앉는 데는 의자 비슷하게 되어 있으며, 두 개의 긴 채가 달려 있다.

10. 『이재난고』 권4, 1764년, 8월 초1일.

11. 『이재난고』, 권4, 1764년, 8월 초4일.

12. 위에서 소개한 맹인 점사 박씨의 경우가 그러하다. 한편, 여기서 말하는 일반적인 사주 점법이란 서자평(徐子平)의 방법을 일컫는 것으로 사주의 음양오행을 토대로 상생상극, 12포태 등을 따지면서 점을 치는 방법을 말하는 것이다.

13. 이 점에 대해서는 전용훈, "서양 점성술 문헌의 조선 전래", 『한국과학사학회지』 34권 1호 (2012), 1-34쪽을 참고할 것.

14. 『이재난고』, "唐本陳希夷紫微斗數[所謂大紫微]". 여기서 말하는 '대자미수'와 '소자미수'는 정확히 어떤 차이가 있는지 지금으로서는 알 수 없다.

15. 『이재난고』, 권14, 1770(42세), 「十七日癸巳」, "曉晴 ○占去留吉否 遇蹇之旣濟." 본괘가 건괘 지괘과 기제괘라는 의미이다.

16. 이 사람이 일반적으로 알려진 김이안(金履安, 1722-1791)인지는 확실하지 않다.

17. 『이재난고』, 권41, "二十八日壬戌", "曉前子正一刻 參宿正中 次兒第二女生 果驗宋生說 是日午初二刻大雪 十一月節也 乃定新孫女四柱[丁未年辛亥月壬戌日庚子時]."

18. 『이재난고』, 권41, "二十一日甲寅", "先推北京卯初初刻赤角九度 0三分二十四秒正中 而我國漢城 在東加依差刻分 兼度差推定如上 孫兒四柱 丁未癸丑甲寅丁卯[胎甲辰]."

19. 『이재난고』, 권1, "玉齋胡氏啓蒙通釋付甚緊於啓蒙 胡氏之有功於易學也多."

20. 『이재난고, 권34, "占媳病 用大谷大衍 遇艮之普."

21. 『書雲觀志』 권2, 式例, "國初進獻外, 本觀印四千件, 頒諸司諸邑及宗親文武堂上官以上, 濟州三邑外諸邑, 皆納紙受去, 餘件貿紙以備明年之用. 校書館印一千件, 以備諸書印出之資."

22. 이와 관련해서 조선 초기 인쇄기관들의 변화와 교서관으로의 통폐합 과정을 정리한 김화선, "조선 초 인쇄 기관의 변화와 정착", 『한국과학사학회지』 제39권 3호

(2017), 381-404쪽을 참고할 수 있다.

23. 『承政院日記』경종 4년 2월 28일 임신, "又以觀象監官員, 以提調意啓曰, 本監日課, 以梨木板刻印, 旣省鐵鑄之工費, 印字亦爲至精, 故昨年啓達, 先試方位圖一板, 印出十餘萬張, 板刻不爲剜缺矣."

24. 『書雲觀志』권2, 式例, "英宗壬午, 金時黙提擧本監, 進獻頒賜外以一萬三百軸定爲恒規."

25. 『書雲觀志』권2, 式例, "己丑, 因監董官稟目, 原定一萬三百軸外, 加印一千一百軸, (중략) 癸巳又增私件一千軸, 以爲廣布中外之備."

26. 『書雲觀志』권2, 式例, "辛亥 (中略) 仍以一萬五千三百軸著爲式."

27. 『書雲觀志』권2, 式例, "正宗戊午冬, 本監提調 徐浩修 奉曰, 本監曆書印出之數, 原定式爲一萬五千三百軸, 昨年因賣買之翔貴, 加定七百軸, 合爲一萬六千軸矣. 伏聞, 今冬賣買如前極貴云, 加定二千軸通爲一萬八千軸, 隨時闊狹於此數以內則, 似有實效矣, 上可之."; 『日省錄』1798년 11월 30일 (강) 命雲觀曆書加印二千軸, "觀象監提調 徐浩修啓言本監曆書印出之數 原定式爲一萬五千三百軸 而昨年因市上賣買之翔貴 加定七百軸合爲一萬六千軸矣. 伏聞今年冬至後 如前極貴云, 加定二千軸 通爲一萬八千軸. 隨時闊狹於此數以內 則似有實效矣. 從之."

28. 『日省錄』정조 22년 12월 20일, "命雲觀曆書加印一千貼", "觀象監提調 鄭民始啓言 向來二提調 徐浩修 以曆書二千貼 加印事 筵稟定式 而排比之際 頗有不足之患. 加印一千貼 似爲便好矣. 從之."

29. 『六典條例』권6, 觀象監條.

30. 조선시대 인구수에 대해서는 학계에서 다양한 견해가 존재한다. 만약 서호철의 연구를 토대로 18세기 말~19세기 초의 인구를 750만 명, 호구수를 170만 정도로 설정하고 추정하면, 매년 35만 부 내외의 역서가 간행되었다고 할 경우 5~6가구당 1부의 역서가 배포되었다고 추산할 수 있다. 서호철, "조선 후기의 인구와 통치─『일성록』'헌민수' 자료의 검토", 『사회와 역사』제74집 (2007), 215-250쪽.

31. 『書雲觀志』권2, 進獻, 頒賜, 式例.

32. 『세종실록』31권, 8년(1426) 2월 4일 무진, "傳旨, 書雲觀, 自今曆書, 毋用曆字, 以日課書之. 且寒食幷錄日課, 以爲恒式."

33. 엄밀하게 말하자면 『조선왕조실록』과 『승정원일기』를 비롯한 원전 사료들에서는 '日

課'라고만 지칭하였지 '日課曆'이라는 용어는 사용하지 않았다. '日課曆'이란 말은 현대 연구자들에 의해 사용되기 시작한 말이다. 이 글에서도 편의상 '日課曆'이라는 용어를 계속 사용할 것이다.

34. 『承政院日記』영조 11년 10월 11일 갑신: "觀象監奏言, 頒曆不遠, 聞曆字犯新皇名, 命改以時憲書."

35. 이러한 내용을 토대로 내용삼서(삼력)의 三曆의 의미를 上, 任, 下를 의미한다고 말하기도 하는데, 필자는 이 점에 대해서 좀더 따져볼 여지가 있다고 생각한다. 여기에 대해서는 박권수, "조선 후기 관상감 散員職의 설치와 확대", 『한국과학사학회지』 41권 3호 (2019), 376-377쪽을 참고할 것.

36. 서울대학교 규장각한국학연구원 소장번호 想白古529.3-G995n-1868.

37. 서울대학교 규장각한국학연구원 소장번호 奎7874. 규장각한국학연구원의 목록에서는 표제어를 내용삼서가 아닌 내용삼력으로 적고 있다. 이는 표지서명에 적힌 '內用三曆'만을 보고서 적은 것이다. 첫 장에 '大淸乾隆十七年歲次壬申內用三書'로 적혀 있으므로 표제어도 '三書'라고 고쳐야 한다.

38. 『承政院日記』인조 15년 6월 11일 무신: "曺文秀, 以觀象監言啓曰, 進上三曆七政曆日課, 及該班頒賜日課等, 許多印出."

39. 월력장은 다른 말로 單曆張이라고 지칭하기도 하였다.

40. 맨 마지막의 기년장에는 그해 역서의 간행 작업에 참여한 관상감 중인 관원들의 명단이 수록되어 있는데, 이를 통해 관상감 중인들의 관직 생활과 승진의 양상 등을 살펴볼 수가 있다. 여기에 대해서는 박권수, "조선 후기의 曆書 간행에 참여한 관상감 중인연구", 『한국과학사학회지』 37권 1호 (2015), 119-145쪽을 참고할 것.

41. 24방위도는 24개의 방위를 의미하는 것인데, 24방위의 이름은 12地支 12개와 10天干 중 중앙 방위를 의미하는 戊己를 뺀 8개에다 乾(서북), 坤(서남), 艮(동북), 巽(동남) 네 개의 괘들을 더하여서 얻어졌다.

42. 『大淸同治十年歲次辛未時憲書』, 年神方位圖, "右各神所臨之地, 惟奏書博士宜向之, 餘各有所忌. 若有破壞須修營者, 以天德, 歲德, 月德. 天德合, 歲德合, 月德合, 天恩, 天赦, 母倉, 所會之辰, 或各神出遊日, 倂工修營無妨."

43. 嫁娶周堂圖는 결혼일의 길흉을 판단하는 도식이다. 팔괘의 이름을 변용하여 배당하고 있으며, 신부가 시집간 후의 사태를 결혼일의 날짜를 통해 점쳤던 것이라 할 수 있다.

44. 예를 들어, 효종 7년(1656) 1월 16일에 都目政(인사고과를 통한 업무평가)을 행하면서 관직을 새로 제수할 때에 權諰를 珍膳으로 임명할 때에, 권시를 일러 "담론을 잘하고 기개를 숭상하여 方外之士로 자처하였다."고 적고 있다. 『孝宗實錄』 16권, 7년 1월 16일(을미).

45. 方外之士의 역할은 택일(擇日)의 과정에서도 마찬가지였다. 본 논문에서는 이 부분은 생략한다.

46. 『仁祖長陵山陵都監儀軌』 기축년 5월 13일.

47. 『文科榜目』 [진사시] 仁祖 5년(1627) 丁卯 式年試 [진사] 三等 27위(57/100). 자 聖任 생년 庚子 1600년(선조 33) 합격 연령 28세 본관 坡平 거주지 洪州.

48. 『承政院日記』 顯宗 14년(1673) 5월 5일(갑술).

49. 『承政院日記』 顯宗 14년 5월 6일(을해).

50. 『孝宗寧陵山陵都監儀軌』 8쪽, 5월 9일.

51. 『孝宗寧陵山陵都監儀軌』 56쪽, 6월 23일.

52. 효종 영릉의 택지 과정에 대해서는 이덕형, "조선왕릉 擇地와 山論" (한성대학교 박사학위논문, 2013)과 金柄憲, "孝宗大王 寧陵의 擇地 논쟁", 『조선시대사학보』 69호 (2014), 137-164쪽을 참고할 수 있다. 이들 논문은 寧陵 택지의 과정을 시간순으로 논점별로 잘 정리해놓아서 도움이 된다.

53. 『顯宗實錄』 1권, 卽位年 5월 23일 癸未; 6월 15일 甲辰.

54. 『孝宗寧陵山陵都監儀軌』, 19쪽, 5월 16일, "都監郎廳, 以摠護使意啓曰, 山陵可合處, 禮曹堂上, 觀象監提調看審後, 臣卽當進去奉審, 詳議以定, 而若非術業精明之人, 則取舍實難. 士大夫中, 前參議尹善道, 行副護軍李元鎭, 以曉解風水最爲著名云, 此兩人臣當帶去, 而尹善道方在罷散中, 令該曹口, 傳付軍職, 使之冠帶, 常仕何如, 傳曰允."

55. 『孤山遺稿』 권5, 「山陵議 己亥」, "果川臨瀛大君墓山, 廣州安汝敬墓山, 獻陵梨樹基, 英陵弘濟洞, 以上四處山論, 草無傳."

56. 『孤山遺稿』 권5, 「山陵議 己亥」, "金英烈墓山, 平支之龍, 遠來極嫩, 蜿蜒盤旋於臨江大野, 如藤蘿之交結, 一山一水有情之處, 便皆作穴, 眞古所謂寸寸是玉之地也. 金英烈山所, 乃其諸結中之一也, 然以其多結, 故無一拔萃而爲特, 似不可擬論於國家陵寢之大用也."

57. 『孤山遺稿』 권5, 「山陵議 己亥」, "尹磻墓山, 龍穴砂水, 人皆稱贊, 誠不易得之吉地也,

而初非大龍大結, 擬於陵寢則不足矣. 且係是世祖大王國舅葬地, 看山之行, 入於其山, 亦似未安, 不敢論其可否也."

58. 『孤山遺稿』권5, 「山陵議 己亥」, "廣州束達東萊君墓山, 山勢拂鬱而踴躍, 群山輻輳而旋繞, 可謂吉地矣. 然明堂傾側, 內水口不密, 見去水二千步許, 似非十分全美無欠缺之局也, 且雖曰吉地, 一脈之上所葬之墳, 至於十七, 赫世冠冕二百餘年, 地氣發泄已久, 所餘者似無幾矣."

59. 『孤山遺稿』권5, 「山陵議 己亥」, "南陽洪政丞墓所洪耆英族葬, 龍勢遠來, 棲閃透迤, 小祖之山, 特立尊重, 結局固密. 朝案有情, 其爲吉地也無疑矣. 洪政丞, 洪耆英兩墓俱在一局之內, 所隔只一重岡壟, 而洪耆英墓同脈稍上有洪暹墓, 卽耆英之父也而是亦政丞也, 膽錄所謂洪政丞卽洪彥弼也, 而是暹之父也. 洪彥弼墓同脈稍下有一墓, 其碣曰洪同知, 而墓下之人不能言其名, 但云是彥弼之父也. 然則是乃洪姓此山發福之始祖也, 代赫冠冕, 料不下百餘年, 此非蓄氣儲精充備全完之地也, 求嗣於鶴髮婦人, 古人深戒, 何敢擬論於國家陵寢之用也."

60. 『孤山遺稿』권5, 「山陵議 己亥」, "樂生驛李增墓, 順龍順砂, 借局小結, 不可着眼, 敢議國用乎, 徒費廚傳, 怪其載在膽錄也."

61. 『孤山遺稿』권5, 「山陵議 己亥」, "良才新薦山, 垣局回抱, 山勢極嫩, 而高點則騰露, 低點則爲窩, 雖似成就, 不合國用矣."

62. 『孤山遺稿』권5, 「山陵議 己亥」, "伐兒峙山, 南山將盡之處, 飜身逆勢, 龍虎成局, 下手有力, 案山逆水弓抱, 外朝有情, 宛然成一吉地. 但以大勢論之, 則山之背也, 且餘氣不遠, 且明堂不正, 且龍脈過峽處剝落, 疑是古所謂病龍也, 似不合於聖主衣冠之藏矣."

63. 『孤山遺稿』권5, 「山陵議 己亥」, "王十里山, 垣局回抱, 朝案備俱, 宛似成就之地. 而近穴之處, 脈無退卸, 脈形頑鈍, 唇褥不端, 無以知其可用也."

64. 『孤山遺稿』권5, 「山陵議 己亥」, "健元陵內新得山, 臣謹看審舊穆陵右二岡, 龍勢起伏數四, 氣象甚嫩, 案山有情, 水口山合襟, 外朝秀麗, 此則好矣. 而穴道似急, 當穴處凹風斜吹是欠也. 舊穆陵左一岡, 曾所謂帳中貴人, 非貴人也, 乃頓金也, 然脈勢起伏數四, 而但氣象之嫩, 不及右二岡矣, 然穴道則坦而臨穴處似曲, 水口不合襟, 空曠頗大, 外朝之秀又不及右二岡, 此欠也. 然以穴道之坦, 當穴處無凹觀之, 則比右二岡稍似勝矣, 大槩二穴皆有未盡之處, 是蓋健元陵局內餘氣所結, 非全氣渾成之地, 故雖似好矣, 而不能無欠缺也. 摠以論之, 則皆是可用之穴, 而俱無全備之美矣."

65. 『孤山遺稿』 권5, 「山陵議 己亥」, "健元陵左一岡, 臣嘗聞朱子之言, 以祖塋之傍動土工
驚先靈爲不可矣. 今所看健元陵第一岡, 自健元陵言之則靑龍也, 相去六十步許, 自穆
陵言之則白虎也, 相去四十步許, 然則非徒未安. 鑿傷龍虎, 無乃有害於先陵耶, 苟有害
於先陵. 則龍脈穴道之成與否吉與否, 似不必論也."

66. 『孤山遺稿』 권5, 「山陵議 己亥」, "水原戶長家後山, 臣謹審此山龍穴砂水盡善盡美, 而
無少欠缺, 眞大風水, 誠千里所無, 千載一遇之地也. 表裏周匝吉格, 則諸術官皆能備
陳, 臣不必重複詳達矣. 大槩其龍局亞於英陵龍局, 朱子所謂宗廟血食久遠之, 亶在於
此矣. 水原鄕校基, 在此垣局之內, 亦似成就, 而不可與戶長家後山比論矣."

67. 이 점에 대해서는 오상학, "조선후기 지식인의 풍수인식", 『21세기 과학 기술정신, 실
학자들에게 배운다』 (실학 컨퍼런스 발표자료집, 2007), 167-183쪽을 참고할 것.

68. 방외지사, 재외지사를 비롯하여 왕릉 택지의 과정에 초빙되고 참여하는 여러 행위
자들에 대해서는 박권수, "17세기 조선왕실의 王陵地 선정 과정과 方外地師의 역
할 ―孝宗과 顯宗 대의 山陵 조성 과정을 중심으로―", 『문화역사지리』 제27권 1호
(2015), 33-47쪽을 참고할 것.

69. 예를 들어, 이규원, 『조선왕릉실록』 (글로세움, 2012), 317쪽 등에서 찾아볼 수 있다.

7장 조선 후기 술수와 기층문화

1. 대표적인 예가 황윤석이다.

2. 이복규, 앞의 논문, 11-30쪽. 한편 『묵재일기』가 커버하고 있는 기간은 1535년에서
1567년까지이다.

3. 16세기에 저술된 일기류 자료들에서 무당을 불러서 점을 치거나 치료를 하는 기사가
빈번히 등장하는 데에 비해 사주점(四柱占)을 사용하는 기사가 나타나지 않는 이유
는 무엇일까? 이는 아마도 사주를 이용한 점법이 조선 후기에 이르러서야 본격적으
로 유행하였기 때문이 아닐까 짐작될 뿐이다.

4. 송재용에 따르면, 유희춘은 무속에 대해서 비판적이었다고 한다. 송재용, 앞의 논문,
72쪽.

5. 임학성, "17·18세기 단성 지역 주민의 신분변동에 관한 연구", 『한국무속학』 제9집
(2005), 51쪽.

6. 서울대학교 규장각한국학연구원 도서번호 '古1430-18'이며, 동명의 이본(異本)인 '가

람 古 398.3-M883'본도 함께 소장되어 있다.

7. 전라남도의 진도신청(珍島神廳)은 일제 시기를 견디며 살아남았다가 광복 후에야 해산되었다. 신청에 대해서는 한국민족문화대백과사전 '신청(神廳)' 항목과 김태곤, 『한국무속연구』(집문당, 1985); 조흥윤, 『한국의 샤머니즘』(서울대학교출판부, 1999) 등을 참고할 것.

8. 김일경의 연대는 1662년에서 1724년이다.

9. 우윤, "19세기 민중운동과 민중운동", 『역사비평』 1988년 봄호.

10. 흔히 『정감록』이라고 일컫는 책자는 「감결(鑑訣)」과 「무학전(無學傳)」, 「도선비결(道詵秘訣)」, 「정북창비결(鄭北窓秘訣)」, 「남사고비결급남경암산수십승보길지지(南師古秘訣及南敬庵山水十勝保吉之地)」, 「서산대사비결(西山大師秘訣)」 등의 여러 비기를 모아서 묶은 것이다. 경우에 따라서는 '정감(鄭鑑)'이라는 인물이 등장하는 「감결」 하나만을 가지고 『정감록』이라고 지칭하기도 한다.

11. 김일경의 연대는 1662년에서 1724년이다.

12. 우윤, 19세기 민중운동과 민중운동, 『역사비평』 1988년 봄호.

13. 학자에 따라 『정감록』의 기원을 임진왜란 전후로 추정하기도 하지만(일례로 조선기독부외교사), 1973년 정감록의 이본을 대대적으로 수집 정리하여 『정감록집성』을 편찬한 안춘근의 경우에도 그 저자와 저작연대를 알기 어려운 사정을 서문에서 적고 있다.

14. 『영조실록』 권50 1ㄴ; 『비변사등록』 10; 白承鍾, "18세기 전반 서북(西北) 지방에서 출현한 《정감록》", 『역사학보』 164호 (1999).

15. 『비변사등록』 6월 15일자 기록과 『영조실록』 15, 8월 6일 경진조 기사. 연구자에 따라서는 이 책이 16세기 초반에 출현한 것으로 추정하기도 한다. 백승종의 글 참조.

16. 白承鍾, "18세기 전반 서북(西北) 지방에서 출현한 《정감록》", 『역사학보』 164호 (1999).

17. 안춘근, 『정감록집성』 (아세아문화사 영인, 1981).

18. 『비난정감록진본』, 「감결」, "鄭曰, 自崑崙來脈至白頭山元氣至于平壤. 平壤已過千年之運. 移于松岳五百年之地. 妖僧宮姬作亂 地氣衰敗. 天運不塞 運移于漢陽 而其略曰, 干戈未定 忠臣死端 日乾坤長夜明 南渡蛟龍 人何去. 須從白牛走從城. 沈曰 白頭山來脈運移金剛 至于太白小白 山川鍾氣 入于鷄龍山鄭氏八百年之地. 後入伽倻山趙

氏千年之地, 全州范氏六百年. 至松岳王氏復興之地. 餘未詳不可考云云."

19. 고려시대에 풍수, 특히 왕도 풍수가 유행하면서 당시의 정치적 사회적 변화에 큰 영향을 미쳤다. 이런 사실은 이병도, 『고려시대의 연구 ─특히 도참사상의 발전을 중심으로─』 (아세아문화사, 1980)를 통해서 잘 알 수 있다.

20. 『鄭鑑錄』, 「東國歷代氣數本宮陰陽訣」, "三韓之數 不爲各出者, 其在太乙旋紀之初故也. 術士可知也."

21. 백승종의 경우, 이 사건에서 참위, 술수의 담론을 사용하는 술사들을 주로 '유랑적 지식인' 등으로 구성된 중하층 지식인들이었다고 기술하고 있다. 백승종, 『한국의 예언 문화사』 (푸른역사, 2006).

22. 이 사건에서 등장하는 참위서는 『정감록』이 아닌 『정감비기』와 『국조편년』이다.

23. 『正祖實錄』 19권 9년 3월 22일, 이규운·주형채 등을 정국한 후 주형채를 효시할 것을 명하다.

24. 『正祖實錄』 19권 9년 3월 23일, 홍복영·문양해 등을 정국하다. 供曰: "臣叔文光道, 自北道來時, 言: '烱采之深於易理, 梁衡亦以爲因其四寸烱老, 得與相親, 又以書札往復, 與之謀逆'云, 而烱老則方在丹陽矣."

25. 『정조실록』 19권 9년 3월 22일 신미조.

26. 『星湖僿說』, 경사문 권24 경해.

27. 『여유당전서』 3-559, 「茶山問答」.

28. 風澤中孚. 아래가 태괘 위가 손괘.

29. 雷山小過. 아래가 간괘 위에가 진괘.

30. 『易學緒言』, 「唐書卦氣論」, 권2, 13b11, 『易學緒言』, "大抵 易之爲道 象而已. 故十二辟卦 以象四時. 中孚小過 以象兩閏. 於是 乾坤二卦 以象天地 餘六十二卦 以象五歲再閏 六十二月之數. 聖人於此 亦取其髣髴之似而已. 分卦直日 豈有經證耶. 以易象曆 可也. 漢晉以降 以曆象易 豈可通乎. 曆也者 日月五星之紀也. 毫髮有差 四時乖舛 奚暇象易而爲之哉."

31. 『易學緒言』, 「唐書卦氣論」, 권2, 12a9, "易之爲道 十二辟卦推移而已. 若無此法 包犧氏原不必畫卦. 何者. 畫卦無所用耳 然則 辟卦之名 遙遙巍巍 必自三古之時 已有此名. 非漢儒之所新立也. 唯所謂公侯卿大夫之卦 是漢儒狡獪別生贅疣以爲易家之蓄惑者."

32. 정약용, 『易學緒言』, 「韓康伯玄談考」, 「唐書卦氣論」, 「邵子先天論」 「周易答客難」 全書

3-517 「玆山易柬」전서 3-559, 「茶山問答」.

33. 서호수, 『燕行紀』 권3, 8월 25일 癸酉, "又問徐公自然見過一行大衍曆, 以爲是否."

34. 서호수, 『燕行紀』 권3, 8월 25일 癸酉, "漢之太初, 起數於黃鐘, 唐之大衍, 起數於蓍策, 原原本本, 鋪張縱橫. 班史之曆志, 唐書之曆議, 先儒亟稱之. 然朔望不明, 交食不合, 竟無益於欽天授時之實. 大抵樂與曆, 易與曆理, 未嘗不貫, 而法自逈殊, 決不容傅會而眩耀也."

35. 서호수의 상수학에 대한 비판적 논의에 대해서는 문중양, "18세기 조선 실학자의 자연지식의 성격—象數學的 우주론을 중심으로—", 50-51쪽을 참고할 것.

36. 이가환, 『금대전책』, 「천문책」 23쪽. 漢太初曆以鍾律, 唐大衍曆以蓍策, 元授時曆以咎漏(?). 三家之中 又必以授時爲最者, 以求天於天 求日於日 而無鍾律蓍策, 拖泥帶水之患也.

37. 천문역산에 易과 律을 끌어들이는 데 대한 이가환의 비판에 대해서는 최상천, "이가환과 서학", 『한국천주교회창설이백주년기념 한국교회사논문집』Ⅱ, 한국교회사연구소, 1985을 참고할 것.

38. 이규경, 『五洲衍文長箋散稿』, 권 34, 「周易辨證說」, "五經中惟易最古, 而復有古今之別, 惟先天一圖, 實啓萬物 而開人文."

39. 이규경, 『五洲衍文長箋散稿』, 권4, 「圓方數辨證說」, "凡數, 皆起於洛書, 其四正者三天之數也. (중략) 其四隅者兩地之數也."

40. 이규경, 『五洲衍文長箋散稿』, 권40, 「數理辨證說」, "非數無以見理, 非理無以明數. 數與理, 相爲表裏, 同出一原. (중략) 然天地之間, 有理必有數, 二者未嘗相離. 河圖洛書, 與危微精一之語竝傳. 邵蔡二子, 蓋將發諸子之所未言. 而使理與數粲然於天地之間, 其功亦不細云."

41. 이규경, 『五洲衍文長箋散稿』, 권40, 「數理辨證說」, "濂溪明道伊川橫渠之講道盛矣, 因數明理, 復出一邵康節出焉. 晦庵南軒東萊象山講道盛矣, 因數明理, 復有一蔡西山出焉."

42. 이규경, 『五洲衍文長箋散稿』, 권14, 「十二辟卦喩人始終辨證說」.

43. 이규경, 『五洲衍文長箋散稿』, 권40, 「數理辨證說」, "淸聖祖康熙亦知此, 而命諸臣纂數理精蘊之書得矣. 然纂四庫全書, 以康節皇極經世書, 入於術數中者, 未得中竅也. 識者恨之宜矣."

〈 원전 자료 〉

『三國史記』.

『三國遺事』.

『高麗史』.

『後周書』「百濟傳」

『新唐書』

『朝鮮王朝實錄』.

『承政院日記』.

『六典條例』

『經國大典』

『續大典』.

『大典通編』.

『高麗圖經』.

『三曆廳憲』.

『三曆廳完文』.

『三曆廳完薦錄』

『本廳完薦案』

『三曆廳完薦案』,

『大典會通』

『孝宗寧陵山陵都監儀軌』

『仁祖長陵山陵都監儀軌』

안춘근, 『鄭鑑錄集成』(아세아문화사 영인, 1981).

성주덕, 『書雲觀志』.

서호수,『燕行紀』.

정약전,『巽菴書牘』.

이규경,『五洲衍文長箋散稿』

황윤석,『頤齋亂藁』

이문건,『墨齋日記』

이규보,『東國李相國全集』

윤선거,『孤山遺稿』

〈 국문 자료 〉

顧頡剛, 이부오 옮김,『中國 古代의 方士와 儒生』(온누리, 1981).

溝口雄三, 김석근 등 역,『중국사상문화사전』, "術數" (책과함께, 2011).

경석현, "조선후기 천문학겸교수의 활동과 그 의미",『동방학지』176 (2016).

구만옥, "高麗王朝 天文曆算學의 성격",『국제고려학회서울지회논문집』제9호 (2007)

溝口雄三, 김석근 등 역,『중국사상문화사전』(책과함께, 2011)

김만태, "한국 맹인 점복자의 전개양상",『역사민속학』28호 (2008), 245-280쪽.

김만태, "조선 전기 이전 四柱命理의 유입 과정에 대한 고찰",『한국문화』52 (2010), 159-187쪽.

김병인, "高麗 睿宗代 道敎 振興의 배경과 추진세력",『전남사학』20권 (2003)

김병헌, "孝宗大王 寧陵의 擇地 논쟁",『조선시대사학보』69호 (2014), 137-164

김양수, "朝鮮後期 曆算家譜 九種解題", 황원구, 김종영 엮음,『朝鮮後期 曆算家譜, 索引』(한국문화사, 1991).

김영자,『한국의 벽사부적』(대원사, 2008).

김지현, "도교와 술수",『철학사상』53권 (2014).

김창현, "고려 및 조선 전기 도교의 비교와 그를 통한 고려 도교의 복원",『한국사학보』40호 (2010).

김철웅, "고려중기 李仲若의 생애와 도교사상",『한국인물사연구』14호 (2010).

김태곤 등,『한국의 점복』(민속원, 1995).

김태곤,『한국무속연구』(집문당, 1985).

김태곤 편저,『韓國의 巫俗神話』(集文堂, 1989).

김해영, "『高麗史』天文志의 검토", 『경상사학』 2 (1986).

박권수, "조선 후기 象數學의 발전과 변동" (서울대학교 박사학위 논문, 2006)

박권수, "조선후기 사대부의 점복활동: 황윤석의 『이재난고』를 중심으로" (2012년 템플턴 세미나 발표문, 2012).

박권수, "17세기 조선왕실의 王陵地 선정 과정과 方外地師의 역할: 孝宗과 顯宗대의 山陵 조성 과정을 중심으로", 『문화역사지리』 제27권 제1호 (2015), 33-47쪽.

박권수, "孤山 尹善道의 山論 연구" 『한국문화』 제72호 (2015), 165-192쪽.

박권수, "術數와 災異에 대한 李瀷의 견해", 『성호학보』 제3집 (2006), 99-134쪽.

박권수, "조선 후기의 역서(曆書) 간행에 참여한 관상감 중인 연구", 『한국과학사학회』 제37권 1호 (2015), 119-145쪽.

박권수, "여암 신경준의 과학사상", 『한국실학연구』 29권 (2015), 235-279쪽.

박권수, "曆書과 歷史: 조선후기의 象數學的 年代記書와 時憲曆", 『동국사학』 64집 (2018)

박권수, "조선 후기 관상감 산원직(散員職)의 설치와 확대: 삼력관(三曆官)을 중심으로", 『한국과학사학회지』 41권 3호 (2019), 353-385쪽.

박권수, "조선 후기 관상감(觀象監) 입속자(入屬者) 연구", 『한국사연구』 187집 (2019), 289-324쪽.

박권수, "조선시대 관상감의 曆書 편찬과 인쇄", 『조선시대사학보』 94호 (2020), 47-79쪽.

박은애, "한국 고대의 일자(日者)와 일관(日官)", 『지역과 역사』 27 (2010)

방용철, "『삼국유사(三國遺事)』 소재 도교(道敎) 관련 기록과 一然의 인식", 『역사와경계』 85권 (2012).

백승종, "18세기 전반 서북(西北) 지방에서 출현한 《정감록》", 『역사학보』 164호 (1999).

백승종, 『한국의 예언 문화사』 (푸른역사, 2006).

三浦國雄, "術數에서 法術로: 도교 '符'의 본원", 『2013년 한일 공동 술수학 심포지움 발표논문집 —동아시아 술수학에 대한 다각적 접근』 (2013).

서금석, "고려시대 '子平 四柱學'의 유입", 『역사학보』 225 (2015), 23-56쪽.

서대원, "『태평경(太平經)』 생명관(生命觀) 일고(一考) —무(巫), 학지간(學之間)—", 『종교문화연구』 22권 (2014).

서대원, "묵자(墨子) 종교(宗敎) 사상(思想) 고찰(考察) —계상(繼商)과 관련하여", 『민족문화연구』 70권 (2016).

서울대학교 규장각한국학연구원 인문한국사업단,『동아시아 술수학 지식의 교류와 전파』(서울대학교 규장각한국학연구원 인문한국사업단 제7회 HK워크숍 자료집, 2011).

서은혜, "여말선초 음양학(陰陽學) 정비와 변화",『한국중세사연구』66 (한국중세사학회, 2021)

서종태, "손암 정약전의 실학사상"『동아연구』24집 (1992).

송재용,『眉巖日記』에 나타난 占卜과 兆朕, 꿈과 解夢에 대한 一考察",『한문학논집』25집 (2007).

矢野道雄, 전용훈 역,『밀교점성술과 수요경』(동국대학교출판부, 2010).

신동원,『조선의약생활사』(들녁, 2014).

신동원,『호열자, 조선을 습격하다』(역사비평사, 2004).

신종원,『신라초기불교사연구』(민족사, 1992).

신종원, "古代 日官의 性格",『한국민속학』12 (1980), 115-143쪽.

양은용, "福源宮 건립의 역사적 의의",『도교와한국문화』(아세아문화사, 1988)

윤찬원, "재초문(齋醮文)의 절대자 관념을 통해 본 조선 초의 도교사상(道敎思想)",『도교문화연구』.

오상학, "조선후기 지식인의 풍수인식",『21세기 과학 기술정신, 실학자들에게 배운다』(실학 컨퍼런스 발표자료집, 2007), 167-183쪽.

오천균, "朝鮮朝 盲敎育의 思想과 制度" (檀國大學校 박사학위논문, 1989).

원광디지털대학교 동양학과,『韓日 공동 술수학 심포지엄: 동아시아 술수학에 대한 다각적 접근』(2013)

우윤, "19세기 민중운동과 민중운동",『역사비평』1988년 봄호.

위은숙, "13세기 '吉凶逐月橫看 高麗木板'을 통해서 본 고려의 擇日문화",『민족문화논총』59호 (2015).

兪曉群, 임채우 역,『술수와 수학 사이의 중국 문화』(동과서, 2001).

이기원, "조선시대 관상감의 직제 및 시험 제도에 관한 연구: 천문학 부서를 중심으로",『한국지구과학회지』29권 1호 (2008).

李南姬, "조선시대 雜科合格者硏究" (한국정신문화연구원 박사학위논문, 1997).

이능화,『조선도교사』재간본 (보성문화사).

이능화,『朝鮮巫俗考』(동문선, 1991).

이덕형, "조선왕릉 擇地와 山論" (한성대학교 박사학위논문, 2013)

李丙燾, 『高麗時代의 研究 —특히 圖讖思想의 發展을 中心으로—』(아세아문화사, 1980).

이복규, "조선전기 사대부가의 무속 —이문건의 『묵재일기』를 중심으로—"『한국민속학보』 제9호 (1998).

이복규, "조선전기 사대부가의 점복과 독경 —이문건의 『묵재일기』를 중심으로—", 『한국민속학보』 제10호 (1999).

이종은, "昭格署 관계 역사자료 검토", 『도교와 한국문화』(아세아문화사, 1988), 109-112쪽.

임학성, "17·18세기 단성 지역 주민의 신분변동에 관한 연구", 『한국무속학』 제9집 (2005).

전용훈, "서양 점성술 문헌의 조선 전래", 『한국과학사학회지』 제34권 1호 (2012), 1-34쪽.

전용훈, "정조대의 曆法과 術數學 지식", 『한국문화』 54집 (2011), 311-338쪽.

정두희, "천주교 신앙과 유배의 삶, 다산의 형 정약전", 『역사비평』 11 (1990).

조흥윤, 『한국의 샤머니즘』(서울대학교출판부, 1999).

주윤정, "'맹인' 점복업 조합을 통해 본 소수자의 경제활동", 『한국사연구』 164호 (2014), 125-155쪽.

차주환, "羅末의 留唐學人과 道敎", 『도교와 한국문화』(아세아문화사, 1988), 11-38쪽.

村山智順, 『조선의 점복과 예언』 재간행본 (동문선, 1990).

최석영, "巫와 日官과의 갈등에 대한 역사적 고찰", 『비교민속학』 13 (1996), 605-629쪽

최일례, "한국 고대 기록자로서 '史'의 원형에 대한 접근-巫, 巫者, 占者, 日者, 日官의 기능 및 변화를 단서로-", 『歷史學硏究』 75호 (2019)

허윤섭, "조선후기 觀象監 天文學 부문의 조직과 업무 —18세기 후반 이후를 중심으로—"(서울대학교 석사학위논문, 2000).

〈 일문·중문 자료 〉

武田時昌, "東アジア科學史硏究の新展開: 術數學硏究プロジェクト", 『동아시아 세계의 지식의 전통: 과학, 사상, 종교』(제1회 템플턴 동아시아의 과학과 종교 국제 워크숍 자료집, 2012).

武田時昌,『術數學の思考』(京都: 臨川書店, 2018).

三浦國雄 外,『術數書の基礎的文獻學的研究 —主要術數文獻解題—』(東京: 大東文化
　　大學文學部, 2007).

三浦國雄 編,『術の思想』(東京: 風響社, 2013)

矢野道雄,『星占いの文化交流史』(東京: 勁草書房, 2004).

張其成 主編,『易學哲學史』(北京: 華夏出版社, 1995).

趙益,『古典術數文獻述論稿』(北京: 中華書局, 2005).

川原秀城,『中國の科學思想 —兩漢天學考』(東京: 創文社, 1996).

〈 영문 자료 〉

Ho Peng, Yoke, *Chinese Mathematical Astrology* (RouledgeCurzon, 2003).

Hulbert, H. B., "Korean Mudang and Pansu", *The Korea Review* 3-4.

Richard J. Smith, *Fortune-teller and Philosophers —Divination in Traditional Chinese Society*
　　(Westview Press, 1991).

조계종, 138

조광조(趙光祖), 144-145

〈조상거리(祖上巨里)〉, 247

『조선왕조실록(朝鮮王朝實錄)』, 21, 35, 113, 130, 183, 231, 243

조양미(趙漾未), 233

조진관(趙鎭寬), 203

조창서(曺昌緖), 233

종훈(宗訓), 51

『좌전(左傳)』, 69, 84, 119

주금(呪噤), 84-85, 87

주돈이, 277

주문(奏文), 97

주문(呪文), 85, 179

주시(奏時), 117, 157

주시원(奏時員), 77

『주역(周易)』, 23, 29, 33, 41, 53, 55, 196, 201, 207, 210, 258, 260, 265, 268-270, 274-276

『주역사전(周易四箋)』, 275

주역점(周易占), 145, 179, 196-197, 201, 207

주자, 206, 241, 268

주학(籌學), 172-173

주형채(朱炯采), 262-265

주희, 196, 201, 207-208, 277

죽림고회(竹林高會), 104

죽림칠현(竹林七賢), 104

중(僧), 36, 52

중도종(中道宗), 138

중동팔관회의(仲冬八關會儀), 77

중종(조선), 98, 144-145, 165, 185

증광시(增廣試), 172-173

『지경경(地鏡經)』, 84, 87

지관(地官), 31, 36-37, 148, 153, 191, 202, 209-210, 231, 233, 236-237, 239, 242, 244

지도(志道), 137

『지리결경(地理決經)』, 84, 87

지리업(地理業), 84-85, 87

지리학(地理學), 121-122, 125, 127, 146, 151, 153-154, 158-159, 162-165, 167, 169-174, 176, 183, 242, 272, 280

지사(地師), 36, 67, 230-232, 234, 236-237, 239, 242-243

직숙전(直宿殿), 135

『진도(陣圖)』, 131

『진무경(眞武經)』, 137

『진서(晉書)』, 22, 84

진영도(陳永緖), 76

진의량(陳宜良), 177

『진정비결(眞淨秘訣)』, 249, 251-252, 264

『진험(震驗)』, 253

진흥왕, 94

진희이(陳希夷), 200

집현전(集賢殿), 141

차대왕(次大王), 48, 59

차차웅(次次雄), 44-45

참봉(參奉), 121, 125, 127, 137, 157, 164, 167, 180, 234, 236

참위(讖緯), 20-22, 39, 59, 64-65, 89-90, 249-257, 262, 267, 280, 282

창덕궁(昌德宮), 232, 238

〈창부거리(唱婦巨里)〉, 247

Contents in English

Shushu Science and Civilization in Korea

By Park, Kwonsoo

Associate Professor

Office of the Liberal Arts and Sciences Education,

Chungbuk National University